总第78集

行政执法与行政审判

中华人民共和国最高人民法院
行政审判庭 编

中国法制出版社
CHINA LEGAL PUBLISHING HOUSE

图书在版编目（CIP）数据

行政执法与行政审判．总第78集／中华人民共和国最高人民法院行政审判庭编．—北京：中国法制出版社，2020.8

ISBN 978-7-5216-1127-4

Ⅰ．①行… Ⅱ．①中… Ⅲ．①行政执法-中国-丛刊②行政诉讼-审判-中国-丛刊 Ⅳ．①D922.11-55②D925.318.2-55

中国版本图书馆CIP数据核字（2020）第089234号

策划编辑 周琼妮（zqn-zqn@126.com）
责任编辑 周琼妮 陆紫薇
封面设计 杨鑫宇

行政执法与行政审判（总第78集）

XINGZHENG ZHIFA YU XINGZHENG SHENPAN (ZONG DI-78 JI)

编者/中华人民共和国最高人民法院行政审判庭
经销/新华书店
印刷/三河市国英印务有限公司
开本/710毫米×1000毫米 16开
印张/16.5 字数/234千
版次/2020年8月第1版
2020年8月第1次印刷

中国法制出版社出版
书号 ISBN 978-7-5216-1127-4
定价：68.00元

北京西单横二条2号
邮政编码 100031
传真：010-66031119
网址：http：//www.zgfzs.com
编辑部电话：010-66010406
市场营销部电话：010-66033393
邮购部电话：010-66033288

（如有印装质量问题，请与本社印务部联系调换。电话：010-66032926）

目　录

理论探索

退休人员工伤认定问题探究

杨科雄

【摘要】 关于退休人员是否可以被认定为工伤保险的合格劳动者问题，争议较大，法律法规及司法解释没有规定或者规定不太一致，在各地的实践也不尽相同。① 本文专门对此问题进行探讨，梳理相关观点及实践，以期对此类案件的处理有所裨益。

【关键词】 工伤认定　退休人员　工伤保险

一、问题的提出

在我国，工伤认定的标准有广义和狭义两种。广义的工伤认定标准包括以下三个方面：一是主体要件，即必须发生在合法的用人单位和职工之间；二是关系要件，即合法的用人单位和职工之间必须具有劳动关系；三是客观要件，即职工的伤害必须要符合广义上的工作原因、工作时间和工作场所三要素，或者必须符合《工伤保险条例》第一条、第十四条、第十五条的规定，而又不属于第十六条规定排除的工伤情形。狭义的工伤认定标准仅仅指的是广义工伤认定标准中的客观要件。在广义的工伤认定标准中的主体要件

① “退休人员”一词并不是特别准确。在本文中“退休人员”是广义的，既包括“超过退休年龄但未依法享受养老保险待遇或领取退休金的人员”，也包括“已经依法享受养老保险待遇或领取退休金的人员”。

说明，工伤认定必须发生在合法的用人单位和合格的职工之间。

2003 年《工伤保险条例》第二条第二款和第三款规定："中华人民共和国境内的各类企业的职工和个体工商户的雇工，均有依照本条例的规定享受工伤保险待遇的权利。有雇工的个体工商户参加工伤保险的具体步骤和实施办法，由省、自治区、直辖市人民政府规定。"从该规定来看，职工的范围较小。鉴于有雇工的个体工商户参加工伤保险的具体步骤和实施办法，大多数省、自治区、直辖市人民政府已作规定，且 2010 年《工伤保险条例》将"事业单位、社会团体、民办非企业单位、基金会、律师事务所、会计师事务所等组织"规定为用人单位，为了顺应这一变化，2010 年《工伤保险条例》第二条第二款对劳动者的范围标准也作了扩大：中华人民共和国境内的企业、事业单位、社会团体、民办非企业单位、基金会、律师事务所、会计师事务所等组织的职工和个体工商户的雇工。

所谓"职工"，2003 年《工伤保险条例》第六十一条第一款规定："本条例所称职工，是指与用人单位存在劳动关系（包括事实劳动关系）的各种用工形式、各种用工期限的劳动者。"一般来说，包括工人和工勤人员。四川省高级人民法院《关于审理工伤认定行政案件若干问题的意见》第十五条第一款规定："工伤认定决定中的职工是指与本意见十三条规定的用人单位建立了劳动关系的各种用工形式、各种用工期限的劳动者。"2010 年《工伤保险条例》虽未对此再作规定，但应当说该定义还是比较科学的，仍然可以适用。因此，能够被认定为工伤的职工是特定的，只能是合同劳动关系或事实劳动关系中被用人单位聘用的劳动者。

在我国，有劳动关系的劳动者才能构成工伤事故的可能，没有劳动关系的劳动者，无论受何伤害，都不属于工伤事故，不构成工伤事故的保险责任或者赔偿责任。但是，不是任何有劳动关系的劳动者都可以认定为工伤，职工还应当是符合劳动法律、法规规定的劳动者。在这里，有以下几种劳动者为不合法职工或由于身份等因素被法律明确排除出工伤职工的范围：第一，非法使用的童工。第二，公务员和参照公务员法管理的事业单位、社会团体的工作人员，参加工伤保险的除外。第三，农村劳动者（乡镇企业职工和进城务工、经商的农民除外）、现役军人和家庭保姆等不适用劳动法。第四，为家庭或者个人工作的没有家政公司派遣的家政服务人员，为个体工匠工作的帮工、学徒，为农村承包经营户工作的受雇人。当然除此之外，有些劳动者

（如退休人员）是否可以成为合格的劳动者在实践中争议不断。

二、不同观点及其理由

第一种观点认为，不仅依法享受养老保险待遇或领取退休金的离退休人员不能被认定为工伤保险的合格劳动者，而且超过退休年龄即使没有依法享受养老保险待遇或领取退休金的人员也不能被认定为工伤保险的合格劳动者。也就是说，职工只要超过退休年龄，不管其是否依法享受养老保险待遇或领取退休金，均不得成为工伤保险的合格劳动者，其因工伤亡不得认定为工伤。

这是一种狭义的观点。该观点的依据是认为我国相关法律法规规定了法定退休年龄，它应当视作劳动年龄的上限，到达法定退休年龄的劳动者不是合格的劳动者，与用人单位不能成立劳动关系。即使原有的劳动关系也自然终止。《国务院关于工人退休、退职的暂行办法》（国发〔1978〕104 号）（以下简称《暂行办法》）第一条规定："全民所有制、事业单位和党政机关、群众团体的工人，符合下列条件之一的，应该退休。（一）男年满六十周岁，女年满五十周岁……"这是我国唯一明确规定职工退休年龄的行政法规。《暂行办法》虽规定退休、退职人员的适用范围是全民所有制、事业单位和党政机关、群众团体的工人，但从其后的各种规定可以看出，各类用工单位工人退休、退职审批均适用《暂行办法》规定的退休年龄。如《劳动部关于私营企业劳动管理暂行规定》（劳政字〔1989〕5 号）第二十条第一款规定："国家对私营企业职工退休养老，实行社会保险制度。"《劳动部、对外贸易经济合作部关于印发〈外商投资企业劳动管理规定〉的通知》（劳部发〔1994〕246 号）第十七条规定："企业必须按照国家有关规定参加养老、失业、医疗、工伤、生育等社会保险……职工个人也应按照有关规定缴纳养老保险费。"《劳动和社会保障部办公厅关于企业职工"法定退休年龄"涵义的复函》（劳社厅函〔2001〕125 号）明确规定，国家法定的企业职工退休年龄是指国家法律规定的正常退休年龄，即男年满六十周岁，女工人年满五十周岁，《劳动部办公厅对〈关于实行劳动合同制度若干问题的请示〉的复函》（劳办发〔1997〕88 号）第二条亦规定，离退休人员的聘用协议的解除不能依据《劳动法》第二十八条执行。《劳动合同法实施条例》第二十一条规定："劳动者达到法定退休年龄的，劳动合同终止。"《浙江省人民政府关于建立统一的企业职工基本养老保险制度的通知》（浙政〔1997〕15号）第二条规定："我省城镇（含国家和省小城镇综合改革试点镇）各类企业，包括国有企业、集体所有制企业……私营企业、其他企业的全部职工和外商投资企业的中方职工，以及上述企业中的离退休人员，城镇个体劳动者，均实行基本养老保险制度。"第五条第（十）项规定，职工退休年龄严格按国务院国发［1978］104号文件规定执行，办理职工退休手续由同级劳动行政部门负责。从上述规定可以看出，劳动者达到法定退休年龄的，也就是男年满60周岁，女年满50周岁的，不仅其劳动合同终止，其劳动关系也自然终止，而且其也不是合格的劳动者，与任何用人单位都不能成立劳动关系。

第二种观点认为，是否达到法定退休年龄既不是区分其是否属于合格劳动者的要件，也不是区分其是否与用人单位存在劳动关系的要件。超过法定退休年龄并未改变劳动者在为用人单位劳动的客观事实。现行法律行政法规虽然规定法定退休年龄，但劳动者到达法定退休年龄并不意味着劳动合同终止。因为虽然《劳动合同法实施条例》第二十一条规定："劳动者达到法定退休年龄的，劳动合同终止。"但是根据《劳动合同法》第四十四条第（二）项规定，劳动者开始依法享受基本养老保险待遇的，劳动合同终止。从上位法优于下位法来看，《劳动合同法》第四十四条第（二）项规定优于《劳动合同法实施条例》第二十一条规定，因此，不是劳动者"到达法定退休年龄"，而是"开始依法享受基本养老保险待遇"才可以终止劳动合同。所以，劳动者到达法定退休年龄但没有办理有关退休手续，继续上班时，他与用人单位的劳动合同关系仍然存在。

不仅如此，持上述观点的部分人进一步认为，离退休人员即使依法享受养老保险待遇或领取退休金也不妨碍其被认定为工伤保险的合格劳动者。因为是否享受养老保险待遇或领取退休金与工伤认定并无必然关联。《劳动部办公厅对〈关于实行劳动合同制度若干问题的请示〉的复函》（劳办发〔1997〕88号）第二条规定，离退休人员的聘用协议的解除不能依据《劳动法》第二十八条执行。这一规定并不意味着，退休人员与聘用单位签订的不是劳动合同，不受劳动法的特殊保护，而是一个平等主体之间的民事合同。我们国家就没有聘用协议这一说，聘用协议本身就是劳动合同，"退休人员的聘用协议的解除不能依据《劳动法》第二十八条执行"仅仅指的是解除聘用协议补偿不执行《劳动法》第二十八条，而不是因为聘用协议不是劳动合同。这是较广义的观点。

第三种观点认为，职工虽达到退休年龄，但未办理退休手续或者已依法享受养老保险待遇或领取退休金的，应依法认定工伤，但职工退休后返聘原单位工作或在新的单位工作发生事故伤害，不属于劳动法调整范围，退休职工与返聘的单位或新单位所形成的是聘用关系，应当通过民事诉讼程序解决。因为主体的限制，退休人员与用人单位建立的并不是劳动法意义上的劳动关系，而是民法意义上的雇佣关系。《最高人民法院关于审理劳动争议案件适用法律若干问题的解释（三）》（法释〔2010〕12号）第七条规定："用人单位与其招用的已经依法享受养老保险待遇或领取退休金的人员发生用工争议，向人民法院提起诉讼的，人民法院应当按劳务关系处理。"由于退休职工与返聘的单位或新单位所形成的是聘用关系、劳务关系或者雇佣关系，而不是所谓的劳动关系，所以退休职工因工伤亡的，不能认定为工伤。这是一种折中的观点。这种观点与第一种观点不同的是以职工是否已经依法享受养老保险待遇或领取退休金而不是以达到法定退休年龄作为判断职工是否为工伤保险的合格劳动者的标准，以及其与用人单位是否存在劳动关系的标准。这种观点与第二种观点的不同是已经依法享受养老保险待遇或领取退休金的职工不得成为工伤保险的合格劳动者。

支持这一观点的法律规范既有中央层级也有地方层级。《中共中央办公厅国务院办公厅转发〈中央组织部、中央宣传部、中央统战部、人事部、科技部、劳动保障部、解放军总政治部、中国科协关于进一步发挥离退休作业技术人员作用的意见〉的通知》（中办发〔2005〕9号）第四条明确规定："切实维护离退休专业技术人员的合法权益……离退休专业技术人员受聘工作期间，因工作发生职业伤害的，应由聘用单位参照工伤保险的相关待遇标准妥善处理；因工作发生职业伤害与聘用单位发生争议的，可通过民事诉讼处理；与聘用单位之间因履行聘用合同发生争议的，可通过人事或劳动争议渠道解决。有条件的聘用单位在符合有关规定的情况下，可为聘请的离退休专业技术人员购买聘期内的人身意外伤害保险……"2005年8月17日《国务院法制办公室对〈关于重新进入劳动生产领域的离休人员能否享受工伤保险待遇的请示〉的复函》（国法秘函〔2005〕310号）答复如下："……关于离退休人员重新就业后发生工伤如何处理的问题，现行法律、行政法规没有明确规定。我们认为，应当参照《中共中央办公厅国务院办公厅转发〈中央组织部、中央宣传部、中央统战部、人事部、科技部、劳动保障部、解放军总政治部、中国科协关于进一步发挥离退休专业技术人员作用的意见〉的通知》（中办发〔2005〕9号）的规定办理……”在地方，目前北京、天津等地人民法院已明确规定离退休人员与返聘的用人单位不存在劳动关系，工伤认定申请不予受理。江苏省高级人民法院《关于审理劳动保障监察、工伤认定行政案件若干问题的意见（试行）》（2005年11月17日由该院审判委员会第51次会议讨论通过）第十六条第一款规定：“离、退休后仍在从事劳动并取得劳动报酬的人员，不属于《工伤保险条例》工伤认定的对象。”天津市高级人民法院《关于审理工伤认定行政案件若干问题座谈会纪要》（津高法〔2005〕164号）第九条第（四）项规定：“职工应为符合法律、法规规定的劳动者（不含16周岁以下以及依法办理退休手续的）。”北京市高级人民法院《关于审理工伤认定行政案件若干问题的意见（试行）》第六条规定：“童工、离退休人员在工作中遭受事故伤害，不属于工伤认定的范围，其合法权益的保护应通过其他途径进行解决。”

三、本文的意见及需要注意的几个问题

退休人员工伤认定的问题是比较复杂的。对于离退休人员的工伤认定申请，必须具体问题具体分析。现实中，退休人员的工伤认定申请大体可分为两类情况，应区别对待：第一类，对于退休人员提出的在职期间因工伤亡或者患职业病方面的工伤认定申请一般应当受理。这是因为有些工伤是在退休后发现的，或者大多数职业病都是由于长期接触某些职业性有害因素而造成的慢性伤害。虽然表面上该申请是退休以后提出的，但造成其患上职业病的原因却是在其退休前从事的工作期间形成的。所以，对于此类申请，社会保险行政部门应当在受理后，审慎处理，人民法院也应当审慎审查。第二类，对于退休人员提出的因超过退休年龄或者退休后因工伤亡的工伤认定申请。这是我们在这里要重点讨论的问题。

从总体上看，考虑到我国今后有可能实行弹性退休和延长退休年龄制度，从长远来看，笔者比较倾向于第三种观点。理由有二：一方面，达到法定退休年龄并不是终止劳动关系的法定事由之一，具备这个法定事由时，双方可以通过合意的形式选择不终止或者重新建立劳动关系。现行劳动法只对劳动

年龄的下限作出了规定，即禁止聘用16岁以下的童工，但并未将法定退休年龄视作劳动年龄的上限。虽然《国务院关于工人退休、退职的暂行办法》（国发〔1978〕104号）第一条规定："全民所有制企业、事业单位和党政机关、群众团体的工人，符合下列条件之一的，应当退休……"但是，《劳动部关于实行劳动合同制度若干问题的通知》（劳部发〔1996〕354号）第十三条规定："已享受养老保险待遇的离退休人员被再次聘用时，用人单位应与其签订书面协议，明确聘用期内的工作内容、报酬、医疗、劳保待遇等权利和义务。"中央组织部、宣传部、统战部、人事部、科技部、劳动保障部、解放军总政治部、《中国科协关于进一步发挥离退休专业技术人员作用的意见》（中办发〔2005〕9号）第四条规定，离退休专业技术人员受聘工作期间，因工作发生职业伤害的，应由聘用单位参照工伤保险的相关待遇标准妥善处理；因工作发生职业伤害与用人单位发生争议的，可通过民事诉讼处理；与聘用单位之间因履行聘用合同发生争议的，可通过人事或劳动争议渠道解决。这些规定实际上承认了达到法定退休年龄的职工和用人单位可以通过合意的形式选择不终止或者重新建立劳动关系。因此，达到法定退休年龄并不是职工和用人单位不能形成劳动关系的法定理由。另一方面，由于退休人员已经享受了养老保险待遇或领取退休金，在法律、法规中明确聘用单位不用再履行为其缴纳养老、医疗、失业、工伤、生育保险义务等，《最高人民法院关于审理劳动争议案件适用法律若干问题的解释（三）》（法释〔2010〕12号）第七条规定："用人单位与其招用的已经依法享受养老保险待遇或领取退休金的人员发生用工争议，向人民法院提起诉讼的，人民法院应当按劳务关系处理。"因此，用人单位聘用的已经依法享受养老保险待遇或领取退休金的职工，因工作遭受事故伤害或者患职业病要求工伤认定的，原则上不予支持，但应当告知职工或者其近亲属、工会组织可以通过民事程序解决相关争议。但鉴于目前职工法律意识不强和举证能力不足，可以考虑给予退休人员在民事程序获得赔偿和申请工伤认定之间进行排他性的选择，如选择民事途径，退休人员可以在保留养老待遇的同时获得民事赔偿，但存在由于举证不利而导致无法获得赔偿的问题。如选择工伤认定途径则无须太过于强调退休人员的举证责任，社会保险行政部门认定工伤后，其工伤待遇可以参照《工伤保险条例》"工伤职工达到退休年龄并办理退休手续后，停发伤残津贴，按照国家有关规定享受基本养老保险待遇。基本养老保险待遇低于伤残津贴的，由工伤保险基金补足差额”的规定办理。

现在还有一个问题是“已经享受了养老保险待遇或领取退休金”如何理解？现在的养老保险分为三种：城镇职工养老保险、城镇居民社会养老保险和新型农村社会养老保险。城镇职工养老保险是强制性的，单位和职工必须依法缴纳，而城镇居民社会养老保险和新型农村社会养老保险是自愿的，由个人自由选择缴费档次。笔者认为，只有城镇职工养老保险与工伤保险同属因职工身份产生的社会保险，“已经享受了养老保险待遇或领取退休金”指的是城镇职工养老保险的相关待遇，而城镇居民社会养老保险和新型农村社会养老保险与职工身份无关且是由个人缴费承担的，不得以享受其相关待遇为由，不认定为工伤。这一观点有以下三个方面值得注意：

第一，职工到达退休年龄且依法享受养老保险待遇或领取退休金的，原则上依法不可以认定为工伤，但可以通过民事诉讼寻求救济或者作为特殊工伤认定情形对待。

天津某精密铸造有限公司请求撤销天津市劳动和社会保障局工伤认定决定书一案，天津市高级人民法院经审理查明，原审第三人廉某某原系河北省某公司的职工，2000 年进入某精密铸造有限公司从事电工工作。廉某某于 2001 年 11 月与河北省某公司办理了退休手续，并从 2001 年 12 月起享受基本养老保险待遇。2002 年 8 月 30 日，廉某某与某精密铸造有限公司签订了聘用协议，约定：工资待遇为每月 800 元（保险由原单位负担），双方如有一方要解除协议，随时可以解除。廉某某于 2003 年 11 月发病。2003 年 11 月 26 日，廉某某家属怀疑其患白血病与工作中接触苯有关，遂提出对廉某某做职业病鉴定的申请。2004 年 1 月 9 日天津市职业病防治院作出《职业病诊断证明书》，诊断结论为“职业性慢性重度苯中毒（白血病）”。2004 年 1 月 14 日，廉某某向天津市劳动局提出工伤认定申请。某精密铸造有限公司对天津市职业病防治院作出的《职业病诊断证明书》有异议，提出申请重新进行鉴定。2004 年 5 月 11 日，天津市职业病诊断鉴定委员会作出《职业病诊断鉴定书》，鉴定意见诊断为“职业性苯白血病”。某精密铸造有限公司对此表示不服，曾提起行政诉讼。2004 年 6 月 30 日，天津市劳动局依据廉某某的申请，根据国务院《工伤保险条例》第十四条第（四）项的规定，作出编号 04166《工伤认定决定书》，认定廉某某为工伤（职业病）。

天津市高级人民法院经审理认为，根据国务院《工伤保险条例》第五条第二款的规定，原审判决认定天津市劳动局具有负责天津市行政区域内工伤保险工作的行政执法主体资格和法定职权正确。但是，作为劳动保障行政机关在受理工伤认定申请时，应当首先审查劳动者与用人单位之间是否形成符合劳动法律、法规规定的主体资格，只有具备合法的劳动关系，才能得到劳动法律的保护，依法进行工伤认定。天津市劳动局于1999年8月就退休人员是否确认工伤的问题，以“津劳护（1999）310号”文件书面答复天津市河西区劳动和社会保障局称：“退休人员被原单位或其他单位聘用而形成的社会关系不属于《劳动法》调整范围，不适用《天津市企业职工工伤范围福利保险待遇的暂行规定》（劳险〔1997〕37号），因此不能确认工伤。”2004年该局《关于工伤保险若干问题的解决意见》（津劳局〔2004〕361号）第十四条又明确规定：“退休人员返聘后，在工作中受伤，不适用工伤保险政策。”同时，天津市劳动局亦从未对退休职工工伤认定申请作出过工伤认定的决定，聘用单位亦不能再为退休职工办理工伤保险。上述均说明天津市对退休职工在新的聘用单位出现工伤是不予进行工伤认定的。廉某某作为退休职工在享受了养老保险待遇后，又重新参加工作与某精密铸造有限公司所产生的劳动关系，显然不属于《劳动法》调整的劳动关系范畴，同样也不适用《工伤保险条例》。因此，天津市劳动局对廉某某于2004年1月14日提出的工伤认定申请予以受理并作出工伤认定，属于适用法律错误，廉某某关于进行工伤认定的主张不能得到支持。廉某某如果认为自己在某精密铸造有限公司工作期间受到人身伤害，可以通过民事诉讼途径予以解决。原审判决没有审查天津市劳动局是否应受理廉某某的工伤认定申请，直接从实体上审查天津市劳动局作出的《工伤认定决定书》，属于认定事实不清。

第二，职工到达退休年龄且依法享受养老保险待遇或领取退休金，但现用人单位又为其缴纳工伤保险费的，依法可以认定为工伤。

蒋某某系铜梁县某供销社职工，2001年6月退休，同年7月起领取基本养老金。2001年12月，蒋某某受聘于重庆市某建筑安装工程有限公司（以下简称某公司），并于2004年6月16日经铜梁县劳动和社会保障局（以下简称县劳动局）同意登记参加工伤保险，次月起保。2004年11月19日，县劳动局组织包括某公司在内的相关企业召开了工伤保险工作会议，传达了重庆市劳动和社会保障局《关于贯彻执行〈工伤保险条例〉有关问题处理意见的通知》。此后，某公司继续为蒋某某缴纳保费。2005年8月3日10时许，蒋某某在工作期间发生交通事故受伤，经抢救无效死亡。2005 年 8 月 5 日，某公司向县劳动局提出工伤认定申请，县劳动局于 2005 年 9 月 16 日作出铜劳社伤险认决字（2005）237 号工伤认定决定书，认定该工伤认定申请主体不适格，蒋某某不属于工伤认定范围。某公司不服该决定书，于 2005 年 9 月 21 日提起行政诉讼，要求撤销该工伤认定决定书。

离退休人员与现工作单位之间是否构成劳动关系以及在工作时间内受伤是否适用《工伤保险条例》。重庆高院审委会就此问题形成两种意见：第一种意见是否认的观点。其主要理由是，第一，广义的雇佣关系包括劳动关系，狭义的雇佣关系不包括劳动关系。从先行立法现状来看，我国的民法和劳动法分属不同部门法。雇佣关系属民法调整，劳动关系属劳动法调整。劳动关系一般是指劳动者在劳动过程中与用人单位之间形成的一种相对稳定的社会关系。劳动关系的主体是双方当事人，即劳动者和用人单位；书面劳动合同是判断劳动关系是否形成的基本标准；劳动关系还体现了国家的强制干预性，劳动合同除体现双方当事人的意思外，国家还对劳动者的工资、社会保险等方面作了强制性规定，体现了国家意志，劳动关系兼具国家意志和当事人意志的双重属性。而离退休人员与现工作单位之间通过订立聘用合同来约定双方的权利义务，该聘用合同只要双方意思达成一致，合同即告成立。劳动部《关于实行劳动合同制度若干问题的通知》（劳部发〔1996〕354 号）第十三条就明确规定："已享受养老保险待遇的离退休人员被再次聘用时，用人单位应与其签订书面协议，明确聘用期内的工作内容、报酬、医疗、劳动待遇等权利和义务。"聘用合同是离退休人员与企业之间签订的合同，虽符合劳动者与用人单位之间关系的表象，但国家对该聘用合同内容一般不予强制干预。故应将离退休人员与现在的工作单位之间的关系认定为雇佣关系。第二，参照《中央组织部、中央宣传部、中央统战部、人事科技部、劳动保障部、解放军总政治部、中国科协关于进一步发挥离退休专业技术人员作用的意见》（中办发〔2005〕9 号）关于"离退休专业技术人员受聘工作期间，因工作发生职业伤害的，应由聘用单位参照工伤保险的相关待遇妥善处理；因工作发生职业伤害与聘用单位发生争议的，可通过民事诉讼处理；与聘用单位之间因履行聘用合同发生争议的，可通过人事或劳动争议仲裁渠道解决"之规定，聘用合同不应简单地视为劳动合同，应区分发生职业伤害与因履行聘用合同发生争议之间的差异。第三，如果将离退休人员与现在工作单位之间发生的职业伤害认定为劳动关系成立为前提的工伤伤害，会造成法律适用难题。一是劳动关系中，用人单位应当按照相关行政法规的规定缴纳工伤保险费、基本养老保险费、基本医疗保险费、失业保险费等社会保险费用，是否准许用人单位只针对退休职工缴纳工伤保险费，而不缴纳其他社会保险费用成为新的难题。二是会造成《工伤保险条例》关于因工致残被鉴定为一级至四级伤残的职工，保留劳动关系，退出工作岗位，享受按伤残等级支付一次性伤残补助金、按月支付伤残紧贴等待遇，工伤职工达到退休年龄并办理退休手续后，停发伤残津贴，享受基本养老保险待遇之规定无法适用的问题。第四，根据《最高人民法院关于审理人身损害赔偿案件适用法律若干问题的解释》第十一条第一款关于“雇员在从事雇佣活动中遭受人身损害，雇主应当承担赔偿责任。雇佣关系以外的第三人造成雇员人身损害的，赔偿权利人可以请求第三人承担赔偿责任，也可以请求雇主承担赔偿责任。雇主承担赔偿责任后，可以向第三人追偿”的规定，雇主承担赔偿责任实行严格责任，对雇主更为有利。而且对于多数离退休职工而言，采用人身损害赔偿标准所获得的赔偿金额应高于采用工伤保险待遇标准所获得的赔偿金额，人身损害赔偿救济程序也比工伤保险程序简单。

第二种意见是肯定的观点。主要理由是，宪法规定了公民有劳动的权利和义务。现行法律只对劳动者的年龄下限作出了规定，对劳动者年龄的上限没有作规定，不能因是离退休职工就否定其劳动者身份。《劳动部关于贯彻执行〈中华人民共和国劳动法〉若干问题的意见》第二条规定：“中国境内的企业、个体经济组织与劳动者之间，只要形成劳动关系，即劳动者事实上已成为企业、个体经济组织的成员，并为其提供有偿劳动，适用劳动法。”第四条规定：“公务员和比照实行公务员制度的事业组织和社会团体的工作人员，以及农村劳动者（乡镇企业职工和进城务工、经商的农民除外）、现役军人和家庭保姆等不适用劳动法。”由此可见，是否形成劳动关系应看劳动者是否事实上已成为企业、个体经济组织的成员，并为其提供有偿劳动。离退休人员与现工作单位之间签订的聘用合同实质上就是用人单位与劳动者之间订立的劳动合同，不能因其名称不同就排除在《劳动法》及相关法规、规章的规定之外。如果不将离退休人员与现在工作单位之间的聘用关系认定为劳动关系，相关行政机关不强制用人单位按规定缴纳工伤保险费，就会出现劳动者在遭受工伤损害后，因用人单位破产、逃避债务等原因而得不到赔偿的情况。

且中办发〔2005〕9 号文件没有明确将离退休人员排除在劳动关系之外。故应将离退休人员与现工作单位之间的聘用关系认定为劳动关系，离退休人员在受聘期间因工受伤应适用《工伤保险条例》。重庆高院多数倾向于第一种意见。

为此，《最高人民法院行政审判庭关于离退休人员与现工作单位之间是否构成劳动关系以及工作时间内受伤是否适用〈工伤保险条例〉问题的答复》（〔2007〕行他字第6 号）指出，根据《工伤保险条例》第六十一条等有关规定，离退休人员受聘于现工作单位，现工作单位已经为其缴纳了工伤保险费，其在受聘期间因工作受到事故伤害的，应当适用《工伤保险条例》的有关规定。

虽然最高人民法院行政审判庭的答复认为“用人单位已为退休职工缴纳了工伤保险费的，应当认定为工伤”，但是我们认为，“应当”应作“可以”来理解为宜。也就是说，赋予职工或者其近亲属、工会组织选择权。他们既可以申请认定工伤，也可以通过民事程序解决相关争议。因为已经享受了养老保险待遇或领取退休金的离退休人员，到底是认定工伤还是通过民事程序解决相关争议对其更有利是需要根据具体问题具体分析的。如果走工伤认定程序，退休职工不用负担太多的举证责任，但依据《工伤保险条例》关于“工伤职工达到退休年龄并办理退休手续后，停发伤残津贴，按照国家有关规定享受基本养老保险待遇。基本养老保险待遇低于伤残津贴的，由工伤保险基金补足差额”的规定，最终获得的补偿可能较低。如果通过民事程序解决相关争议，退休职工最终获得的补偿较高，但由于承担举证责任重，败诉风险大。因此，在我国目前现行法定退休年龄制度下，依据有利于保护职工的原则，由退休职工根据自身利益选择其中之一的途径（也只能选择一个）寻求救济。在未来，如果我国实施延长法定退休年龄或者相对合理的弹性退休制度，已经享受了养老保险待遇或领取退休金的退休人员原则上不得再就业，即使再就业受到工伤，也只能通过民事程序解决相关争议。

第三，职工即使到达退休年龄但未依法享受养老保险待遇或领取退休金的，依法仍然可以认定为工伤。这里至少有两种情况：一是虽然过了退休年龄，但没有办理离退休手续或者依法享受养老保险待遇或领取退休金的劳动者，具有职工资格；二是农民工并无固定的退休年龄，也不可能办理退休手续，因此即使男性农民工超过了 60 岁，女性农民工超过了 55 岁，如果与用人单位签订劳动合同，仍然具有劳动关系。这些人员与办理了退休手续的退休人员不同，之所以不认定退休人员与用人单位具有劳动关系，是因为退休人员已经享受了相应的养老保险等待遇，而上述两种情形特别是农民工并没有享受相应的待遇，因此应当给予其更多的保障。《最高人民法院行政审判庭关于超过法定退休年龄的进城务工农民因工伤亡的，应否适用〈工伤保险条例〉请示的答复》（〔2010〕行他字第10号）和《最高人民法院关于超过法定退休年龄的进城务工农民在工作时间内因工伤亡的，能否认定工伤的答复》（〔2012〕行他字第13号）均指出，用人单位聘用的超过法定退休年龄的务工农民，在工作时间内、因工作原因伤亡的，应当适用《工伤保险条例》的有关规定进行工伤认定。

东营市中级人民法院在审理李某某诉被告垦利县劳动和社会保障局劳动保障行政确认一案中认定如下事实：李某某之夫许某某系利津县明集乡玉皇庙村农民，1942年9月15日出生。许某某自2008年6月2日至9月29日在东营市龙翔石业有限责任公司从事门卫工作。2008年9月29日19时左右，许某某由北向南推人力三轮车过公路时，与一机动车相撞，发生交通事故，许某某死亡。原告李某某于2008年12月30日向被告垦利县劳动和社会保障局申报许某某工伤认定申请，被告垦利县劳动和社会保障局于2009年1月5日以受害者许某某于1942年9月出生，至受伤之日时年龄已经超过60周岁为由，根据《工伤保险条例》以及《山东省工伤认定工作规程》之规定作出〔2008〕No.6－002号《工伤认定申请不予受理通知书》，对申请人的申请决定不予受理。李某某不服，向法院提起行政诉讼。

东营市中级人民法院对案件处理存在不同意见。多数人意见是，超过法定退休年龄的人员应不属于《工伤保险条例》的调整范围，对其发生的损害赔偿争议，可通过民事诉讼等方式解决。理由是：对于超过法定退休年龄的人员又受聘到新工作单位工作，在工作时间内受伤是否适用《工伤保险条例》的争议焦点在于，该类人员与现工作单位之间是否构成《劳动法》所规定的劳动关系。如构成劳动关系，则应适用《工伤保险条例》；反之则不适用。劳动和社会保障部1999年3月9日发布了《关于制止和纠正违反国家规定办理企业职工提前退休有关问题的通知》（劳社部发〔1999〕8号），通知指出，国家法定的企业职工退休年龄是男年满60周岁，女工人年满50周岁，女干部年满55周岁。而《劳动合同法实施条例》第二十一条规定："劳动者达到法定退休年龄的，劳动合同终止。”本案当事人许某某发生事故时年龄已达到66周岁，不管其身份是农民抑或离退休人员，均属于达到法定退休年龄的人员，其与现工作单位之间已不属于《劳动合同法》调整的范围。同样也不应适用《工伤保险条例》进行调整。少数人意见是，超过法定退休年龄的人员与现用人单位间可以形成劳动关系，因工受伤应适用《工伤保险条例》。理由是：我国《劳动法》只有禁止使用童工的规定，对达到法定退休年龄仍然从事劳动的人员，法律未作禁止性规定。劳动部《关于贯彻执行〈中华人民共和国劳动法〉若干问题的意见》第二条规定：“中国境内的企业、个体经济组织与劳动者之间，只要形成劳动关系，即劳动者事实上已成为企业、个体经济组织的成员，并为其提供有偿劳动，适用劳动法。”由此可见，是否形成劳动关系应看劳动者是否在事实上已成为企业、个体经济组织的成员，并为其提供有偿劳动。随着我国人口老龄化趋势的加快，离退休人员及超过法定退休年龄的农民二次就业的情形会越来越普遍，认定他们与现用人单位间存在劳动关系有利于对这一人群的劳动保护。

东营中级人民法院向山东省高级人民法院请示。请示的问题是：超过法定退休年龄的务工农民，在工作时间内受伤是否适用《工伤保险条例》的规定进行工伤认定。山东省高级人民法院审判委员会经研究后认为，法律并未禁止使用超过法定退休年龄的农民工，而且作为农民也无所谓何时退休。超过60周岁继续在城市务工的农民比较多，有些与用工单位形成劳动关系，依法应当保护这些务工人员的合法权益，给予其平等对待。从《工伤保险条例》的规定来看，也没有将这些人排除在外，既然用人单位已经实际用工，职工在工作时间受伤的，参照《最高人民法院行政审判庭关于离退休人员与现单位之间是否构成劳动关系以及工作时间内受伤是否适用〈工伤保险条例〉问题的答复》的精神，应可以适用《工伤保险条例》的规定进行工伤认定。鉴于本案法律适用问题影响面较大，各地做法不一致，对于今后的案件审理具有指导意义，为保证法律适用的统一，专门就此问题向最高人民法院请示。

本案经最高人民法院行政审判庭研究后，于2010年3月17日作出〔2010〕行他字第10号《最高人民法院行政审判庭关于超过法定退休年龄的进城务工农民因工伤亡的，应否适用〈工伤保险条例〉请示的答复》，其中指出：“用人单位聘用的超过法定退休年龄的进城务工农民，在工作时间内、因工作原因伤亡的，应当适用《工伤保险条例》的有关规定进行工伤认定。”

这一答复精神，在原告杨某诉被告南京市人力资源和社会保障局工伤行政确认一案中，被最高人民法院行政审判庭再次认可。最高人民法院行政审判庭在2012年11月25日作出的〔2012〕行他字第13号《最高人民法院关于超过法定退休年龄的进城务工农民在工作时间内因工伤亡的，能否认定工伤的答复》中指出，相同问题我庭于2010年3月17日给山东省高级人民法院的《关于超过法定退休年龄的进城务工农民因公伤亡的，应否适用〈工伤保险条例〉请示的答复》（〔2010〕行他字第10号）中已经明确，即用人单位聘用的超过法定退休年龄的务工农民，在工作时间内、因工作原因伤亡的，应当适用《工伤保险条例》的有关规定进行工伤认定。

（作者单位：最高人民法院）

行政合同的边界及我国行政合同制度建构的若干问题

王海峰

【摘要】行政合同产生和兴盛于“福利国家”和“公私合作”的发展。作为国家治理方式的创新举措，行政合同体现了现代行政管理的民主性和协商性，越来越受到人们的重视。在比较法上，如德国、法国等国家及我国台湾地区均建立了行政合同制度。但在中国大陆，行政合同在理论研究和制度实践上均有欠缺。在行政合同应用日益广泛的今天，研究行政合同的概念边界、效力情形、法律适用、争议解决等问题，并尽快构建中国行政合同制度体系，具有较为紧迫的现实必要性。

【关键词】行政合同　边界　法律制度　建构

合同也称契约，它在人类历史中占据着举足轻重的地位，是文明产生以来最古老的交易制度之一。[①] 伴随着公私法的二元划分，在大陆法系国家，合同似乎被民法学者视为私法之“独占物”。[②] 但事实上，一直以来，合同在公法领域并没有缺席。“在人类管理公共事务的历史上，先后有两种制度发挥了神奇的作用，一个是程序，一个是契约。”[③] 然而行政权自“出生”时便以一副代表国家威权的面貌示人，似乎行政权不得以合同的方式进行处分，导致行政合同无论是从理论研究还是从制度实践上都遇到了重重困难，经历了层层磕绊。但时代脚步不停，国家角色转换，伴随“合作国家”和“公私协作”的发展，行政合同作为国家治理的重要方式逐渐登上历史舞台。我国台

---

① 王利明：《合同法研究》第一卷（第三版），中国人民大学出版社2015年版，第7页。

② 李霞：《行政合同研究》，社会科学文献出版社2015年版，第1页。

③ 江必新：《中国行政合同法律制度：体系、内容及其构建（上）》，载《中外法学》2012年第6期。

湾地区行政法学教授林明锵形象地评论，行政契约在中国台湾地区从少人问津的“养子”地位，迅速变成行政法学上炙手可热的“二掌柜”。[①]

顾名思义，行政合同既具有行政性又兼具合同性。在比较法上，行政合同并不是一个新鲜事物，德国联邦行政程序法及我国台湾地区“行政程序法”均规定了行政合同（契约）制度。在法国，行政合同的历史更为久远，在经济建设、社会管理、公共服务、资源利用等诸多方面随处可见它的影子。但对于中国大陆行政法而言，尽管改革开放已四十余年，行政合同制度的实践并没有随着经济社会的发展得到应有的重视。2014 年 11 月 1 日修订的《行政诉讼法》将“行政协议”纳入行政诉讼的受案范围，这一规定体现了行政法制迈出的重要一步。有评论指出，这是对政府治理现代化的积极回应和支持。[②] 然而，这次修订并没有采用“合同”或“契约”的表述，而对于“行政协议”又存在不同认识，有观点认为行政协议不同于行政合同，而是互不隶属的行政主体之间为实现行政目的而签订的合作协议，其实质是对等性公法契约，具有抽象行政行为的特征。[③] 我国学者对于行政合同虽有着墨，但并不深入。制度设置上的缺位和理论研究上的缺失，导致行政合同制度在中国大陆受到了不应有的忽视，甚至是怀疑和否定，给行政合同打上了一个巨大的“问号”。[④] 随着行政合同的广泛应用和行政合同争议的日益增多，尽快构建我国行政合同制度，具有越来越紧迫的实践必要性。

一、行政合同的边界（识别标准）

行政合同具有鲜明的行政性，其缔结目的往往是追求公共利益的保护或行政目的的实现。但同时，行政合同又兼具契约性，其订立又必须基于双方的协商一致，必须符合契约的最基本原则。但对于哪些合同属于行政合同、哪些合同属于民事合同，理论上争议一直不断。德国联邦行政程序法将行政

---

① 林明锵：《行政契约理论与实务发展趋势——以全民健保医疗契约为例》，载台湾行政法学会主编《台湾行政法学会研讨会论文集（2013）》，元照出版有限公司 2013 年版，第 117 页。

② 程琥：《审理行政协议案件若干疑难问题研究》，载《法律适用》2016 年第 12 期。

③ 黄学贤、廖振权：《行政协议研究》，载《云南大学学报（法学版）》2009 年第 1 期。关于行政主体之间签订的行政协议，可以参考叶必丰、何渊、李煜兴、徐健等：《行政协议——区域政府间合作机制研究》，法律出版社 2010 年版。

④ 余凌云主编：《全球时代下的行政契约》，清华大学出版社 2010 年版，第 1 页。

合同表述为“公法合同”。但公法的概念比行政法的概念要广泛得多，仅从文义上理解，公法合同既包括公法机关与公民、法人或者其他组织订立的合同，也包括行政主体之间、行政主体与其工作人员之间的合同，甚至包括国家与国家之间的条约。德国行政程序法之所以将行政合同表述为“公法合同”，其主要目的是与私法合同进行区分，而不能将其理解为包含公法上所有之合同。[①] 德国行政程序法将行政合同区分为对等合同和隶属合同两种。对等合同是指由两个行政主体之间所缔结的合同；隶属合同则是行政主体与行政相对人所签订的合同，又细分为和解合同及双务合同。和解合同是指因事实和法律状况不明确，虽经合理调查仍不能确定时，为有效实现行政管理目标，由行政主体与行政相对人相互让步而缔结的行政合同。双务合同是指行政主体与行政相对人缔结的互负给付义务的行政合同。但是为阻止行政机关损害国家或公共利益，或者损害人民利益，行政主体与相对人的给付义务须相当、合理，且相对人的给付义务应有助于实现行政目标，防止出现“跛足之互易契约（双务契约）”。[②] 在法国，行政合同数量众多，包括管理性合同、计划合同、资源合同、准私法合同，等等。[③] 行政主体之间、行政主体与行政相对人之间的公法争议，均由行政法院管辖，由此建立和衍生的行政合同规范也比较丰富和发达。但是，这些规则大多是通过判例确立，并没有成文法为行政合同设定一个准确的定义。而在英美法系的代表国家——美国，并不存在行政合同的概念，行政主体与相对人之间签订的合同，学术上一般称其为“公共合同”（Public Contract）或“政府合同”（Government Contract）。我国台湾地区行政合同制度立法与德国法具有高度重合性，其“行政程序法”第 135 条前段规定，“公法上法律关系得以契约设定、变更或消灭之”，我国台湾地区学说多以此为行政契约定义的依据。但该定义过于笼统，实践中不好掌握，尤其是不适合大陆地区刚刚起步的行政合同立法。

由此可见，为行政合同设定边界或圈定范围，并非易事，这也是当下理论界的主要争论点之一。在界分行政合同与民事合同的观点上，归纳起来主要有主体说、目的说、标的说、权力说、综合说等。

---

① ［德］哈特穆特·毛雷尔：《行政法学总论》，高家伟译，刘兆兴校，法律出版社 2000 年版，第 349 页。

② 许宗力：《行政契约法概要》，载《行政程序法之研究》1994 年版，第 296 页。

③ 参见杨解君编：《法国行政合同》，复旦大学出版社 2009 年版，第 5—8 页。

1. 主体说

主体说要求行政合同的缔约主体至少一方为行政主体。但该说认为只要有一方属于行政主体，就可以视为行政合同。显然这种认识并不能区分行政机关基于行政目的签订的行政合同和以私法主体签订的民事合同。行政主体作为《民法总则》中的机关法人，其完全具有从事民事行为的权利能力和行为能力，也经常基于自身需要订立一些民事合同。主体说的标准简单易行，但缺点明显。缔约主体只是判断行政合同的标准之一而非全部。后来出现的新主体说对该标准进行了修订，认为行政主体缔结行政合同必须体现高权行为。

2. 目的说

目的说强调行政合同缔结的目的，认为只有为实现行政目的或者行政管理目标签订的合同才属于行政合同。胡建淼教授指出，行政合同是指行政主体为实现行政管理目的，与行政相对人或另一个行政主体，经协商一致达成的合意。[①] 杨解君教授也认为，行政合同是指行政主体为了实现行政目的（或为公共利益目的）而与另一方当事人就行政上的权利义务互为意思表示并达成合意的法律行为。[②] 诚然，合同目的是识别行政合同的重要标准之一，但与主体标准一样，仍非充分条件。原因在于，一方面合同目的并非一概易于察觉；另一方面在某些领域也可能通过签订民事合同实现行政目的。

3. 标的说

标的说又称法律关系说，认为设立、变更或消灭行政法律关系的合同则为行政合同，反之，则不能认为是行政合同。即“行政合同是以行政法上法律关系为契约标的，旨在发生、变更、消灭行政法上权利义务的意思表示一致的行为”。[③] 德国、葡萄牙等国家及我国台湾地区在其行政程序法中确认了这一识别行政合同的标准。标的说的困难在于如何判断法律关系究竟为行政法上的法律关系还民事法上的法律关系。并且，由于该说具有循环论证的嫌疑而受到一些批评，作为修正，合同标的说应考察其规范依据。如果合同订立依据的是公法，则属行政合同，而对规范属性的判断可以通过公私法划分

---

① 胡建淼：《行政法学》（第四版），法律出版社 2015 年版，第 455 页。

② 杨解君、陈咏梅：《中国大陆行政合同的纠纷解决：现状、问题与路径选择》，载《行政法学研究》2014 年第 1 期。

③ 吴庚：《行政法之理论与实用》，中国人民大学出版社 2005 年版，第 327 页。

的理论加以解决。但这样又会产生公私法混合的合同。[①]

4. 权力说

权力说认为行政主体在行政合同中保有“特殊权力”，即合同内容中包含了超越私法的规则。所谓“特殊权力”是指为保证公共管理或服务良好之运作，必须赋予行政主体在合同中的高权地位。易言之，合同给予一方以特权或强加某项义务给其中一方，这种给予或强加并非基于双方的协商自愿。权力说在理论上较为成熟，但实践中并不好把握。

5. 综合说

事实上，对于如何识别行政合同，仅采用前述单一标准，均会产生偏颇。在法国即采用三标准说，即“公共服务之目的”标准、“超越于普通法之条款”标准、“所处的外部规范环境”标准。[②] 即使是在德国和我国台湾地区采用的法律关系标准，也需要综合缔结主体、合同内容及目的等因素来判断。

当前，中国大陆的行政合同制度方兴未艾，行政合同争议日渐增多。在理论界和实务界尚未形成普遍共识之前，采取综合判断标准，或许是一种明智的选择。基于此，笔者认为，在概念上，行政合同必须体现出行政性与合同性的相互渗透和融合，宜将由行政主体发起、实现行政目的、约定行政法上的权利义务作为行政合同的基本要素。

基于中国行政诉讼制度“民告官”的基本架构，目前中国行政合同制度只能将行政主体之间签订的合同排除在外。从立法技术上讲，界定行政合同的概念或范围，一般有三种方式，即列举式、概括式、列举加概括式。修订后的《行政诉讼法》采取了列举式的方法，并将其表述为“政府特许经营协议、土地房屋征收补偿协议等协议”。尽管学者和实务层面多将其中的“等”字理解为“等外等”，但该种表述仍为司法实践带来了诸多困难。其中，究竟哪些合同应当纳入行政诉讼的受案范围就是主要困难之一。2015 年《最高人民法院关于适用〈中华人民共和国行政诉讼法〉若干问题的解释》[③] 第十

---

① 李霞：《论特许经营合同的法律性质——以公私合作为背景》，载《行政法学研究》2015 年第 1 期。

② 杨科雄：《试论行政协议的识标准》，载《中国法律评论》2017 年第1 期。

③ 该司法解释已因 2018 年 2 月 8 日颁布施行的《最高人民法院关于适用〈中华人民共和国行政诉讼法〉的解释》而废止，但 2018 年的司法解释删除了之前司法解释中关于行政协议的规定。因此，该司法解释所规定的有关行政协议的内容仍然可以为制度研究和司法实践提供参考和借鉴，也将为以后的立法或司法解释所吸收。

一条第一款规定:“行政机关为实现公共利益或者行政管理目标,在法定职责范围内,与公民、法人或者其他组织协商订立的具有行政法上权利义务内容的协议,属于行政诉讼法第十二条第一款第十一项规定的行政协议。”第二款规定:“公民、法人或者其他组织就下列行政协议提起行政诉讼的,人民法院应当依法受理:(一)政府特许经营协议;(二)土地、房屋等征收征用补偿协议;(三)其他行政协议。”该规定为行政合同制度建立提供了重要基础,体现了意欲扩展行政合同的目的。但该规定为行政合同界定的概念仍然显示出了其保守的一面,也未能解决实践中遇到的真正困难。相反,一些地方立法走在了国家立法的前面。比如,2011 年《山东省行政程序规定》第一百条第一款规定:“本规定所称行政合同,是指行政机关为了维护公共利益,实现行政管理目的,与公民、法人和其他组织之间,经双方意思表示一致达成的协议。”第二款规定:“行政合同主要适用下列事项:(一)政府特许经营;(二)国有自然资源使用权出让;(三)国有资产承包经营、出售或者租赁;(四)公用征收、征用补偿;(五)政府购买公共服务;(六)政策信贷;(七)行政机关委托的科研、咨询;(八)计划生育管理;(九)法律、法规、规章规定可以订立行政合同的其他事项。”

一言以蔽之,行政合同是指行政主体为实现行政目的,在行政过程中与公民、法人或其他组织协商订立的具有行政法上权利义务关系的协议。同时,行政合同在类型上应当包括:政府特许经营合同;国有土地及其他自然资源使用权出让合同;土地、房屋等征收征用补偿合同;国有资产出售、出租、承包经营合同;政府采购合同;政府信贷合同;行政主体委托的教育科研合同;PPP 协议及行政和解协议等。反之,行政主体之间签订的合同、行政主体与其工作人员之间签订的劳动合同以及行政主体为自身办公需要签订的买卖、租赁等民事合同应当排除在行政合同的范围之外。

二、我国行政合同制度建构的若干问题

(一)行政合同立法的背景

我国行政合同的出现,一般认为始于 1978 年十一届三中全会之后的改革开放。1985 年,《中共中央、国务院关于进一步活跃农村经济的十项政策》中规定,粮食、棉花取消统购,改为合同订购。随着改革开放的不断深入,

行政合同的应用范围逐渐扩展，涵盖国有土地使用权出让、全民所有制工业企业承包、公共工程承包、公用征收、国家采购、政府特许经营、计划生育、矿产能源、科研教育等领域。行政机关在管理社会事务、履行行政职能过程中，也经常借助合同的方式来达到行政目的，如与相对人签订和解书、委托合同、承诺书等。尽管行政合同在实践中已有相当普遍的应用，在许多国家和地区也早已不再是陌生面孔，但大陆地区的行政合同仍然还在为获得应有的“名分”而“呼号”。中国行政合同研究者们多年来一直在理想与现实的夹缝中艰难前行。最高人民法院副院长江必新指出：“立法需要理论上做充分准备，但并不要求达成理论共识（即便是基本共识）。理论共识与法制建构之间是互促关系而非先后关系，不能以一方作为另一方的前提。”① 从制度层面来看，行政合同立法的道路充满了坎坷与反复。1990 年 10 月 1 日施行的《行政诉讼法》并未涉及行政合同；1991 年《行政诉讼法》的第一个解释，明确将行政合同排除在外；2000 年司法解释取消了对“具体行政行为”的解释，为行政合同留下空间；2004 年《最高人民法院关于规范行政案件案由的通知》将行政合同列为案由范围。最高人民法院行政庭开始逐渐转变对行政合同的态度。直至 2014 年，修订后的《行政诉讼法》将行政协议纳入行政诉讼的受案范围。

（二）行政合同效力情形的界定

合同内容被称为当事人之间的“法律”。合同履行的过程浸润着鲜明的诚实信用、公平正义等原则，这个过程不允许被随意破坏。而这种“不允许”来源于合同在当事人之间所产生的法律上的拘束力。但是，并非所有的合同一经成立就具备这种拘束力，产生这种拘束力的基础必须是合同合法有效。换言之，合同成立后，并不必然产生合同效力，只有具备了法定的生效要件（或称有效要件），才能生效。②《合同法》第四十四条第一款规定：“依法成立的合同，自成立时生效。”由此可见，一般情况下合同成立时即生效。但是，合同的成立并不完全等同于合同生效，合同成立仅是合同生效的必要条件，合同成立后还会因为条件不具备导致合同效力处于待定状态，或因为

① 江必新：《中国行政合同法律制度：体系、内容及其构建（上）》，载《中外法学》2012 年第 6 期。

② 王利明：《合同法研究》第一卷（第三版），中国人民大学出版社 2015 年版，第 527 页。

签订的合同存在违法情形而应当撤销或确认无效。

行政合同也不例外，合法有效的行政合同也必须具备法定的生效要件。从合同效力的形态来看，主要包括有效合同、未生效合同、效力待定合同、可撤销合同及无效合同等情形。未生效合同是指因法定或约定条件不成就暂时不产生效力；效力待定合同是指合同成立后有待其他事实发生后才能确定是否有效；可撤销合同是指因当事人意思表示不真实致使有权一方当事人通过行使撤销权而使合同归于无效；无效合同是指因合同内容违反法律、行政法规的强制性规定或者违背公共利益而不发生法律效力。[①] 在行政合同领域也存在上述各种形态。例如，法律、行政法规规定行政合同应经其他机关履行批准、同意等手续后生效，或者作为行政合同内容的行政行为应当经其他机关履行批准、同意等手续后才能生效的，在获批准前行政合同不生效；存在胁迫、欺诈、重大误解、显失公平等情形缔结的行政合同，公民、法人或者其他组织有权请求人民法院予以撤销，等等。

鉴于行政合同既具有合同性又具有行政性，其不仅涉及当事人私法上的权利义务，而且当事人公法上的权利义务及公共利益或公共秩序，在考察行政合同效力时，应当坚持更加严格的标准。我国台湾地区“行政程序法”在设定行政合同（契约）效力时，除准用私法规范无效情形规定外，还将违反下列情形的行政合同确定为无效合同：法律规定禁止订立行政契约的；法律规定应当采用竞争方式选择行政相对人而未采取的；不符合“行政程序法”第135条、第136条规定订立的和解契约、双务契约；与其内容相同的行政处分无效或应当撤销且为双方明知的。[②] 可撤销合同及无效合同又被称为有瑕疵的合同。有瑕疵的合同是法律所代表的公权力对合同成立过程进行干预的结果，旨在使违法合同产生的效果及事实归于消灭。基于对行政合同特殊性的考量，笔者认为，根据中国大陆行政法法理及行政法立法情况，除适用民法规范应当认定合同无效的情形外，以下情况也应当认定行政合同为无效：

---

① 王利明：《合同法研究》第一卷（第三版），中国人民大学出版社2015年版，第527—673页。

② 中国台湾地区“行政程序法”第141条规定：“行政契约准用民法规定之结果为无效者，无效。行政契约违反第一百三十五条但书或第一百三十八条之规定者，无效。”第142条规定：“代替行政处分之行政契约，有下列各款情形之一者，无效：一、与其内容相同之行政处分为无效者。二、与其内容相同之行政处分，有得撤销之违法原因，并为缔约双方所明知者。三、缔结之和解契约，未符合第一百三十六条之规定者。四、缔结之双务契约，未符合第一百三十七条之规定者。”

一是行政主体没有职权或者超越职权订立的；二是以无效行政行为为主要内容的；三是法律规定或者依标的性质不得缔结的。行政主体与行政相对人可以签订和解合同，但必须符合一定的条件，以防止行政主体逃避法定职责或者与行政相对人合谋损害公共利益，否则和解合同无效。行政合同部分无效，原则上全部无效，除非欠缺该部分内容当事人仍愿意继续缔结时，其余部分可认定为有效。对于行政主体没有职权或者超越职权订立的行政合同是否当然无效，存在争议。有观点认为，行政主体事后取得授权的，宜认定该行政合同的效力。

（三）行政合同中的行政优益权

行政合同的重要目的之一是追求公共利益的最大化或实现行政管理目标。行政合同和私法合同的不同，集中反映在合同的履行上。其主要特点有两个，一是行政主体的特权；二是对行政相对人经济利益的平衡。[①]

行政主体的特权主要是指行政主体在行政合同履行过程中享有的行政优益权。所谓行政优益权，是指行政主体在追求公共利益和实现行政管理目标过程中依法享有的主导行政合同签订、履行及单方解除、变更行政合同的强制性权利等。这种权利既不需要双方当事人的约定，也不属于合同法规定的法定解除合同的情形，而是一种法定权利。这种权利主要体现在以下几个方面：一是行政合同签订及履行的主导权。行政合同的订立一般系由行政主体发起，并在合同成立后，由行政主体对整个行政合同的履行进行指挥和监督。二是单方面变更合同的权利。在合同履行过程中，行政主体可以随时对合同内容进行变更，增加或减少对方当事人及其本身的权利义务。三是单方面解除或终止合同的权利。行政合同缔结以后或在履行过程中，行政主体可随时解除或终止行政合同，从而使行政合同归于无效或者停止履行。四是制裁对方当事人的权利。在作为合同一方当事人的行政相对人违反合同时，行政主体具有制裁权。这种制裁权不必事先请求司法机关的审查。

但行政优益权的行使并非没有条件或者不受限制。一般来讲，行政主体行使行政优益权应当满足下列条件：第一，行政主体对行政合同的监督、指挥，或者变更、解除，必须基于对公共利益或公共秩序的考量。换言之，只

---

① 王名扬：《法国行政法》，北京大学出版社2016年版，第151页。

有为避免公共利益受到损害，行政主体才能对合同作出调整甚至解除，或者原来的合同已不符合公共利益的需要，应当终止。第二，行政主体对行政合同进行调整或予以解除时，除情况紧急外应当听取对方当事人的意见，给予对方当事人争辩的权利和机会。第三，因对行政合同进行调整或予以解除，加重了对方当事人的给付义务或者给其造成损害的，行政机关应当给予补偿。行政主体行使行政优益权不符合上述条件，给行政相对人造成损失的，应当承担赔偿责任。换言之，对行政机关优益权行使则审查其前提条件而明确不同后果，合法的则对相对人损失予以补偿，违法的按违约承担责任。[①] 这种特殊权利之所以存在，正是因为行政合同披着维护公共利益、实现行政管理目标的“外衣”。对于该权利，行政主体不能随意放弃，在行政合同中如双方约定行政机关不享有行政优益权的，该约定亦属无效。

相反，正因为行政优益权的存在，也使得给予公民一方当事人的权利予以特别关照成为行政合同的另一重要特点。行政相对人除享有合同约定的权利外，也享有一些合同约定之外的权利，这些权利是行政合同所特有的，同样不以合同约定为前提，而是有可能直接来源于法律、法规或规章的规定。这也是不可预见理论的重要法理来源。这一权利主要是指行政合同缔结后，因发生了当事人在订立合同时无法预见的重大变化，继续履行合同对行政相对人显失公平，行政相对人可以请求变更合同内容；继续履行行政合同已无实际意义或不能实现合同目的时，行政相对人可以请求解除合同。概言之，行政相对人可以基于不能预见的客观情况提出解除或变更行政合同。

（四）行政合同的法律适用

行政合同的双重属性，使得发生争议时是适用公法规范还是私法规范，或者两者均适用并且有无先后之分，就成为不得不面对和解决的问题。比较法上，行政合同的法律适用有三种。一是行政法模式。法国是这个模式的典型代表。在长期实践中，法国通过判例及立法形成了一套完整的行政合同法体系，行政合同的缔结和履行都要遵循行政法的普遍性规则，但也并非一概排除私法的介入。二是普通法与行政法并用模式。主要是普通法系国家。这种模式下，行政合同仍然适用与民事合同相同的普通法规则。但由于行政合

---

① 麻锦亮：《纠缠在行政性与协议性之间的行政协议》，载《中国法律评论》2017 年第 1 期。

同的广泛应用，单纯的私法规范已不能满足行政合同的现实需求，私法规范之外的特别规则逐渐得以确立，如英国的王权诉讼法、美国的公共合同法等。[①] 三是行政法准用民法模式。以德国、我国台湾地区为代表。台湾地区"行政程序法"第149条规定："行政契约，本法未规定者，准用民法相关之规定。"但台湾地区理论及实务界通说认为，是否准用民法，还应针对个案具体考察，可能全盘适用，可能修正适用，也可能根本不适用。[②] 而且有先后之分，首先应适用与行政合同相关联的行政法特别规定及"行政程序法"规定，之后才是民法规定的准用。

中国大陆地区行政合同应选择何种模式，在理论界并无通说可循。最高人民法院副院长江必新认为，中国行政合同的建制应选择公法模式，其主要理由为：1. 行政合同关系本质上是一种应由公法规则调整的行政关系；2. 公法模式具有监督权力、保障权利、平衡公私利益及调整交织公私要素行政合同问题的优势；3. 通过公法模式调整行政合同关系是我国行政和司法实践所采行的一般做法；4. 通过公法模式调整行政合同关系是大陆法系国家较为通行的做法。[③] 笔者认为，采用公法模式固然是理想之选择。但众所周知，法国是"行政法的母国"，法国的行政法模式由行政法院多年的实践积累所形成。中国行政合同的立法现状，很难采用单一的行政法模式。易言之，采取单纯的行政法模式并不符合当前中国法制建设的实际情况和司法实务的现实需求。尽管民法与行政法分属不同的法律部门，但渗透其中的诚实信用、公平公正、程序正义、信赖保护等基本法律精神是相通的。在行政合同制度刚刚起步的中国，适用民法规范，具有法理可行性和现实必要性。2015年《最高人民法院关于适用〈中华人民共和国行政诉讼法〉若干问题的解释》[④] 第十四条规定："人民法院审查行政机关是否依法履行、按照约定履行协议或者单方变更、解除协议是否合法，在适用行政法律规范的同时，可以适用不违反行政法和行政诉讼法强制性规定的民事法律规范。"第十五条第二款规定："原告

---

① 李霞：《行政合同研究》，社会科学文献出版社2015年版，第107—112页。

② 林锡尧：《行政法要义》，元照出版有限公司2006年版，第450页。

③ 江必新：《中国行政合同法律制度：体系、内容及其构建（上）》，载《中外法学》2012年第6期。

④ 江必新：《中国行政合同法律制度：体系、内容及其构建（上）》，载《中外法学》2012年第6期。

请求解除协议或者确认协议无效，理由成立的，判决解除协议或者确认协议无效，并根据合同法等相关法律规定作出处理。”这些规定均体现了审理行政合同争议案件适用民事法律规范的特点，在以后的立法中应当予以吸收和坚持。但笔者并不同意在适用行政法和民法规范时设置先后顺序。在公法规范和民法规范之间，并没优劣、高低之分。只要所适用的民法规范不与行政法、行政程序法和行政诉讼法的强制性规范相冲突，均可适用，而无需判断是否存在公法规范的情况下才能选择适用民法规范。

（五）行政合同争议解决路径的选择

行政合同发生争议时，除可以提出行政复议外，对于其司法救济途径究竟应当通过行政诉讼还是通过民事诉讼予以解决，一直存在争议。1989 年《行政诉讼法》对行政合同没有作出规定，实践中，有的法院按照民事案件受理，有的法院按照行政案件受理，导致审理依据、适用规则、甚至裁判结果出现不一致。修订后的《行政诉讼法》施行后，各地方通过行政诉讼受理行政合同纠纷案件虽然有所增多，但对于行政合同的性质及其纠纷解决路径的争议，并没有因此而减少，反而引发了新的关注和讨论。

从最高人民法院的态度来看，前后出现了一些变化。1996 年最高人民法院的司法政策对房屋拆迁纠纷作了区分，对于行政机关作出的拆迁、补偿、安置等行为不服的，作为行政案件处理；对于拆迁人和被拆迁人达成协议后发生争议的，作为民事案件处理。2004 年，最高人民法院下发了《关于规范行政案件案由的通知》，其中将行政合同列为行政案件案由之一。但是，在 2005 年，最高人民法院颁布了《关于审理涉及国有土地使用权合同纠纷案件适用法律若干问题的解释》，该解释属于规范民事诉讼行为的司法解释。实践中，法院多将国有土地使用合同作为民事案件处理，但也有作为行政案件处理的案例。

笔者认为，行政合同是平衡公共利益和私人利益的公法契约，在解决行政合同争议过程中包含着对行政主体行政行为的监督和评价，将其纳入行政诉讼途径进行解决具有理论基础和现实必要。主要理由有以下几点：一是行政合同的签约主体一方是行政主体，对于行政主体的监督应当通过行政诉讼途径实现。二是民事合同中的要约、承诺及缔结行为仅依据合同法等民事法律规范作为即可。而行政合同则不同，行政合同在缔结阶段除可以按照民事法律规范开展外，还必须受制于行政法规则的约束，特别是签订合同的先期行为。比如签约之前的招标、评估、公告、许可、审批等行为。三是行政合同签订的目的以维护公共利益、实现行政管理目标为必要，在性质上与以处分私权利的民事合同具有明显的区别。四是行政合同具有明显的行政性，行政机关往往可以基于公共利益的考量变更、解除或终止行政合同。通过行政诉讼更有利于对行政优益权的行使进行检视。五是行政诉讼可以对行政合同的基础行政行为的合法性进行审查，而民事诉讼却做不到。对于行政机关作出的行政决定，即使是违法的行政决定，在民事诉讼中也往往具有证明力的证据，不利于争议的解决。

尽管如此，行政合同往往既约定了当事人公法上的权利义务，也约定了私法上的权利义务。在争议解决中，不能完全将公的因素与私的因素割裂，而需统筹考虑合同双方争议财产性质的权利义务关系，体现公共政策、公众利益的政府意志关系。[①] 换言之，审理行政合同案件的规则应当做到既要防止行政主体滥用特殊权力（优势地位）以合同名义侵害行政相对人的合法权益，又要防止行政主体与行政相对人借合同方式，以契约自由、意思自治为由逃避公法责任、侵害公益。

（六）行政机关权利之救济

将行政合同争议纳入行政诉讼途径解决，就使得行政合同制度必须解决另外一个问题，即行政机关的权利救济问题。“民告官”是我国行政诉讼制度的基本架构，而“官”不能告“民”。当行政相对人不履行合同义务时，行政机关如何实现权利救济就成为建立行政合同制度不得不面对的现实问题。德国《行政程序法》第61条规定，行政机关和公民均可表示接受合同的强制执行，该接受声明成为合同的强制执行依据。公民不履约的，行政机关可以根据这一约定以行政行为的方式强制执行。一般来讲，德国行政机关都会要求公民作这种声明，行政合同的执行也会较顺利，甚至好于对行政行为的执行。这种制度安排之于中国行政诉讼制度“民告官”的现实困境，更加具有借鉴意义。因此，在设计中国行政合同制度时，结合行政强制法设立的非诉执行制度，对于行政机关在行政合同履行过程中的权利救济问题，可以作两

① 李亢：《从特许经营协议探究行政合同的公私融合》，载《中国法律评论》2017年第1期。

种区分。一是双方约定了强制执行条款，公民、法人或其他组织未按照约定履行义务，经催告后仍不履行的，行政机关可以向人民法院申请强制执行该行政合同；二是双方未约定强制执行条款，公民、法人或其他组织未按照约定履行义务，经催告后仍不履行的，行政机关可以作出要求其履行合同的书面决定。公民、法人或其他组织收到书面决定后在法定期限内未申请行政复议或者提起行政诉讼，行政机关可以向人民法院申请强制执行该决定。如遇法律、行政法规明确规定行政机关对行政协议享有监督权，公民、法人或其他组织未按照约定履行义务，经催告后仍不履行的，行政机关也可以依法作出处理决定。

三、结语

科技信息的日新月异、经济社会的发展进步使当今世界的每一个角落都不再平静，政府履职和行政方式也只能随着历史的洪流不断更新向前。行政合同作为公私合作和福利国家的产物，已然成为现代国家治理舞台上的重要角色。一种观点认为，行政合同仍是行政机关在治理社会秩序、提供公共服务过程中采取的行政手段，仍然属于行政行为的一种。另一种观点认为，行政合同已经不再是传统的单方行政行为，而是与行政行为并驾齐驱的行政管理手段之一。无论如何，公法的私法化和私法的公法化已是现代法治的趋势和特点。在我国全面推进依法治国的背景下，对于这一趋势，我们不仅不能回避，而是应当积极面对。在 PPP 勃兴的今天，建立中国的行政合同制度更加具有现实必要性和规范紧迫性。但是，任何一种制度都不能照抄照搬、简单移植，而是需要结合本国实际，建立适合国情需要的法律制度。笔者相信，在不久的将来，中国行政合同制度一定会成为中国特色社会主义法律体系的重要内容并不断发展完善。

（作者单位：最高人民法院）

关于行政复议决定履行的相关问题探讨

仝　蕾

【内容摘要】现行行政复议法对行政机关不履行行政复议决定的情形，仅规定了行政系统内部的追责方式，而对于作为行政复议程序之中的申请人一方如何启动对被申请人不履行行政复议决定的权利保障救济体系未予明确规定，从而造成了申请人一方保护自己权利手段的有限性。本文从现有救济路径的局限性出发，结合对现行法律规定的分析，提出了改变此种困局的相关建议。

【关键词】行政复议　履行行政复议决定　行政诉讼

行政复议是行政机关内部的复审程序。一般是上级行政机关对下级行政机关行使“首次判断权”的适法性与适当性的监督，也是一种对行政相对人权利的救济方式。行政复议与行政诉讼有很多相似之处，也有不少其自身的独特特质。

一、“死胡同”法条引发的现实困境

先从一个具体的事件谈起：申请人 A 经过行政复议程序后，行政复议机关 B 作出行政复议决定，责令被申请人 C 履行相关法定职责或重新作出行政行为，但被申请人 C 在合理期限内未履行行政复议决定的内容，申请人 A 如何对其权利进行救济？

路径之一：申请人 A 是否可以再次向行政复议机关 B 提出行政复议申请，请求其督促被申请人 C 履行行政复议决定？

从分析现行的法律规定入手：《行政复议法》第三十二条规定：“被申请人应当履行行政复议决定。被申请人不履行或者无正当理由拖延履行行政复议决定的，行政复议机关或者有关上级行政机关应当责令其限期履行。”第三十七条规定：“被申请人不履行或者无正当理由拖延履行行政复议决定的，对直接负责的主管人员和其他直接责任人员依法给予警告、记过、记大过的行政处分；经责令履行仍拒不履行的，依法给予降级、撤职、开除的行政处分。”对于行政复议程序中的被申请人不履行行政复议决定的，行政复议法并未明确规定作为申请人一方的公民、法人或者其他组织如何启动“行政复议机关或有关上级行政机关”责令限期履行的程序。

再来看行政复议法中对申请人不履行行政复议决定如何处理的相关规定：《行政复议法》第三十三条规定：“申请人逾期不起诉又不履行行政复议决定的，或者不履行最终裁决的行政复议决定的，按照下列规定分别处理：（一）维持具体行政行为的行政复议决定，由作出具体行政行为的行政机关依法强制执行，或者申请人民法院强制执行；（二）变更具体行政行为的行政复议决定，由行政复议机关依法强制执行，或者申请人民法院强制执行。”对比上述条文，现行的行政复议法对于行政复议决定生效后，对申请人不履行行政复议决定如何处理作出了明确规定。但对于被申请人不履行或拖延履行行政复议决定的，申请人如何获得履行救济只是明确了行政机关内部的督促履行方式以及追究相关行政责任，但对于申请人如何自行启动救济程序却没有明确的法律规定。

行政复议制度的设立是为了防止和纠正违法的或者不当的行政行为，保护公民、法人和其他组织的合法权益，保障和监督行政机关依法行使职权。从我国《行政复议法》的第二条、第十二条、第十三条、第十四条及第十五条等条文规定的内容来看，行政复议程序属于“一次性程序”，即公民、法人或者其他组织对行政行为不服的，只能申请行政复议机关对该行政行为或具体事项复议审理一次，而不能就同一行政行为或同一具体事项反复多次地向行政复议机关申请复议。这种设计也是出于行政效率原则和经济原则考虑，如果允许公民、法人或者其他组织就同一行政行为或同一具体事项反复向同一行政复议机关或不同层级行政复议机关提请复议，则会陷入行政机关内部循环往复的重复审查，势必会与信访工作相互混淆，也影响了行政法律关系的稳定。另外，除行政复议这一救济途径外，法律还设置了行政诉讼制度，公民、法人或者其他组织对行政复议机关关于行政复议事项的处理不服的可以直接提起行政诉讼，由司法机关居中做出最终的司法判断，也有利于尽快地解决当事人之间的行政争议。每一种制度的设计都不是毫无根据的，基本上是从制度本身的优势、必要性以及与其他相关制度衔接等各方面价值进行具体规定的。因此，当申请人已就同一事项申请过行政复议后就不能再次向行政复议机关申请行政复议。而当申请人认为被申请人未能履行已生效的行政复议决定时，可否向行政复议机关申请复议要求其督促或责令被申请人履行行政复议决定呢？根据现有的法律规定，申请人面临此情况时提起的行政复议申请实际上已经脱离了行政复议程序所能囊括的受理情形，形式上虽貌似复议申请，但实质内容是要求行政复议机关履行其作为被申请人的上级行政机关的层级监督职责，而这种层级监督职责又恰恰是行政机关系统内部的督促管理职责，法律尚未允许司法权或行政复议权对于此类行为进行审查。

结合上述分析看，申请人 A 通过继续向行政复议机关 B 申请复议，要求其督促被申请人 C 履行行政复议决定的路径无法走得通。

路径之二：申请人 A 是否可以直接向人民法院申请强制执行已生效的行政复议决定呢？

依然从现行法律规定入手加以分析判断：根据《行政复议法》第三十三条的规定，若申请人 A 不履行已生效的行政复议决定，被申请人 C 可以强制执行行政复议决定或者申请人民法院强制执行该行政复议决定，但行政复议法并未明确规定当被申请人 C 不履行已生效的行政复议决定时，申请人 A 是否也同样可以申请人民法院强制执行行政复议决定。再对比一下《行政诉讼法》及其司法解释中的相关规定，《行政诉讼法》第九十四条规定："当事人必须履行人民法院发生法律效力的判决、裁定、调解书。"第九十五条、第九十六条分别对公民、法人或者其他组织以及行政机关拒绝履行判决、裁定、调解书的强制执行措施予以了规定。第九十七条规定："公民、法人或者其他组织对行政行为在法定期限内不提起诉讼又不履行的，行政机关可以申请人民法院强制执行，或者依法强制执行。"《最高人民法院关于适用〈中华人民共和国行政诉讼法〉的解释》第一百五十二条规定："对发生法律效力的行政判决书、行政裁定书、行政赔偿判决书和行政调解书，负有义务的一方当事人拒绝履行的，对方当事人可以依法申请人民法院强制执行。人民法院判决行政机关履行行政赔偿、行政补偿或者其他行政给付义务，行政机关拒不履行的，对方当事人可以依法向法院申请强制执行。"

对于司法救济体系而言，不论是原告或是被告，都可以申请人民法院强制执行已生效的法院裁判。那么对于已生效的行政复议决定又当如何呢？行政复议决定虽然不同于一般的行政行为，属于行政机关通过内部的救济程序作出的行政处理决定，但相对于司法审查而言，其依然是可诉的行政行为，与一般的行政行为并无本质的区别。而对于行政复议决定，法律仅仅规定了行政机关针对行政相对人一方不履行行政复议决定确定的义务时，可以申请人民法院强制执行，并未规定行政相对人一方在行政机关不履行行政复议决定确定的义务时，也可以对等地申请人民法院强制执行。《行政诉讼法》只是规定了行政相对人或利害关系人可以对行政行为直接提起行政诉讼，并未规定行政相对人或利害关系人不经过行政诉讼即可直接向人民法院申请对行政行为强制行政机关执行。如此看来，该路径也是走不通的。

路径之三：申请人 A 是否可以向人民法院提起行政诉讼，起诉被申请人 C，要求判令其履行已生效的行政复议决定呢?

既然以上两个路径都无法实现申请人 A 的权利保护需求，那么申请人 A 直接向人民法院提起行政诉讼，请求判令被申请人 C 履行已生效的行政复议决定是否可行呢?

人民法院行政审判人员收到这样的案件时，首先要判断当事人的诉讼请求是否属于行政诉讼的受理范围。该诉讼请求表面上是一个要求给付的请求，但实际上包含着多层法律关系，一是需要法院对于已经在先存在的行政复议决定进行判断，看其是否合法且适当。而实际上，提起诉讼的当事人认为该行政复议决定是合法的，并不需要法院对其进行判断，且当事人起诉的也并不是这个行政复议决定本身。二是需要法院对被申请人 C 是否履行了案涉的行政复议决定进行查明及判断。但结合《行政复议法》第三十七条的规定，现行法律似乎又没有赋予人民法院对于行政机关是否履行行政复议决定这一领域相关的司法审查权，行政复议法仅仅把行政机关未履行或无正当理由拖延履行行政复议决定这一状况纳入了行政责任的追究上，只是意图在行政机关系统内部去处理这个问题，并未将这一问题留给法院去审查处理。相比较而言，行政诉讼法仅是笼统地规定了受案范围，因此，在有关行政复议决定及与行政复议相关事项上，还需遵循行政复议法的规定。由此看来，申请人 A 向人民法院提起行政诉讼，起诉被申请人 C，要求其履行已生效的行政复议决定，似乎也并不属于行政诉讼的受理范围，这条路依然行不通。

路径之四：申请人 A 是否可以向人民法院提起行政诉讼，起诉被申请人 C，抛开已生效的行政复议决定，要求人民法院通过判决或裁定直接让被申请人 C“屈服”呢？

在某种程度上，行政复议与行政诉讼是两种相对独立的救济方式。只有当事人对行政复议决定不服且该复议决定不是法定的最终裁决行为时，才能对该行政复议决定提起行政诉讼。如果当事人在提起行政诉讼前已经寻求了行政复议途径的救济，而且，行政复议决定本身已满足了当事人诉求，那么当事人就同一行政行为或同一具体事项继续寻求法院的司法救济，是否妥当？如前所述，每一种制度的设置都各有其功效和侧重，可能会保护同一种权益，但不会在当事人的诉求已获满足的情况下再重启另一种救济途径。就像本文所述的这种情形，在当事人提起诉讼前，行政复议决定已经支持了当事人的请求，只是涉及履行的问题，行政诉讼也不会再对此进行重复处理。

既然上述路径都走不通，那么在现有的法律框架之内，申请人 A 的法定途径到底是怎样的呢？

二、从对现行行政复议法等法律、法规相关条文的规定中得出的有限救济途径

就目前的法律规定来看，对于行政机关不履行行政复议决定的，还仅仅是限于行政机关系统内部通过追究相关人员的行政责任来予以督促。在行政复议程序中处于申请人地位的一方可以向行政复议机关或者被申请人的上级行政机关提出申请，要求其监督被申请人履行行政复议决定，但均无法通过行政复议程序或行政诉讼程序来达成目的。这不能不说是现行行政复议法规定的一种缺憾。申请人还可以依据《信访条例》第二条第一款关于“本条例所称信访，是指公民、法人或者其他组织采用书信、电子邮件、传真、电话、走访等形式，向各级人民政府、县级以上人民政府工作部门反映情况，提出建议、意见或者投诉请求，依法由有关行政机关处理的活动”的规定以及第十四条关于“信访人对下列组织、人员的职务行为反映情况，提出建议、意见，或者不服下列组织、人员的职务行为，可以向有关行政机关提出信访事项：（一）行政机关及其工作人员；（二）法律、法规授权的具有管理公共事务职能的组织及其工作人员；（三）提供公共服务的企业、事业单位及其工作人员；（四）社会团体或者其他企业、事业单位中由国家行政机关任命、派出的人员；（五）村民委员会、居民委员会及其成员。对依法应当通过诉

讼、仲裁、行政复议等法定途径解决的投诉请求，信访人应当依照有关法律、行政法规规定的程序向有关机关提出”的规定，向人民政府或相关工作部门提出信访申请，反映行政机关不履行行政复议决定。

从以上法律规定可看出，救济途径都只限于行政机关系统内部。作为申请人一方的公民、法人或其他组织，对于被申请人不履行或无正当理由拖延履行行政复议决定这一状况显然缺乏有力的救济途径，只能寄希望于被申请人的上级行政机关或行政复议机关的干预，最终仍需要依赖行政权力的行使才能达成自己的期望。这种制度设计不能不说是一种狭窄、封闭的思路，既不利于保护公民、法人或者其他组织的合法权益，也不利于行政机关及时纠正错误，更好地依法行政，还容易陷入循环往复的信访申诉之中。

三、走出行政复议决定履行困境的一点思路

第一，在行政复议法中增加规定，若行政复议程序中的被申请人在行政复议决定规定的期限内或在一个合理期限内不履行行政复议决定或无正当理由拖延履行行政复议决定的，申请人可提起行政诉讼，请求法院判令被申请人履行行政复议决定。这样申请人即可获得请求法院强制执行行政复议决定的请求权。

行政复议虽然是行政机关系统内部行政复议机关对行政行为的一种复审行为，但行政复议机关出作行政复议决定也是一种行政行为，对公民、法人或者其他组织的行政法权利与义务进行了处置和分配，同时对相应行政机关赋予了履行职责，确定了其对公民、法人或者其他组织的义务等，实质上就是一种行政处理决定。当行政复议程序中的被申请人一方不履行行政复议决定或无正当理由拖延履行行政复议决定时，作为申请人一方的公民、法人或者其他组织可以向人民法院提起行政诉讼，要求获得行政机关的给付，这种给付的直接依据和来源就是已生效的行政复议决定，实质上的依据依然是法律、法规或其他规范性文件的规定，要求给付的仍然是法定的职责或义务，只是这种职责或义务是通过行政复议机关在行政复议程序中依照法律、法规或其他规范性文件的规定予以确定的。

需要我们注意的是，当作为行政复议申请人一方的公民、法人或者其他组织向人民法院提起行政诉讼，要求判令作为行政复议被申请人一方的行政

机关履行已生效的行政复议决定时，人民法院是否需要对案件中涉及的行政复议决定的合法性或适当性进行审查？这涉及如何看待已生效行政复议决定的法律效力以及已生效行政复议决定在行政法律关系中的地位、与被诉行政行为之间的逻辑关系以及对于当事人诉讼请求能否实现的影响力等。当事人在这种类型案件中提起的是一个给付之诉，要求行政机关履行特定的行为或停止特定的行为或直接给付一定的物等。只是给付的依据比较特殊，是依据已生效的行政复议决定，而不是直接依据法律、法规或其他规范性文件的规定。

人民法院在审理案件时，首先要审查原告的诉讼请求，明确其想通过诉讼所要达成的目的，才能找到审理的方向和重心。在本类案件中，原告的诉求是单一且明确的，就是想借助人民法院的司法权再一次确认已生效行政复议决定的法律效力，并且以司法权的力量与行政复议程序中的被申请人直接进行对话，再次申明该被申请人履行行政复议决定的必然性，在被申请人不履行人民法院生效判决后，原告可获得申请法院强制执行的请求权。既然案件所涉及的行政复议决定是原告诉讼请求的出发点和最重要的依据，而这个出发点和重要依据本身又不是法律、法规，而是行政机关的一种行政处理决定的表现形式，没有免除司法审查的既定效力。因此，人民法院也应当对该行政复议决定的合法性或适当性进行审查，在审查确定该行政复议决定本身没有违法之处的前提下，才能支持当事人的诉讼请求。这点有些类似非诉执行的行政案件，行政机关在行政相对人既不履行行政处理决定又不在法定时限内提起行政复议或行政诉讼的，行政机关可以向人民法院申请强制执行。人民法院在审查非诉执行行政案件中也需要对申请强制执行的行政行为的合法性进行审查，尽管此种审查更偏重于形式上的审查，但审查也是必经程序，因为人民法院只能为正义一方而战。

如果人民法院经审查后发现案涉的行政复议决定不合法，该如何处理呢？能否直接在判决中撤销该行政复议决定或确认其违法？这似乎又是一个难题。原告在提起诉讼时是默认案涉的行政复议决定为合法有效，只是苦于没有有力的手段和方式去“逼迫”行政复议程序中的被申请人去履行该行政复议决定而已，对方似乎并不愿意让法院插手审查行政复议决定本身。若人民法院在审理案件过程中，发现案涉的行政复议决定违法或明显不当，应当判决驳回原告诉讼请求。由于原告并未起诉行政复议决定，所以人民法院在这一案件中不能在判项中直接撤销行政复议决定或确认其违法，仅能在裁判理由中对其违法性进行阐述，在案件审结后，给行政复议机关发司法建议，指出其作出的行政复议决定的违法性，建议其重作等。

第二，在行政复议法中增加规定，行政复议决定涉及责令作为被申请人一方的行政机关需履行法定职责或义务的事项，必须明确履行职责或义务的时限，并且载明被申请人不履行该行政复议决定的追责方式及对于申请人的救济途径等内容。一方面，给作为申请人一方的公民、法人或者其他组织指明相关的救济路径。另一方面，也可起到充分督促作为被申请人一方的行政机关及时依法执行行政复议决定的震慑提示作用。

（作者单位：最高人民法院）

当前我国工伤保险制度的困境和突破

李 凯　易 芳

【摘要】本文主要通过梳理近年来工伤保险制度中存在的问题，找出制约我国工伤保险制度发展的症结，在借鉴了外国立法经验的基础上，试图通过有针对性的意见建议，完善我国的工伤保险制度。论文通过对工伤保险法律制度的一般理论进行概括介绍对工伤保险制度的国际比较，对我国工伤保险制度的现状进行分析，提出完善我国工伤保险法律制度的建议。希望以此为我国完善工伤保险制度和工伤保险补偿程序提供一些有益的建议。

【关键词】工伤保险　国际比较　问题　完善

工业革命使得大机器生产逐渐代替了传统手工作坊生产，农村中的大量剩余劳动力被吸引到城市中的工业部门，传统劳动关系在这期间潜移默化地发生着改变。这些变化是根本的，它们影响了日后整个世界的政治经济体制，并成为世界社会保障制度的“催产剂”；这些变化也是沉重的，工业革命在改变往日生产模式、劳动关系形态的同时，扩大了手工作坊小生产中“隐藏”的事故，导致工伤事故成为工业社会发展如影随形的“幽灵”。根据国际劳工组织统计，全世界每年发生的工伤事故达 10 万起以上，死伤 2000 多万人，其中死亡约 15 万人，占全世界总死亡人数的 5%。工伤事故给全世界造成了巨大的经济损失，同样给我国带来了相当大的经济损失。据有关部门粗略估算，每年我国因职业病、工伤事故产生的直接经济损失达 1000 亿元，间接经济损失达 2000 亿元。工伤事故已成为一个国际性难题，是每一个工业化国家在其经济发展过程中都会不同程度出现的问题。因此，工伤保险制度的产生势在必行。

工伤保险是指劳动者因工造成伤残、死亡或职业病后，对受到伤害者及其家属给予一定物质帮助的一种社会保险措施。国际上通常将工伤保险分为两类——因工伤残保险和职业病保险。因工伤残保险是指劳动者因工负伤或残废而暂时或永久丧失劳动能力，以及死亡时所获得的补偿和物质帮助的制度。职业病保险是指职工长期从事职业劳动，并因职业原因发生疾病时，获得补偿和帮助的制度。

工伤保险关系到千百万劳动者的基本权利和切身利益，关系到人民生活、经济发展和社会稳定。工伤保险作为社会保障的一种，与商业保险最大的区别在于它的社会属性，工伤保险以追求社会公共利益为目的，通过社会再次分配，使社会成员得到救助。

一、工伤保险法律制度概述

（一）工伤保险的概念及法律特征

1. 工伤保险的概念

"工伤保险是指劳动者在生产经营活动中或在规定的某些特殊情况下遭受意外伤害、职业病，以及因这两种情况造成死亡、劳动者暂时或永久丧失劳动能力时，劳动者或其遗属能够从国家、社会得到必要的物质补偿。"[①] 从这一定义可以看出，工伤保险包含了三层意思，一是劳动者本人因工受"伤"导致暂时性失去劳动能力的，可以从国家和社会获得的医疗救治、职业康复、经济补偿等物质帮助；二是劳动者本人因工伤致"残"导致身体或智力功能永久性丧失的，可以从国家和社会获得的医疗救治、职业康复、经济补偿等物质帮助；三是劳动者因工而"死亡"的，其遗属可以从国家和社会获得相应的物质补偿。

现代意义上的工伤保险制度是工伤预防、工伤补偿、工伤康复三位一体的制度。经济发展水平的高低决定了一个国家工伤保险制度的丰富程度。经济发达国家的工伤保险制度可以充分涵盖工伤补偿、工伤预防和工伤康复三个方面；而对于经济欠发达国家来说，工伤保险制度只能满足工伤补偿，在工伤预防和工伤康复方面有所缺失。中国工伤保险的建制理念在现阶段不能简单照搬发达国家"预防为主"或"预防、保险、康复三结合"的建制理念，因为发达国家之所以能够按照这些原则来完善自己的工伤保障制度，是

① 孙树菡：《工伤保险》，中国劳动社会保障出版社 2007 年版，第 3—4 页。

因为其工伤保险制度早已成熟并强制性地全面推行了多年，这些国家有发达的经济和社会共识支撑，有完善的预防、康复机制配套。而在中国，工伤保险制度还未真正确立，经济发展仍较落后，在劳动力资源严重过剩的条件下，整个社会并不特别看重对劳动者的保护，更缺乏相应的工伤预防、康复机制的配套。因此，在现阶段乃至相当长的时期内，中国都应该坚持以工伤赔偿为主的理念来确立工伤保险制度。

2. 工伤保险的法律特征

第一，工伤保险具有强制性。工伤保险是国家通过立法形式来保证其实施的，属于强制性保险，是工伤保险与商业保险最重要的区别之一。用人单位必须按照法律规定为其员工缴纳工伤保险费，如果用人单位不为其员工缴纳工伤保险费，则社会保险行政部门有权要求该用人单位及时足额缴纳工伤保险费，如逾期仍未补缴，可以对该用人单位进行处罚。由此可见，工伤保险的强制性特征不仅使工伤保险基金有了稳定的来源，还更好地保障了劳动者的合法权益。

第二，工伤保险具有保障性。工伤保险作为社会保险的项目之一，却具有其他社会保险项目所不可比拟的优越性，主要表现为工伤保险的保障性最强，保险项目最广泛。工伤保险不仅给予工伤伤残者以及死亡遗属一次性的经济保障，还提供长期的经济保障，如伤残年金、遗属待遇。此外，工伤保险除了提供经济方面的补偿，还提供职业康复、生活辅助器具、伤残人员的转岗培训等其他服务。

第三，工伤保险具有非营利性。工伤保险的目的是保障工伤职工的合法权益，它的非营利性主要体现在国家对因工受伤或死亡，以及罹患职业病的职工及其家属提供物质保障，将工伤保险基金全部用于工伤职工，不得挪作他用。这是国家所承担的社会责任，同时也是劳动者理应享有的合法权利。工伤保险的非营利性还体现在社会保险经办机构的非营利性，社会保险经办机构在办理工伤保险业务时不收取任何费用，其经费来源于财政拨款。

第四，工伤保险具有互济性。工伤保险将筹集来的基金分散开来，在相对大的范围内分散企业、行业以及地区之间的职业风险，建立职工和用人单位的双重保护机制。在我国，一些工伤事故发生率较低的企业的工伤基金充裕，经常有节余，通过互助互济的方法来分散风险，可以使工伤职工和用人单位获得双重保护。

（二）工伤保险的原则

1. 无过失补偿原则

所谓无过失补偿原则是指劳动者在劳动生产过程中，一旦发生伤、残、死亡事故，不论事故是由劳动者过失，还是雇主过失引起的，劳动者均可以根据法律规定，依据伤残程序享受相应的经济补偿。无过失补偿原则产生的理论基础是“职业风险理论”。该理论认为每一个行业都应该以生产成本的形式承担各自的职业伤残带来的损失，并在产品价格上反映出工伤和职业病所造成的损失。[①] 无过失补偿原则是工伤保险制度的伟大成果之一，它将待遇给付与责任追究分开，不因事故责任的追究与归属，影响待遇给付的时间及额度。该原则已为世界上大多数国家所遵行。

2. 劳动者个人不缴费原则

劳动者个人不缴费原则是指无论是工伤保险待遇的支付，还是工伤保险费的缴纳，全部由用人单位负担，劳动者个人不缴纳任何费用。工伤事故属于职业性伤害，是在劳动生产过程中，劳动者为用人单位创造物质财富而付出的健康甚至生命的代价，而工伤补偿是用人单位一种特殊的生产成本。因此，工伤保险费由用人单位负担，更符合公平正义的理论。我国工伤保险基金来源由《工伤保险条例》第七条规定：“工伤保险基金由用人单位缴纳的工伤保险费、工伤保险基金的利息和依法纳入工伤保险基金的其他资金构成。”我国的工伤保险基金来源中的工伤保险费是由用人单位全部承担，工伤保险基金不包括政府的财政补贴，但不排除其他资金构成，如按规定征收的滞纳金、社会捐赠等。

3. 补偿最低限度原则

工伤补偿通常只覆盖明确的经济损失，主要是由伤残和死亡引发的医疗开支和工资损失等。通常工伤保险补偿并没有工伤者期望的那样高，也没有通过民事侵权赔偿获得的那样多，原因在于工伤保险的实质并不是要赔偿工伤劳动者所有的工资损失与身体受到伤害的损失，而是针对受到与职业相关的伤害或患有职业病的劳动者提供最低程度的给付，以及有效的医疗，避免劳动者及其家庭陷入贫困而造成社会问题，并使劳动者获得适当的医疗照顾

---

① ［美］乔治·E. 雷吉达：《社会保险和经济保障》，陈秉正译，经济科学出版社2005年版，第241页。

及确保其工作能力及工作机会；对于死亡的劳动者，工伤保险要确保其遗属能够得到协助。这就决定了劳动者的非直接经济损失以及其他收益损失不在补偿之列，如兼职的收入、婚姻家庭等方面的不幸，心理、面容、身体伤害导致的生活不幸等。正是这种仅提供工伤劳动者能够得到及时救治，以及其家人最低限度生存的理念，意味着工伤保险向工伤者提供救济中隐藏着补偿额度不足的“天然缺陷”。

4. 强制性原则

在大多数国家和地区，法律通常明确规定一定范围内的雇主必须参加工伤保险，之所以强制雇主参加工伤保险，原因不外乎两点：其一，工伤保险是社会保险险种之一，是以社会利益为本位，目的是为社会大众谋求利益与安全。社会大众具有“经济人”的属性，还可能具有投机意识，社会中每个成员对参加保险的选择，往往基于自己的需要。由于不同个体，以及行业、职业风险是不同的，他们对工伤的认识必然存在差异，这就导致有些风险较低的雇主心存侥幸，不想参加保险。工伤保险的有效运行需满足大数法则，没有广泛的参与，保险制度将无法有效运转，甚至会面临体制崩溃的可能。因而，必须强制各种风险层次，以及风险意识的雇主参加。其二，工伤事故本身具有突发性，不可预测性和不可逆性，所造成的损失往往不能挽回，当雇主无法承担事故成本而逃之夭夭或因此破产，整个事故损失将由劳动者个体及其家庭来承担，最终这些损失都会慢慢转化为社会成本。因此，国家必须采取强制手段实施工伤保险。当然，工伤保险的强制性并不意味着每个实施工伤保险制度的国家都会强制雇主参加。例如，美国各州的工伤保险既有强制性的，也有选择性的。

5. 预防、补偿和康复相结合

随着工伤保险制度的发展与完善，工伤保险的预防和康复功能日益为人们所重视，“预防、补偿、康复相结合”的原则已经成为世界各国普遍遵循的原则之一，也是国际劳工组织全力推行的工伤保险基本原则。那些曾经认为由于经济发展水平低，保险基金积累不足的发展中国家应当将工伤保险定位为以补偿为主的学者，现在也逐渐认识到工伤预防和工伤康复的重要性。工伤预防和工伤康复绝不是经济发达后才能享受的奢侈品，而是运用工伤保险推进一国经济发展的重要工具。经济发展水平的高低可以决定工伤预防和工伤康复的实施、推广程度，但是不能否定工伤预防和工伤康复制度建立的必要性和迫切性。只有加强工伤保险制度的第一道和第二道防线，工伤保险才能发挥积极的作用。从被动的工伤补偿走向积极的工伤预防和工伤康复，这不仅是一国社会进步的标志，也是一国工伤保险制度完善和成熟的标志。

（三）工伤保险的产生与发展

1. 工伤保险的产生历史

（1）从雇主责任法到无过错责任原则

18 世纪资本主义竞争时期，资产阶级坚持工伤赔偿责任为"劳动者自己责任"原则。即劳动伤害风险自担。随着生产的日益工业化，工伤事故也日益增多，那种"风险自担"的原则引起广大工人的不满而奋起斗争，迫使欧洲各国不再强调工人对工伤事故负个人责任，而改行一种所谓的"雇主过失赔偿"原则。按此原则，工人因工负伤的原因只有出自雇主一方才给予赔偿，如果工人因工负伤是由自己过失造成或由其他工人造成的，雇主便不予任何赔偿。这种原则并没有给工人带来多少利益，最终取而代之的是符合广大劳动者利益的无过失赔偿法案，即补偿不究过失原则。也就是只要发生工伤事故，不究过失在谁，企业主无论是否有过失，均应承担赔偿责任。这种原则是立法上的进步。

（2）从无过错责任到工伤保险法

任何一种原则的落实，最终都要归结到制度设计上。从雇主方来看，无过错责任原则加重了企业主的赔偿责任，对资本主义再生产不利，而当雇主是一般小业主时，无过错责任可能使他们陷入困境。因此，工伤就不能再仅仅局限于从侵权行为法这一传统领域中寻找解决办法，而应将它看作一个社会问题，兼采其他法律手段使这一风险分散开来。商业保险因其性质不适合分散工伤这一社会风险，而社会风险理论的兴起主张社会责任制度的建构。德国 1884 年颁布的《工人灾害赔偿法》开辟了一种全新的赔偿机制，即社会保险，这是世界上最早的工伤保险法。

2. 工伤保险的发展趋势

第一，工伤保险成为社会保险中最普遍实施的、更加完善的保险项目之一。在全世界近 200 个国家和地区中，有三分之二以上的国家和地区建立了社会保障制度，并且建立了工伤事故和职业病方面相关的立法。有的国家通过立法，扩大了工伤保险的覆盖范围，有的国家调整完善了工伤保险待遇的给付标准，有的完善了工伤保险基金的筹集管理等，随着工伤保险制度的不断完善，其内容也越来越丰富，工伤保险不仅仅包含工伤补偿，还包括工伤预防和工伤康复。

第二，工伤争议的处理在工伤保险制度中的地位更加重要。各国工伤保险的办理机构在管理方面出现问题可以通过内部督查程序来解决，如有不服可以向指定法院起诉。处理工伤争议案件难度较大，除了涉及专业技术问题以外，还涉及致残程序的鉴定、医疗等问题，需要专门的技术人员来处理。为了使工伤保险的作用得到真正的发挥，处理好工伤保险争议是关键的一环，也越来越受到各国的重视，其在工伤保险中的地位也越来越重要。

第三，工伤补偿、工伤预防和工伤康复三者相结合的体制是工伤保险制度的重要原则。工伤保险的基本职能是对工伤的受害者通过国家设立工伤保险基金给予一定补偿。实践证明，工伤保险由补偿向预防方向发展，是工伤保险未来发展的方向。随着工伤保险制度的不断完善，事故预防、职业康复及损失补偿将日益紧密地结合在一起。

二、外国工伤保险法律制度的考察与评价

（一）外国工伤保险法律制度的考察

德国是世界上最早建立工伤保险法律制度的国家，德国主要包括工商业同业公会、农业同业公会和公共系统这三大工伤保险经办机构，其中工商业同业公会最为重要。德国工伤保险的覆盖范围将雇员、大多数类别的自我雇佣者、学徒、学生、幼儿园儿童以及家庭佣工都囊括在内，只要存在劳动行为，无论是长期还是短期、不论雇主是否为雇员缴纳了工伤保险费，都不影响其享受工伤保险待遇。德国的工伤认定标准是单纯的因果关系理论，主要考察的是工作与事故之间的因果关系，而且工伤待遇优厚。德国坚持以预防优先的工伤保险理念，康复优于补偿。

美国各州的工伤保险制度的规定各不相同，差异很大，没有统一的工伤保险立法。虽然美国各州的工伤保险覆盖范围不同，但都以雇佣关系为前提，包括一般工商业雇员及大多数公共雇员。工伤认定方面没有统一标准，但大多数法院均采用地位上危险说，认为只要劳动者是因工作的环境和职责受到了伤害，那么就可以被认定为因工作而导致的伤害，即可享受工伤赔偿。美

国也没有全国统一的工伤补偿制度，但各州的工伤保险待遇水平都很高，工伤职工享受工伤保险待遇水平与参加职业康复训练有关，如果工伤职工拒绝参加职业康复训练，那么其工伤保险待遇会相应下降。美国各州均建立了专门的工伤康复机构，由工伤康复委员会负责本州的工伤康复工作。

日本的工伤保险具有强制性，由政府统一管理，覆盖范围包括自愿保险或是特别制度未包含的工商业雇员。日本的工伤保险项目也有由私营的保险机构提供的，主要包括雇主责任保险和补充赔偿保险两种。工伤认定标准比较宽松，在事故发生时，劳动者所从事的工作在工作范围内，为了企业的利益或者劳动者从事劳动合同规定的职务行为时，即可认定为工伤。日本十分重视工伤康复，并将职业康复纳入工伤保险的体系中，各类康复设施和康复手段都十分齐全。

（二）外国工伤保险法律制度的评价

1. 工伤保险覆盖范围广泛

从前面介绍的德国、美国、日本的工伤保险法律制度可知，这几个国家的工伤保险覆盖范围是面向全社会的所有成员，同时更倾向于弱势群体的保护，工伤保险覆盖范围十分广泛。

2. 工伤认定标准相对宽松

宽松的工伤认定标准可以更好地保护劳动者的合法权益，已被世界大多数国家采纳。德国和美国在工伤认定的标准上均采用了因果关系理论，德国采取的是单纯的因果关系理论，美国采用地位上危险说，认为只要劳动者是因工作的环境和职责受到了伤害，就可以被认定为工伤。日本则认为在事故发生时，劳动者所从事的工作在工作范围内，为了企业的利益或者劳动者从事劳动合同规定的职务行为时，即可认定为工伤。

3. 工伤补偿、预防与康复相结合

工伤补偿、工伤预防、工伤康复三者都密不可分。工伤预防做得好，将从源头上减少工伤事故的发生。事故发生后，既要积极向工伤职工提供相应的工伤保险待遇，还要向工伤职工提供专业的康复治疗，使其可以尽快恢复劳动能力，重返工作岗位。很多国家将事故预防的一些特殊事项在工伤保险立法中加以明确，充分发挥立法的干预作用。也有一些国家在伤保险基金中提取不同比例的数额作为工伤预防基金，用于企业的安全教育培训、为劳动者提供咨询服务等。很多国家用工伤保险基金来投资专门的工伤康复中心或医院，以满足工伤职工康复服务的需求。

三、目前我国工伤保险制度的现状及分析

（一）目前我国工伤保险制度的现状

工伤保险是绝大多数国家优先考虑建立的社会保险制度，在社会保险体系中占有重要地位。我国在1951年制定的《劳动保险条例》中即规定了工伤保险待遇。1996年8月，劳动和社会保障部发布了《企业职工工伤保险试行办法》，同年3月，国家技术监督局也颁布了《职工工伤与职业病致残程度鉴定》（国标GB/T16180－1996），标志着对沿用多年的工伤保险制度开始了全面改革。

2003年4月27日国务院颁布的《工伤保险条例》（自2004年1月1日起施行、2010年12月10日修订），这是自1951年制订、1953年修订颁布《劳动保险条例》之后，第一次制订的、专门的、具有法律效力的工伤保险法规，对于推进工伤保险改革，规范工伤保险制度，解决工伤保险争议至关重要。《工伤保险条例》从法律上实现了《劳动法》赋予劳动者的工伤保险待遇权利，增强了工伤保险待遇权的行使与保护机制，为建立和健全比较完善的社会保障法律体系奠定了法律基石。

但无论是《企业职工工伤保险试行办法》，还是《工伤保险条例》都没有针对农民工作出专项规定。随着农民工工伤保险缺乏等一系列问题逐渐暴露，2006年国务院颁布了《关于解决农民工问题的若干意见》，该意见明确指出应当依法将农民工纳入工伤保险范围，所有用人单位必须及时为农民工办理参加工伤保险手续，并足额缴纳工伤保险费，特别强调要加强农民工较为集中、工伤风险程度较高的建筑行业、煤炭等采掘行业参加工伤保险。为了配合国务院关于加强农民工工伤保险的要求，2006年5月17日劳动和社会保障部颁布了《实施农民工“平安计划”加快推进农民工参加工伤保险工作》，试图用3年左右的时间，将矿山、建筑等高风险企业的农民工基本覆盖到工伤保险制度之内。

2010年10月28日第十一届全国人民代表大会常务委员会第十七次会议通过了《社会保险法》，意味着我国社会保险制度建设终于有了权威的法律

依据。《社会保险法》第四章共用11个条文专门规范工伤保险，分别涉及工伤保险参保、工伤保险费率设置和缴费原则、工伤认定、工伤保险补偿等四大问题。在《社会保险法》中，有关工伤保险的法律条文数量虽少，着墨不多，但寥寥十几条却是今后我国工伤保险法律制度变革、发展的标准与方向。特别需要提及的是，《社会保险法》在立法的纷争中，开创性地确立了工伤保险补偿先行支付原则，为劳动者在发生工伤事故后，获得工伤保险补偿提供了切实有效的法律制度保障。除对工伤保险法律制度进行设置外，《社会保险法》在附则中再次强调了农民工的社会保险权，规定："进城务工的农村居民依照本法规定参加社会保险。"2010年12月20日《国务院关于修改〈工伤保险条例〉的决定》依据《社会保险法》对《工伤保险条例》进行了一定程度的修改：扩大了工伤保险的覆盖范围；重新设定了工伤认定范围；一定程度上缩减了工伤认定和争议处理程序；提高了部分工伤保险补偿标准，减少了由用人单位支付的待遇项目、增加了由工伤保险基金支付的待遇项目。这些修改在某种程度上是相对原《工伤保险条例》的进步，但是从修改内容上看，尚属小修小补，没有在根本上触及现行工伤保险制度的症结。

（二）目前我国工伤保险制度的主要困境

1. 工伤保险参保情况并不理想

根据人力资源和社会保障部官方网站公布的数据显示，早在2015年，我国工伤保险参保人数就突破2亿人，达到20639万人。2016年，我国工伤保险参保人数达到21432万人，比上一年度增加793万人。截至2017年2月底参保人数为21624万人，2017年工伤保险参保人数将突破2.2亿人。2.2亿人口参保工伤保险，享受工伤待遇，相当于全美国的人口总数。但是，这一组数据并不值得我们骄傲。根据人力资源和社会保障部公布的《2015年度人力资源和社会保障事业发展统计公报》的数据，截至2016年5月30日，全国就业人员达到77451万人。通过与同期工伤参保人数比对，我们可以发现情况并不乐观，我国就业人口中，仍有56019万人（就业人口的72.33%）没有参加工伤保险。无论是对这5亿多就业人群的权利保障，还是对整个就业结构，以及涉及的相关企业都是一组不合理的数据。

另外，当前工伤参保呈现以下特点：东部发达地区参保人数多于中西部地区，大中城市的参保比例高于小城市的参保比例，经济发达地区的工伤保险统筹地区，工伤保险基金有盈余，而经济落后地区的保险基金常有亏损。

出现全国范围内工伤参保率低下，工伤参保区域差异明显的原因主要有以下几个方面：

（1）工伤保险投保制度自身缺陷，工伤保险基金各地自行统筹。有的地区存在限制用人单位参保的情况，尤其是经济较为落后地区。规定工伤保险不能单买，只能和养老保险一起购买。致使部分个体工商户、个人雇主即便想为雇用人员购买工伤保险也没有购买的渠道，而目前我国就业体系中大部分的就业人员是受中小企业、个体工商户和个人雇主的雇用。另外，尽管企业依法应当为雇员购买养老保险、医疗保险、失业保险和工伤保险等，但基于就业人员流动性较大，企业为员工购买社会保险需要审批办理等手续烦琐，往往是帮员工办好各类社会保险后，员工已经离职了。导致有的企业逐步存在侥幸心理，延迟为员工购买工伤保险。

（2）地方劳动监察部门执法不力，监督不严。中西部地区政府的中心工作是招商引资、发展地方经济，对一些企业损害工人权益的事情视而不见，注重税收任务的完成而忽略了对职工的权益保护。笔者走访过一位宜春某汽运集团的驾驶员王师傅，该汽运集团存在严重的侵害员工权益的情形，王师傅曾向有关部门投诉，却被告知县领导打了招呼，劝其撤回投诉。

（3）工伤保险制度在中西部地区宣传不利。笔者通过向江西和上海分别发放调查问卷，并随机各选择 100 份问卷进行调研。发现在江西发放的有效问卷中，超过 50% 的人不知道自己有没有工伤保险。而在上海发放的有效问卷中，员工自身的权益意识较高，仅有 4% 的被访者没有工伤保险。当被问及是否在电视、广播、工会宣传、公司宣传及培训中接触过相关信息时，60% 以上的江西受访者表示未接触过相关的信息，与此形成鲜明对比的是上海的劳动者中，有超过 80% 的受访者表示从公司培训中获知过相关知识。

（4）区域间整体法治意识差异。地方法治意识一般和经济发展水平成正比，在相对落后的地区无论是雇主还是雇员都没有投保社会保险的意识。雇主认为为员工购买工伤保险是在增加成本，觉得可有可无，存在侥幸心理。雇员碍于情面不愿维权，特别是部分地区就业紧张，雇员担心如果主张权利就会导致失业。

2. 工伤认定法律适用遇困境

受伤职工享受工伤保险待遇的前提是工伤行政确认，而现行的工伤行政确认制度，无论是工伤涵盖范围，还是工伤认定程序与当今社会的发展都显得有些滞后，“过劳死”是否可以纳入工伤范围，交通事故是否有必要保留到工伤范围内，民间组织的工作人员能否享受工伤保险待遇等问题是近几年工伤行政确认比较有争议的问题。

（1）“过劳死”是否可以纳入工伤范围

“过劳死”的概念最早出现在日本，源自日语“过労死”。该词源自日本，最早出现于20世纪70年代日本经济繁荣时期。过劳死并不是临床医学病名，而是属于社会医学范畴。当劳累超过极限或持续时间过长时，身体这个“弹簧”就会发生永久变形，免疫力大大下降，导致老化、衰竭，甚至死亡。具体表现就是由于长时间加班工作导致过度疲劳而猝然死亡。死者多在30—50岁，死因有急性心肌梗塞、脑溢血、蛛网膜下腔出血等。

随着中国经济的高速发展，劳动者的生活压力、工作压力与日俱增，“过劳死”也时有发生。但是我国《工伤保险条例》并没有直接规定将“过劳死”纳入工伤范围，对职工予以补偿。有学者提出我国的《工伤保险条例》第十五条第一款第（一）项规定的在工作时间和工作岗位，突发疾病死亡或者在48小时之内经抢救无效死亡的，应当视同工伤。这一法律条文的规定就是我国对“过劳死”的工伤认定规定。笔者并不认同这一观点。如此草率地认为该条就是对“过劳死”的权利救济，既不了解“过劳死”，也不理解该法条的立法渊源。如果简单地适用这一法条就会造成一种极为不公平的现象：“过劳死”死在工作岗位或者在工作岗位上发病死亡的，可以获得工伤保险待遇，而在家中发病或者死亡的就不能得到工伤补偿。

“过劳死”有其自身的特殊性，目前还没有一个较为完善的鉴定标准予以认定，“过劳死”的标准难以把控。我们不能简单地将员工所有的心脑血管疾病都归结于工作压力大。目前，只有日本和少数几个国家将“过劳死”纳入了工伤保障范围。“过劳死”是立法学和社会学必须面对的课题，如何将这一模糊的概念进行清晰的界定，如何保障职工的权益，还需要我们进一步探讨和借鉴其他国家的经验。

（2）村委会、居委会的工作人员能否享受工伤待遇

【案例】陶某是某村委会主任，为了做好秸秆禁烧工作，陶某所在的县实行乡镇村分片包干、责任到人，乡镇两级干部都是包片人和责任人。陶某在田间巡查是否存在焚烧秸秆行为时，不慎被石头绊倒。经医院诊断为右小

腿骨折。

本案的关键就是村集体组织是否可以列为工伤保险条例规定中规定的用人单位，第一种观点认为村委会、居委会作为群众性自治组织，其组成人员与村委会、居委会之间并非劳动关系，这种关系具有一定的不确定性。居委会和村委会的工作人员可以通过改选和罢免等方式发生改变。《工伤保险条例》并没有明确村委会和居委会的工伤保险责任。第二种观点认为应当将村委会、居委会的工作人员认定为工伤保险待遇适格主体。原因在于村干部和居委会干部都是确确实实参加了村集体和社区内的日常管理工作。如果不让村干部享受相应的待遇是不公平的，目前法律不允许村干部参照公务员享受相应待遇，那么村干部的合法权利应当如何保障。另外，《工伤保险条例》第二条也没有完全把村委会和居委会排除在外。所以，应当将村委会和居委会等群众自治组织纳入《工伤保险条例》规定的用人单位中①。

笔者比较赞同第二种观点，从法理而言，《工伤保险条例》以及其他法律法规并没有将村委会、居委会排除在用人单位之外。其他行政法规也没有规定村委会、居委会的工作人员因工伤亡的待遇。“举轻以明重”是立法的基本原则之一，当法律无法穷尽所有的情形时，简单地举出几类情形，作为执法的参照。工伤保险单位的确定也是采用这种方式予以规定，不能认为没有明确规定，就完全将村委会和居委会排除在工伤保险单位之外。另外，村干部和居委会干部也承担了大量的日常管理工作，是普通的劳动者之一，他们应当得到相应的权利保障。

（3）发生交通事故视同工伤存在质疑

【案例 1】罗某系一公司职工，一天中午其在骑自行车的上班中，与钱某驾驶的大客车相撞，导致罗某倒地受伤，经医院抢救无效于当日死亡。交警部门认定罗某负此次事故 50% 的责任，钱某负 50% 的责任。当地劳保局认定罗某为工伤。公司不服该认定，向法院提起行政诉讼，一、二审均驳回了公司的诉讼请求。

【案例 2】俞某系 A 公司员工。某日，A 公司要求员工加班，但是俞某在 17 时正常下班时间离开了单位，俞某驾驶轻便摩托车在下班回家途中，不慎与一辆货车发生交通事故，造成小腿受伤。经交警部门认定，俞某负 50% 的

① 杨科雄：《最新工伤认定规则与适用》，法律出版社 2015 年版，第 31 页。

责任，货车司机负50%的责任。事后，俞某向当地人社局申请工伤认定。人社局认为，根据《劳动法》第四十一条的规定，用人单位要求员工加班（延长工作时间）应经与工会和劳动者协商并取得一致意见后方可延长工作时间。因此，不论劳动者在单位通知其加班时是否答应加班，或者是劳动者出于何种原因没有加班，只是表明用人单位与劳动者之间在延长工作时间方面并未达成一致的意见。因而，劳动者未按用人单位要求加班并不属于擅自离岗。所以，俞某没有按照单位要求加班，在回家途中遇机动车事故受到伤害，应按《工伤保险条例》第十四条第（六）项的规定，认定为工伤。

交通事故导致伤亡在工伤事故中占据的比例逐年增加，交通事故导致受伤获得工伤赔偿在理论界和实务界也存在较大的争议。持反对意见的一方，认为不应当将交通事故伤亡纳入工伤保险范畴，主要有以下几个方面的理由。

其一，就上下班途中发生交通事故的性质而言，上下班行为具有工作和私人的双重属性。一方面，上下班行为与工作场所相关联，其行为是在固定的范围、固定的时间内，受到用人单位的限制。另一方面，上下班行为联系私人住所，与私人事务直接相关，应当不同于一般的职业伤害。劳动者的自由更为广泛，除非用人单位提供专用交通工具供劳动者上下班，用人单位对上下班途中发生的各种危险，无法预防也无力控制。另外，交通事故具有社会风险性，随着汽车大众化的推进，交通事故是一种无法避免的社会风险，所有的交通参与者，都有可能是交通事故的潜在威胁。

其二，将交通事故伤亡视同工伤，加重了企业的用工风险。我国工伤保险待遇的支付，并不完全由工伤保险基金支付，有部分赔偿金还是由企业负担。这对中小微企业来说，可能会是一笔不小的开支，增加企业成本。对于未及时为员工购买工伤保险的中小企业带来的负担，可能会直接导致破产。

其三，“双份利益”导致不公，交通事故发生后，员工可以通过侵权和工伤两种途径获得赔偿，有的情况甚至是双重赔偿。在这一模式下部分支持“双赔”的省份因交通事故受伤的职工获得的赔偿要比正常发生工伤的职工多将近一倍的赔偿，这是一种隐性的不公。

（4）在工作时间和工作岗位，突发疾病死亡或在48小时之内经抢救无效死亡的视同工伤的规定存在漏洞

其一，在工作时间、工作岗位突发疾病的规定有待修改。

【案例】谢某系江西某药业有限公司职工，食宿均在公司生产厂区。一

天，谢某没上班，当晚18时许，谢某在宿舍突发疾病，并于当晚20时30分被送入樟树市人民医院治疗，因医治无效，于次日凌晨死亡。死亡原因：小脑出血并形成脑疝；高血压病，极高危；陈旧性脑梗塞。

本案中，虽然人社局有证据证明谢某突发疾病的时间是在下班后18时许，谢某的死亡无法认定为工伤。但该种疾病是否有发病征兆，或者身体不适，还是谢某一直在认真工作而没有及时就医而导致突发疾病死亡。笔者就该案中导致谢某死亡的的病情问过医疗专家，给出的答复是因个人体质而异，有可能在发病前一两天就有不适感，也有可能是发病前一两个小时才有不适感，也有可能是急性突发的。因个人体质、个人意志和外部环境影响不同，患者突发疾病的时间也会有差异。如果因为个人意志坚定，工作认真负责而导致下班后突发疾病死亡无法认定的工伤，对认真负责的劳动者而言是不公平的。法律的规定过于僵化，对传统职业道德冲击较大。

其二，抢救时间48小时的规定不合情理。

【案例1】深圳一制鞋厂女工程某在车间突然昏迷，送往医院抢救两天后死亡。因家属不肯放弃抢救，抢救时间超过48小时，程某的家属向当地人社申请工伤，人社部门决定不予认定工伤。程某家属不服，向深圳市盐田区人民法院提起行政诉讼，被依法驳回诉讼请求。①

【案例2】孙某系一建筑工人，其在工作过程中突发疾病，于当日8时30分入院治疗，经手术治疗后在只能靠呼吸机维持呼吸、升压药维持血压的情况下，亲属因感到其生命无望而主动放弃治疗，于次日凌晨1时死亡。当地人社部门认定其为工伤，并经一、二审法院判决支持为工伤。

通过案例1，我们发现，程某的家人在其生命垂危之际，选择了继续抢救程某。但这一人性的选择，却不被法律认可。因为抢救时间超过48小时，程某的家人。不能获得因工死亡的补偿。这个案例同样在拷问我们每一个人，当你的家人因工作病危，在抢救至47小时，只剩一丝希望，作为家人的我们是选择高额的补偿放弃抢救，还是坚守那一线希望，等待家人醒来？而案例2中，孙某经医院诊断确定没有继续存活的可能性，孙某的家属放弃治疗实属无奈之举。由此看来，法律的规定似乎并不合理，因为好的立法不会考验人性。

---

① 罗洁琪：《刘某某刺杀台商始末》，载《财经》2009年第14期。

（5）第三人侵权导致工伤的情形，实行“双赔”并不合理

【案例】 华某系某白酒生产企业的推销员，一天，其驾驶一辆小汽车，车上副驾驶搭载了其同事李某，在去参加企业召开的会议的路上，与一辆重型货车相撞，造成华某与李某二人当场死亡。经交警部门认定，华某负此次事故的次要责任，货车司机负此次事故的主要责任。华某、李某家属向人社局申请工伤认定，二人均被认定为因工死亡。后华某、李某家属向货车司机住所地法院起诉要求交通事故赔偿，得到法院的支持；华某、李某家属向二人供职的白酒生产企业住所地法院起诉要求工伤赔偿，亦得到了法院的支持。

陈现杰博士在《〈关于审理人身损害赔偿案件适用法律若干问题的解释〉的理解与适用》中，对“关于工伤保险与民事损害赔偿的相互关系”这一问题作了这样的阐述：《解释》（即《最高人民法院关于审理人身损害赔偿案件适用法律若干问题的解释》）根据《工伤保险条例》等相关法规规定，并征求国务院法制办以及劳动和社会保障部的意见，对工伤保险与民事损害赔偿的关系按照混合模式予以规范。混合模式的实质，就是在用人单位责任范围内，以完全的工伤保险取代民事损害赔偿。但如果劳动者遭受工伤，是由于第三人的侵权行为造成，第三人不能免除民事赔偿责任。例如，职工因工出差遭遇交通事故，工伤职工虽依法享受工伤保险待遇，但对交通肇事负有责任的第三人仍应当承担民事赔偿责任。原最高人民法院副院长黄松有就《最高人民法院关于审理人身损害赔偿案件适用法律若干问题的解释》答记者问中，就记者关于“发生工伤事故，工伤职工除享受工伤保险待遇外，能否再请求民事损害赔偿”的提问，作出了这样的解答：发生工伤事故，属于用人单位责任的，工伤职工应当按照《工伤保险条例》的规定享受工伤保险待遇，不能再通过民事诉讼获得双重赔偿。但如果劳动者遭受工伤，是由于第三人的侵权行为造成，第三人不能免除民事赔偿责任。

3. 关于工伤待遇的构成问题

《工伤保险条例》规定的工伤保险待遇从总体上说是比较合理的，但仍存在着不足，其中值得研讨的问题有：

（1）关于辅助用具的维修和定期更换费用问题。《工伤保险条例》第三十二条规定：工伤职工因日常生活或者就业需要，经劳动能力鉴定委员会确认，可以安装假肢、矫形器、假眼、假牙和配套轮椅等辅助器具，所需费用按照国家规定的标准从工伤保险基金支付。由于本条没有明确规定这些辅助

器具的维修和定期更换费用问题，故而在实际执行中可否令雇主或社会保险机构承担，存在诸多疑问。然而从实际情况看，这些笔费用在赔偿总额中往往占有较大的比例，对于年轻职工而言，其数额更巨。从理论上说，这些费用毫无疑问应属于因工伤导致职工劳动能力丧失而引起的赔偿范围之列。因此在立法中应明确予以规定。

（2）关于精神损害赔偿问题。劳动者金某才40岁出头，在工作时间从设备上不慎摔下造成三级伤残，生活大部分依赖护理，从此后半生靠轮椅出行。此次工伤事故对其不仅是身体上的致残，更是对其心理上的打击，正值壮年的他，上有老、下有小，家里全靠金某的工资维持日常生活，现在家里失去了主要经济来源，给家庭成员也造成了极大的精神损害。金某起诉要求用人单位赔偿5万元精神抚慰金，却得不到法律的支持。笔者认为，工伤属于人身伤害的一种，常常会给职工带来心理创伤和精神痛苦，尤其是在因工伤而毁容、断肢或伤残职工为女性、青壮年等情形下更是如此。因此，工伤一般被视为雇主的一种侵权行为。精神损害是对民事主体精神活动的损害，精神损害的最终形式，就是精神痛苦和精神利益的丧失或减损。但在目前，除非双方自愿协商支付精神损害赔偿，否则劳动者的精神损害赔偿请求便会因无法律依据，得不到法律支持，这既有失公允，也与相关法律颇不协调。工伤尽管与民法上的人身伤害侵权责任存在着一定差别，但其造成的精神损害是一种客观存在，如果全然排斥，有悖法理。因此，在工伤保险基金条件允许的情况下，可考虑在立法上将精神损害赔偿列入工伤待遇的项目。

4. 权利兑现困难

工伤职工维权处处受阻，没有什么案例比东莞“刘某某刺杀台商案”更能够说明这一问题了。来自贵州的农民工刘某某，在未经过任何培训的情况下到一家五金厂从事冲床操作，一个星期以后遭受工伤事故，右手掌和手指的骨头被砸碎，被认定为工伤，并经劳动能力鉴定为五级伤残。根据《劳动能力鉴定书》的认定，刘某某为未参保人员（即用人单位违反了为刘某某办理工伤保险的义务），根据法律规定，刘某某只能要求用人单位承担赔偿责任，正是这一规定让他走上了维权之路。2008年9月28日，发生工伤事故；2008年11月18日，被认定为工伤；2008年11月26日，被鉴定为五级伤残；由于和解无望，2008年提出劳动仲裁申请，要求用人单位赔偿一次性伤残补助金、一次性伤残就业补助金和一次性工伤医疗补助金等共计7.83万元，以及今后12次安装和更换假肢费，共计21.6万元；随后，仲裁庭裁决，厂方应向刘某某支付赔偿约5万元人民币；刘某某不服仲裁裁决，向东莞市第二人民法院提起诉讼，2009年5月底一审裁决，由用人单位赔偿包括5次安装假肢费用在内的工伤保险待遇共计17.73万元；但厂方不服一审判决，于2009年6月13日向东莞市中级人民法院提起上诉，请求撤销一审判决；得知厂方上诉后，2009年6月14日，刘某某曾用自杀行为要挟厂方尽快赔偿；2009年6月15日，因协商未果，刘某某用弹簧刀刺向了工厂的三名高管，造成两死一伤的结果。可以说，工伤事故是这一悲剧的导火索，而刘某某根据现行工伤保险制度维权过程中所遭受的不公平待遇则成了压垮他的“最后一根稻草”。在这一事故中，没有人是赢家，刘某某遭受工伤事故，饱受身体和心理伤痛的折磨，并且最终还因故意杀人罪被判处死刑缓期两年执行；工厂利用法律程序，看似维护了自身的利益，达到了少赔甚至不赔的目的，但损失极为惨重，付出了管理人员两死一伤的代价。

现行的工伤保险制度存在受伤职工兑现权利难的情形，一般情况下，工伤事故发生后，无论工作单位有没有购买工伤保险，受伤职工和家属要获得相应的补偿都需要较长的时间来兑现权利。从宜春地区20位伤亡职工及其家属的回访来看，从发生事故到认定工伤，再到领取补偿金，用时最少的也要四个多月，时间最长的有两年多（表1）。有的工伤案例是因为企业没有为受伤职工购买工伤保险，故意拖时间。通过行政诉讼一审，二审，再进行劳动仲裁拖延时间。导致受伤职工的权利无法实现。有的是因为行政审批时间过长，拖延了补偿时间。

表1　伤亡职工及其家属获得赔偿用时及投保情况统计

	3个月以内	6个月以内	9个月以内	12个月以内	18个月以内	24个月以内
获取赔偿时间	1	3	2	5	5	4
单位已购工伤保险人数	1	2	2	0	0	0
单位未购买工伤保险	0	0	1	5	5	4
提起行政复议及行政诉讼人数	0	1	0	5	5	4

5. 工伤预防的功能发挥不够

由《工伤保险条例》的规定可知，用人单位有参加工伤保险的义务，但对于工伤预防的规定仅是些原则性的条款，缺乏具体的工伤预防措施，在实践操作中困难重重，从而导致我国的工伤事故频频发生。具体制度设计方面有以下几个方面的不足：

首先是工伤保险费率机制不合理。工伤保险的缴费费率主要是工伤保险费的一个缴纳比例，合理的缴费费率可以激发用人单位安全生产，从而起到稳定社会的作用。我国工伤保险实行的是差别费率和浮动费率，但工伤保险费率的整体偏低。差别费率主要是对行业风险进行分级，通过让高风险行业缴纳高费率的工伤保险费来促使其改善安全状况差的生产条件，从而减少工伤事故的发生。但在实践中，我国只将行业粗略地分为风险较小的行业、风险中等的行业和风险较大的行业。但是行业的种类有很多，风险千差万别，这种粗线条的规定根本无法准确地反映各个行业的职业风险状况。我国实践中的浮动费率也未体现出差别，没有起到激励用人单位做好工伤预防工作的功效。我国实践中还存在用人单位按最低工资标准缴纳工伤保险的情况，《工伤保险条例》第十条第二款规定："用人单位缴纳工伤保险的数额为本单位职工工资总额乘以单位缴纳费率之积。"并未明确规定对用人单位必须按劳动者所有报酬为标准缴纳工伤保险费，用人单位将劳动者的收入分成工资与福利两部分，以达到少缴费的目的。笔者目前审理过的几十件工伤保险案件，100%的案件中用人单位仅按劳动者的最低工资标准缴纳工伤保险费。

其次是缺乏工伤预防的具体措施。通常情况下，工伤预防的功能通过以下措施得以充分发挥：其一是工伤保险费率机制的设计；其二是工伤保险基金中应当包含一定比例的工伤预防费用；其三是工伤保险制度所具备的奖励与惩处的功能。《工伤保险条例》虽然在条文中强调了要促进工伤预防，还规定工伤保险基金可用于工伤预防的宣传、培训等费用，但对于工伤预防费用的具体规定仍不够明确。

6. 工伤康复机制缺失

受经济发展水平的限制，我国目前的工伤康复仅停留在医疗康复阶段，尚未真正建立起职业康复和社会康复，工伤康复机制存在缺失。主要体现在以下几个方面：第一，我国工伤康复制度的法律法规不健全。《工伤保险条例》对工伤康复机制没有规定，从而导致各地方在制定相应的地方性法规时无法可依，在实践过程中也是困难重重。第二，工伤保险基金中直接用于工伤康复的资金有限。国外康复经验表明，工伤康复需要花费大量成本。美国加利福尼亚州2%的工伤劳动者接受工伤康复所占据的工伤康复开支高达该州工伤保险基金的开支的16%。与之相比，我国工伤康复在工伤保险基金中所占比例非常小。第三，康复医学起步晚，康复设备和技术有待提高和完善。绝大多数医疗机构是抢救治疗模式，康复疗养机构较少。

四、完善工伤保险制度的意见建议

（一）提高工伤保险立法层次

法律是工伤保险健康发展的保障和基础。我国从《企业职工工伤保险试行办法》到《工伤保险条例》，虽然也取得了巨大的成就，但是没有法律的保障，工伤保险在运行过程中也存在着一些问题。《工伤保险条例》是我国目前实施的工伤保险方面的法规，国务院条例的约束力远远没有全国人大通过的正式法律约束力大，因此，工伤保险要想更好地发展，就需要由条例向正式的法律转变。加快工伤保险的立法进程，制定一部较为完整的工伤保险法，使之真正成为全民参与的保险事业。在加快立法的同时，必须加大对工伤保险法律政策的宣传力度，增强企业和职工对保险重要性、必要性的认识，使企业和职工自愿参与到其中来，为工伤保险制度的深入开展创造良好的社会环境。

（二）建立科学的工伤保险投保制度

完善工伤保险制度首先要完善工伤保险投保制度，建立符合社会发展的投保制度。笔者认为应当从以下几个方面对工伤保险的投保制度进行完善。

1. 积极引入社会资本

让社会资本参与到工伤保障体系中来，增加工伤保险制度的活力，拓宽工伤保险的覆盖范围。工伤保险相比其他社会保险具有保险周期短，流动性强的特点。工伤保险的渊源就是商业保险中的人身保险，工伤保险因其具有社会保障性和社会福利性而区别于一般的商业保险。随着社会的进步，工伤保险即便比一般的人身商业险赔付更多，但是总体上工伤保险基金每年都是存在结余的。所以，只要国家允许商业保险公司参与工伤保险经营，大部分的商业保险公司是愿意承保的。美国是最早引入社会资本参与工伤保险的国家，美国的工伤保险主要有三种模式：购买私人保险公司的工伤保险、购买州工伤基金保险和企业自我保险①。

让社会资本进入工伤保险经营主要有以下几个好处：(1) 有利于促进工伤保险制度程序优化，社会资本参与经营，必然导致商业保险公司间的竞争，从而增加企业的参保选择，有利于工伤保险制度的内部优化。(2) 有助于工伤保险制度的宣传和推广，在巨大利益的推动下，商业保险公司会积极推广工伤保险。(3) 节约国家在工伤保险方面的投入，让社会自行管理代替行政管理，更有利于配置社会资源。

2. 制定灵活的工伤投保政策

现行的工伤保险投保都是以一年为周期进行投保。而当前我国劳动力流动性较大，以年为周期进行投保，容易造成工伤投保不衔接，企业投保积极性不高等现象。因此，通过调整工伤保险投保周期，让用人单位投保更加灵活，以适应更加灵活的劳动力市场。既可以保障劳动者的合法权益，使伤亡员工和家属可以及时得到补偿，也可以减轻企业负担，降低企业经营风险。

3. 完善岗前工伤保险强制缴纳制度

劳动者开始为用人单位工作前，用人单位应当为劳动者购买工伤保险。虽然我国目前已经通过行政法规规定了企业必须为劳动者购买“五险一金”，但多年来，就全国而言该政策的执行总体其实并不理想。通过建立严厉的处罚机制，让工伤保险岗前缴纳成为一种企业经营习惯。这种想法主要借鉴于机动车交强险的经验，当企业将工伤保险投保成为一种习惯，劳动者的工伤保险投保率低的社会问题将逐步解决。

4. 扩大工伤投保范围

大部分劳动者明明参与劳动，却无法享受工伤待遇。主要原因是受当前工伤投保范围的限制。笔者建议将《工伤保险条例》第二条更改为“中华人民共和国境内的企业、事业单位、社会团体、民办非企业单位、基金会、律师事务所、会计师事务所、个体工商户等用人单位（以下简称用人单位）应当依照本条例规定参加工伤保险，为本单位全部劳动者（含企业主、个体工商户主等劳动者）缴纳工伤保险费。中华人民共和国境内的企业、事业单位、社会团体、民办非企业单位、基金会、律师事务所、会计师事务所等组织的

① 于欣华：《美国工伤保险制度》，载《思考发现》2017 年第 7 期。

职工和个体工商户的雇工，均有依照本条例的规定享受工伤保险待遇的权利”。从而拓宽工伤保险投保范围，让更多的用人单位参与工伤保险，让更多劳动者享受工伤保险待遇。

（三）完善工伤认定制度

工伤认定是享受工伤待遇的前置条件，如何做到既让伤亡职工及其家属得到应有的补偿，又可以严格把握工伤标准，建立公平的工伤保险制度，完善工伤认定制度是关键。

1. 树立工伤认定公平公正理念

工伤保险制度作为社会财富的二次分配，应当对劳动者予以倾斜，保障伤亡职工及其家属的生活，并给予补偿。但是，工伤保险制度中的工伤认定环节则是讲求实事求是的环节。工伤保险并不是万能伤害险，不能将劳动者所有的伤亡风险囊括。工伤认定部门应当严格执行工伤认定法律规定，应当遵循依法认定、公平公正的原则，不偏不倚、实事求是地为伤亡职工认定工伤，保证工伤基金的公平发放。不能把工伤认定当成“杀富济贫”，而无节制地把所有的职工伤亡都归到工伤赔偿的范围。不能因为伤亡劳动者及其家属生活困难，家庭困难而不顾法纪，任意放宽认定标准。我们可以试图通过其他的合法有效的途径帮助弱者，但不能因为内心的善而破坏规则。

2. 完善工伤认定法律法规

工伤认定法律适用最需要完善和改进的地方是非工作地点或非工作时间认定为工伤的情形，以及随着社会发展出现的新情形。而其中争议最大的就是上下班途中发生非本人主要责任的交通事故的情形。笔者认为工伤认定标准应当从以下几个方面去完善。

（1）完善“上下班途中发生交通事故”认定为工伤的规定

大部分的国家及地区都赞同将“上下班途中发生非本人主要责任的交通事故”认定为工伤，但各地的做法不一。法国的做法是，往返于劳动者工作地点和主要居所和有一定稳定性的次要居所、餐厅食堂等地点之间，劳动者因家庭原因在途中发生的交通事故被看作途中事故。但中途停止，然后继续前往目的地，则只有途中的中止是必要的并且是尽可能短的，才能被看作途中事故，才能认定为工伤。

在德国，上下班途中发生交通事故是指发生在直接上下班的道路上，或者绕道的道路上，包括上下班的道路上，接送小孩绕道的道路上、搭乘他人交通工具而绕道发生的交通事故、为快速达到单位而绕道（通常绕路更远）而发生的事故等。

在英国上下班途中发生交通事故认定为工伤的规定更为严苛，只有是雇主提供的或者是雇主同意的交通工具上发生的交通事故才能认定为工伤。

我国台湾地区对“上下班途中发生交通事故”认定为工伤的情形，有三个条件的限制，即时间限制、路段限制、原因限制。即必须是在固定的时段固定的路段和上下班原因发生交通事故。

笔者是主张采取相对严格的标准对“上下班途中发生交通事故”进行工伤认定的。其一，上下班途中的风险是社会风险，用人单位难以预防。其二，上下班途中除非用人单位提供交通工具的外，上下班途中大部分情形属于劳动者自己支配范畴，私人性质比较明显。其三，我国现行的交通事故保险制度相对完善，对因交通事故受到伤害的赔偿也相对及时和合理，交通事故赔偿到位率高达95%以上，发生交通事故并非不能获得赔偿。其四，随着中国经济的发展，交通事故在全国每天都是以万为单位发生，其中60%以上是发生在上下班途中，假设在全民投保工伤保险的情形下，发生因交通事故而导致工伤的情形，将会是工伤事故的主要类型，到时每年将可能直接涉及上百万人次的交通事故赔偿标准不一，容易引发新的社会问题。笔者建议，我们可以借鉴法国的做法，再结合我国实际，建议将上下班途中发生交通事故认定为工伤的条件，限制为上下班期间往返于向用人单位登记的主要住所和次要住所（父母家中等常住地）途中发生的非本人主要责任的交通事故应当认定为工伤。途中除因与工作关联的原因外，因私人原因绕道、折回、长时间停留、在外就餐后继续前行均不能认定为工伤。

（2）适当放宽对突发疾病死亡视同工伤的认定标准

《工伤保险条例》第十五条第一款第（一）项规定，在工作时间工作岗位因突发疾病死亡或者在48小时之内经抢救无效死亡的视同工伤。与交通事故导致伤亡相比，笔者认为应当对突发疾病的情况采取更为宽松的认定标准。主要出于以下几个方面的考虑：第一，从医学的角度而言，突发疾病都有一个从缓到急的诱发过程，每个人的体质不同，病情不同表现亦不同。第二，现代社会慢性疾病患者人群众多，大部分中老年劳动者都是带病上岗，对突发疾病的概念应当适当放宽。第三，简单地以抢救时间48小时作为认定工伤的依据，过于绝对，并不是所有的抢救在48小时内都可以完成，这是对病人家属道德和人性的折磨。假设，医院在第48小时时还在抢救，家属是应该继续让医生抢救还是应当让医生停止抢救去领高额的工伤保险金呢？所以，笔者建议适当放宽48小时这一限制。

笔者建议，将《工伤保险条例》第十五条第一款第（一）项的标准修改为，在工作日内突发疾病死亡或者经首次抢救后死亡的。建议这样修改的理由是，当前社会“过劳死”等现象频发，且大部分疾病的突发不受劳动者自身控制，工作日多多少少会受工作牵制，延迟就医。既然允许突发疾病死亡可以视同工伤，就应当尽量避免同命不同价的人性考验。

劳动时间是衡量非体力劳动者劳动强度的最好尺度，也是判断劳动者是否过度劳累的最为直接的方法。身体在经过长时间的劳动后，恢复体力的最为关键的因素就是身体是否得到了足够的休息时间。这也是影响身体健康的一项重要指标。“过劳死”概念来自国外，我国目前尚无“过劳死”这一法律概念，对于“过劳死”的认定也是空白，更不要说涉及“过劳死”的具体赔偿细则。因此，如果不从立法上完善“过劳死”的规定，“过劳死”死者的权益是无法得到维护的。

（四）完善工伤补偿程序和补偿标准

1. 简化补偿程序

工伤认定后，劳动者应当享受工伤待遇，而在我国现行的工伤认定制度和给付制度中，劳动者都不能在短时间内拿到补偿，尤其是当企业有异议时，伤亡职工及其家属拿到补偿的时间将被拖延。有的受伤职工好几年都没能拿到工伤补偿。迟来的正义非正义，拿到工伤补偿时工伤伤口早已愈合，对工商保险补偿的期待也早已死心。是否可以将行政确认程序扩展，直接在《工伤认定决定书》中把补偿金额确定，减少劳动者的申请负担。将《工伤认定决定书》作为申请补偿依据，让工伤认定程序和决定支付程序合二为一。

笔者主要出于以下几个方面的考虑：第一，可以减轻申请者的负担。一步到位确定赔偿数额，可以缩短申请时间。第二，节约行政机关管理成本，减少工作流程。第三，引入社会资本参与工伤保险后，将有效监管社会资本的支出，保障劳动者的合法权益，避免商业保险公司以调解为由，损害劳动者的合法权益。

2. 完善补偿标准

目前，各省对工伤补偿标准的赔偿系数略有不同，笔者认为，虽然各地的经济发展水平有所不同，同一伤残等级受伤职工拿到的补偿金额不同，但补偿的系数应当相同。全国应当有一个明确统一的补偿标准，各伤残等级的补偿系数应当统一。这是立法公平原则的要求，也是工伤保险制度无区别化的体现。

另外，因第三人侵权导致工伤的情形，应当明确伤亡单赔的基本原则，虽然存在侵权和工伤的法律竞合，但是伤害只发生一次。工伤承担的只是第三人侵权的补充责任，部分地区实行的“双赔”制度并不合理。笔者支持“就高补差”的做法，该做法既可以体现工伤保险待遇的福利性，也可以平衡侵权赔偿和社会保障的关系。

因工伤残者及因工死亡者的遗属应获得精神损害赔偿。精神损害是难以用精确的金钱额度进行计算的。精神损害在金钱上救济是为了补偿、抚慰受害人受到伤害的心灵或精神，使其从极度的痛苦中解脱出来。因工残废，在劳动者一方没有过失的情况下，除了伤残补助金之外，还应当根据伤残程度支付一次性赔偿费，以弥补劳动者因残废而造成的肉体和精神痛苦。对于职业病患者也应比照这一原则处理。

（五）加强工伤预防、工伤康复机制

1. 加强工伤预防机制。首先，在行业缴费率上，我国应根据行业的风险细化行业类别，科学界定各行业的缴费费率，对于高风险行为要大幅提高其缴费费率，对于低风险行业要降低其缴费费率，将行业之间的缴费费率差距拉大。从而激发用人单位在劳动保护和职业安全中的积极性，减少工伤事故的发生，起到工伤预防的作用。其次，增加工伤预防的具体措施规定。我国可以借鉴德国的做法，为工伤预防设立专项的财政补贴，为劳动者建立专项的培训经费用以加强对劳动者职业安全知识的培训，使其充分了解工作中的安全隐患，并学习在遇到工伤事故时应如何自救，进而起到更好的工伤预防作用。

2. 加强工伤康复机制。首先，应当在立法中明确工伤康复的地位，并建立相关的配套政策，为具体的实践工作提供指导，而不是仅作一些原则性的规定，阻碍工伤康复发挥作用。其次，政府要在工伤康复制度建设中发挥主导作用。我国目前经济实力有限，地区之间的差异很大，政府应根据不同地区的发展情况采取与之相适应的政策。对于经济发展落后、工伤康复需求大、工伤康复资源不足的地区要给予政策的倾斜，对特殊的工伤、高危行业也应给予相应的政策支持。政府还应加大投入，建立康复机构。国外很多国家十分重视工伤社区康复，我国可以借鉴国外经验，建立工伤社区康复，使工伤职工早日恢复健康，重返工作岗位。

（作者单位：江西省宜春市中级人民法院）

非诉行政执行听证审查制度构建刍议

孙晓声

【摘要】 非诉行政执行听证审查，是指人民法院对非诉行政执行案件采用听证方式进行审查，即由法院主持，申请执行人和被申请人参加，当事人双方围绕行政机关的执行申请是否具备法定条件以及行政行为是否合法进行举证和质证、陈述和申辩意见，法院充分听取当事人意见后依法作出是否准予执行的裁定。非诉行政执行案件实行听证审查有利于保护被执行人的合法权益，强化司法审查的效果和作用，保证案件质量，促进公正司法。但是，关于非诉行政执行听证审查，现行法律和司法解释未有规定，缺少法律规制和指引，具体实践中面临许多困难和问题，影响和制约了这项工作的顺利开展，因此迫切需要从法律和制度层面加以明确和规范，构建一套完善和可行的非诉行政执行听证审查制度。

【关键词】 非诉行政执行　听证审查　制度建设

随着人民法院诉讼程序制度和审理机制改革以及审判公开工作的深入推进，听证制度逐步被引入非诉行政执行案件审查程序，有地方法院甚至将听证审查作为非诉行政执行案件审查的一项硬性指标纳入审判绩效考核和阳光司法指数评估体系，规定一定比例或数量的非诉行政执行案件必须采用听证审查的方式作出裁决。然而，关于非诉行政执行听证审查，现行法律和司法解释未作规定，各地和各法院在实践中的认识和做法不一，不可避免地存在听证虚化和形式化问题，使听证的作用和效果收效甚微，因此，迫切需要对非诉行政执行审查程序中听证的含义、特点、价值、适用范围和条件及操作方法等予以界定和规制，构建科学、规范、操作性强的非诉行政执行听证审查制度。笔者拟从司法实践出发，结合自己的办案体会，作粗浅探讨。

一、非诉行政执行听证审查的含义和价值

"听证"一词源于英国古老的"自然公正原则"，后传入美国被植入立法和行政中，使立法和行政更加民主化。听证制度的基本精神是以程序公正保证结果公正，因而顺应和体现了现代社会行政管理的民主化、法治化的趋势、要求和进步，所以成为现代社会立法和行政程序中一项重要制度，被现代国家普遍采用。在我国，最早引进听证制度的是深圳市，而1996年《行政处罚法》的颁行则是首次从国家法律层面对听证程序作出规定，标志着听证制度被正式纳入行政执法程序，并成为一项基本制度。此后出台的《价格法》和《立法法》又对价格决策和地方立法听证程序作出规定，中央和地方的很多政府部门也相继制定了专门的听证程序或规则、办法，使听证制度在公共决策、行政处罚、地方立法等诸多领域被广泛采用。可见，听证原本指的是政府公共决策程序和行政执法程序，即政府制定涉及民生、对公众利益有重大影响、社会普遍关注热点等重大事项公共政策之前听取社会公众意见或行政机关在作出有关行政决定之前听取行政相对人陈述、申辩、质证的程序，其目的是保证政府决策和行政决定的合法性、合理性和公正性。

听证本质上是一种程序，具有事先性、公开性和程序性等特征，不仅存在保障和促进结果公正的辅助价值，也存在通过运作过程概括性体现的独立于工具职能之外一系列功能和价值。听证的这些优点和价值与现代司法高度契合，将其引入司法领域就成为必要和当然。2006年12月23日最高人民法院制定的《关于人民法院执行公开的若干规定》首次以司法文件的形式对"听证"作出规定，即对案外人有异议、不予执行的申请以及变更、追加被执行主体等重大执行事项一般应当公开听证进行审查。紧接着，2007年6月4日最高人民法院又制定了《关于加强人民法院审判公开工作的若干意见》，规定对办案过程中涉及当事人或案外人重大权益的事项，法律没有规定办理程序的，各级人民法院应当根据实际情况，建立灵活、方便的听证机制，举行听证。上述两个法律文件的颁行标志着听证制度被正式纳入司法程序。此后，最高人民法院又相继出台了《关于执行案件立案、结案若干问题的意见》《关于人民法院办理执行异议和复议案件若干问题的规定》《关于民事执行中变更、追加当事人若干问题的规定》《关于民事执行中财产调查若干问

题的规定》等一系列司法文件，从不同角度对民事执行的相关内容规定了听证程序，使听证更广泛地应用于民事执行程序，对于保障和促进公开、公正、公平司法和维护当事人合法权益发挥了重要和积极作用。虽然听证程序目前从制度层面还仅限于民事执行领域，但由于其本身所具有的独特属性和优良功能，无疑具有更广阔的应用空间。

非诉行政执行审查是指公民、法人或者其他组织对行政机关作出的行政行为在法定期间内不申请行政复议或者提起行政诉讼又不履行，没有行政强制执行权的行政机关依法申请人民法院强制执行，人民法院依法对该行政行为进行合法性审查并作出是否准予执行裁定的活动。从过往的实践看，非诉行政执行案件中有相当一部分标的额较大或处罚较重，且情况复杂，关系被执行人的切身或重大利益，如果一律采用书面审查或调查审查，往往不易厘清案件事实难以发现申请执行人提交的证据材料真伪和行政行为在事实认定、法律适用及操作程序方面存在的问题，不利于保护被执行人的合法权益，弱化司法审查的效果和作用，难以保证案件质量，而克服和解决这一问题的有效办法就是当面听取被执行人的陈述和申辩，而听证无疑是最好的选择，因此，迫切需要将“听证”引入非诉行政执行审查程序，对部分非诉行政执行案件实行听证审查，即由法院主持，申请执行人（行政机关）和被申请人（行政相对人）参加，当事人双方围绕行政机关的执行申请是否具备法定条件以及行政行为是否合法进行举证和质证、陈述和申辩意见，法院充分听取当事人意见后裁定是否准予执行，谓之“非诉行政执行听证审查”。

听证制度引入行政非诉执行审查程序将会产生和体现诸多良好法律和社会效果。一是有助于查明案件事实，保证审查的正确性。在传统的书面审查方式中，被执行人并不参与，没有举证、质证和陈述、申辩的机会，法院作出的判断也主要是建立在推定行政机关提交的证据、依据真实、合法基础上的，而客观上是否真实、合法难以确定，所以法院审查主要是基于行政机关的“一面之词”，这样就难以保证审查结果的正确性。而听证审查则不一样，被执行人可以对行政机关提交的证据进行质证，陈述、申辩意见，使法院避免“偏听偏信”，做到“兼听则明”，从而保证审查结果的正确性。二是有助于树立和提升法院的公正形象。听证审查让当事人参与进来，可使其在案件审查过程中切身感受到公开、公平、公正，避免和减少对司法活动的怀疑和非议，从而树立司法者公正的形象。三是有助于增加审查的公开性和透明度，提高司法公信力，树立司法权威。四是有助于法院的角色回归与定位。听证程序可使法院更好地贯彻司法独立性、被动性和中立性原则，免受任何单位和个人干预，排除部门和地方保护，凸显居中裁判者的角色。

二、非诉行政执行听证审查的现状和问题

作为一名基层从事行政审判实务的法官，笔者一直十分关注非诉行政执行听证审查的运行和发展情况，通过自身实践感知和媒体查询获取了一些相关信息和资料，经过汇总、梳理和分析，现对近年来非诉行政执行听证审查的现状和问题作粗略概括和归纳如下：

（一）法律缺位，“听证”无法可依

司法的基本内涵就是司法机关按照法定的职权和程序具体运用法律处理诉讼案件的专门活动，要求必须有法可依。“听证审查”本质上是审查方式的一种，而关于非诉行政执行案件审查方式的法律规定目前仅见于《行政强制法》，其中第五十七条规定：“人民法院对行政机关强制执行的申请进行书面审查，对符合本法第五十五条规定，且行政决定具备法定执行效力的，除本法第五十八条规定的情形外，人民法院应当自受理之日起七日内作出执行裁定。”第五十八条规定，人民法院发现有“明显缺乏事实根据”等三种情形之一的，在作出裁定前可以听取被执行人和行政机关的意见，应当自受理之日起三十日内作出是否执行的裁定。可见，现行法律规定非诉行政执行审查的方式应是两种，即“书面审查”和“调查审查”（虽然第五十八条未直接使用此词语，但根据立法本义，可以作这样的理解），并未规定通过听证方式进行审查。因此，“听证审查”存在法律缺位的问题，使“听证”处于无法可依的尴尬境地，换言之，“听证”非法定审查程序。虽然近年来有部分地方法院出台了一些相关规定，如2009年江苏省高级人民法院《关于非诉行政执行听证审查若干问题的规定》、2011年湖南省高级人民法院《关于审查和执行非诉行政执行案件若干规定（试行）》，但这些都是地方审判机关的内部指导性文件，不属于“法律”范畴，适用范围也仅限于本辖区内，不能改变目前“听证”法律缺位的局面。

（二）规范缺失，“听证”无章可循

由于法律和司法解释对非诉行政执行听证审查制度没有规定，也无统一

的操作规范，导致实践中各地各法院甚至各法官之间对非诉行政执行审查的原则、适用范围和条件、启动程序、当事人权利保障、参加主体范围、具体方法步骤等理解和认识不一，实际操作不尽相同。如在听证会主持方面，有的由全体合议庭主持，有的则仅由承办法官一人主持；在听证案件范围方面，有的对较重大、复杂或行政行为可能存在较大问题的案件才组织听证，有的则不分案件类型随机召开听证会。另外，在听证方法步骤上，多数是参照行政诉讼案件庭审模式，也采取比较简单的模式。为了规范“听证”活动，江苏、湖南等地方法院根据本地实际制定了一些听证审查规范，尽管不是很完善，但的确有一定的积极作用。

（三）热情不高，“听证”不温不火

尽管听证程序对于非诉行政执行审查具有重大意义，并且越来越受到理论界和实务界的肯定和重视，甚至有些地方法院将听证审查作为行政非诉执行案件审查的一项硬性指标纳入审判绩效考核和阳光司法指数评估体系，规定一定比例或数量的行政非诉执行案件必须通过听证审查方式进行审查，但是受法律缺位、规范缺失和非诉行政执行数量较大、被执行人难通知、审限短以及当事人怠于参与等主客观因素的影响，一些办案法官对非诉行政执行听证审查缺乏热情和动力，积极性不高，听证审查案件无论是数量还是比例都不大，大多仅满足于完成上级法院下达的任务，有的数量更少，并未出现繁荣兴盛的景象。

（四）怠于参与，“听证”效果不佳

听证的目的在于通过当事人举证、质证和陈述、申辩，及时、准确地查明案件情况，依法、公正地作出裁决，听证的效果则取决于双方当事人的参与程度。实践中，由于当事人特别是被执行人对“听证”缺乏基本的认识和了解，参与热情和能力普遍较低，主要表现为无正当理由不出席听证会、不积极行使听证权利、听证过程中不积极陈述和申辩。以河间市法院为例，2018 年上半年共安排听证 20 件次，其中 15 件次被执行人无正当事由未出席，被申请人缺席率达 75%，其中 1 件次双方当事人无正当理由未到场，听证被迫取消。而在双方当事人均出席的 5 次听证中，除一名被执行人积极进行质证和陈述、申辩外，其余被执行人全程几乎不表达质疑和反驳的意见。当事人特别是被执行人怠于参与听证，使听证效果大打折扣甚至流于形式。

三、构建非诉行政执行听证审查制度的思路和建议

如前文所述，一方面，非诉行政执行审查引入听证程序意义重大，开展非诉行政执行听证审查具有必要性和可行性；另一方面，由于缺少法律规制和指引，具体实践中面临许多困难和问题，影响和制约了这项工作的顺利开展，因此迫切需要从法律和制度层面加以明确和规范，构建一套完善可行的非诉行政执行听证审查制度。为此，笔者提出以下思路和建议：

（一）从立法或司法层面给“听证审查”一个“名分”，实现“有法可依”

“听证审查”引入非诉行政执行审查程序，本身就是司法活动，应当有法律依据，所以迫切需要法律给“听证审查”一个“名分”，使其成为非诉行政执行审查家族中的正式一员，尽快改变“无法可依”的局面。虽然现行法律没有规定“听证审查”的方式，但也无相关限制和排斥性的规定，这就给“修法”和制定司法解释预留了空间，因此，在立法和司法技术层面完全没有障碍。在立法方面，笔者建议立法机关在适当时候以法律修正案的形式对《行政强制法》相关规定进行修改，具体来说可以将《行政强制法》第五十八条第一款修改为“人民法院发现有下列情形之一的，在作出裁定前可以听取被执行人和行政机关的意见，必要时应当组织当事人举行听证会……”。在“修法”之前，建议由最高人民法院先行通过司法解释的形式予以明确，具体来说可以将《最高人民法院关于适用〈中华人民共和国行政诉讼法〉的解释》第一百六十条第二款修改为：“人民法院在作出裁定前发现行政行为明显违法并损害被执行人合法权益的，应当听取被执行人和行政机关的意见，必要时应当组织当事人举行听证会，并自受理之日起三十日内作出是否准予执行的裁定。”

（二）制定工作规程，使听证审查制度化、规范化

由于非诉行政执行听证审查缺少法律规定，且实践时间比较短，又缺乏一个全国性的工作规则，所以大多数听证审查存在随意性强、程序不完善、当事人参与不充分等缺陷和问题，不仅削弱了听证审查的效果，而且有损法院的司法形象和司法权威，不利于听证审查的健康发展，因而亟待加以规制。为此，笔者建议最高人民法院在总结各地实践经验的基础上，依照相关法律规定，结合非诉行政执行案件特点和法院工作实际，尽快以司法解释或司法

解释性文件的形式制定统一的、专门的听证规则，让法院法官和社会公众熟悉此种司法审查形式，提高当事人的参与度，实现听证审查的制度化和规范化，保证和强化听证效果，加快听证审查方式的推广应用。具体来说，主要规定和明确以下 6 个方面的事项和内容：

1. 明确听证审查的基本原则。“听证”本身就是一种程序性活动，属于行政诉讼程序范畴，当然要遵循宪法和法律规定的行政诉讼程序性原则，包括依法独立行使行政审判权原则、以事实为根据以法律为准绳原则、当事人法律地位平等原则、使用民族语言文字原则、行政行为合法性审查原则、辩论原则和合议、回避、公开原则以及人民检察院实行法律监督原则等。这些原则对于建立科学、完备的听证规则体系具有重要指导意义和规范作用，甚至有可能成为开展听证审查的直接依据，因此有必要在制定听证规则时对这些原则加以明确。

2. 明确听证审查的范围和条件。听证审查是通过召开听证会的形式进行审查，要求在法院的主持下，由申请执行人和被申请人面对面地围绕对申请执行是否符合法定条件和申请执行的行政行为是否符合强制执行条件进行举证、质证，陈述意见，法官通过对证据进行分析和认定查明案件事实，并在充分听取当事人意见的基础上作出判断，其过程相当或类似于“开庭审理”，从时间、精力和资源方面考量远比书面审查和调查审查“烦琐”，而非诉行政执行案件审查的法定期限又很短（法定期限为一个月），这在当前“案多人少”矛盾日益突出的形势下全部或大多数进行听证审查显然是不可能的。从这个意义上来说，听证审查应当是非主要审查方式，或者说是书面审查和调查审查的补充或例外方式，这意味着只有一小部分案件可以采用听证审查，因此法官需要对非诉行政执行审查方式作出选择，即哪些案件采用听证方式进行审查，为了防止选择的随意性和盲目性，自然有必要对听证审查的范围和条件作出规制。实践中，有法院规定被执行人申请听证的案件、申请执行标的额较大的案件、可能难以执行回转、事后不能补救的案件、征地拆迁案件、行政处罚较重的案件等“应当进行听证”。此种安排有不尽合理之处，实际操作存在一定困难。一是将被执行人申请作为听证条件实际意义不大。一方面，申请执行人申请执行其作出的行政行为提交的是执行申请书，非起诉书，不向被执行人送达，后者一般无从知道其被申请执行及执行的内容，如果法院通知被申请人并征求其是否申请听证的意见，那么以何种方式通知、是否每个案件都要通知并征求意见也都是问题。另一方面，目前阶段，绝大多数被执行人根本不知道“听证”为何物，也没有这方面的法律意识，被执行人申请听证的情形在实践中会少之又少。二是脱离工作实际难以实现。从实践来看，国土资源行政处罚案件相对比例和绝对数量都很大，普遍涉及拆除建筑物等处罚内容，大多属于“可能难以执行回转、事后不能补救”的情况，而其他环保、食品药品、市场监督等领域案件一般也都处罚较重、执行标的额较大，如此，听证案件数量将会十分庞大，以目前的审判能力是几乎不可能完成的任务。

笔者认为，设定听证审查的范围和条件根据听证审查的特点和目的，应当把握两个原则：一是“保护行政相对人合法权益”原则。对行政机关申请执行的行政行为进行合法性审查的直接目的在于监督行政机关依法行政，根本目的在于保护公民、法人或其他组织的合法权益免受公权力的不法侵害。二是“宽严适宜”原则。听证审查的条件不能过于宽松、范围不能过大，否则会导致听证过多、过滥，既不符合非诉执行审查的特点和本义，有违经济和效率原则，实践中也不便于操作。同时又不能过于严苛，否则听证审查比例或数量太少，听证审查制度就会失去存在的意义。因此，笔者建议，将以下几类案件纳入听证审查范围：一是经初步审查（阅卷）发现行政机关可能不具备行政主体资格的案件；二是经初步审查（阅卷）发现行政行为可能明显缺乏事实根据的案件；三是经初步审查（阅卷）发现行政行为可能明显缺乏法律、法规依据的案件；四是经初步审查（阅卷）发现行政行为可能存在严重违反法定程序等损害被执行人合法权益情形的案件；五是案情重大、复杂且社会影响较大的案件；六、其他有必要听证审查的案件。之所以选取上述六类案件，主要理由有二：一是这些案件的行政行为“疑似不合法”，损害被执行人合法权益的可能性较大，确有必要召开听证会进行深入、细致的审查；二是这些案件占总案件的10%左右，比例和数量适中。

3. 明确听证启动程序。听证启动就是对听证审查程序的发起，包含启动主体和启动时机两方面内容。启动时机是指何时发动听证程序，从听证的意义上讲，当然应该在立案后作出审查决定前。启动主体是指由谁来发起听证，具体到非诉行政审查程序上，就是应当由法院依职权还是由当事人申请而启动听证程序。听证在行政程序中，是指行政机关为保证依法、公正、合理地实施行政管理行为，在作出行政行为前通过公开举行由有关当事人或利害关系人参加的听证会广泛听取意见的程序，从启动主体角度来看，一般不外乎两类：强制听证，即行政机关依职权决定进行听证，不受行政相对人或其他利害关系人意愿的约束和影响，如行政许可程序中的部分听证。自愿听证，即依行政相对人的意愿进行听证，以行政相对人申请为前提条件，如行政处罚程序中的听证。对行政听证类型的分析，可见如下规律和特点：如出于保护社会公共利益的需要，则采用强制听证；如出于保护行政相对人或其他利害关系人合法权益的需要，则采用自愿听证。行政听证的制度安排充分反映和体现了听证程序的价值取向，即听证所要保护的利益内容决定了听证的类型。

如前文所述，非诉行政执行审查程序中听证的主要目的在于监督行政机关依法行政，保护行政相对人合法权益不受公权力的不法侵害。那么，这是否就意味着非诉行政执行审查程序中听证的启动也要采用“当事人主义”呢？笔者认为，非诉行政执行审查程序听证与行政程序听证存在很大不同，不能等同套用。首先，行政程序的主要目的在于作出行政行为，为行政相对人设定权利、义务，而非诉行政执行审查程序的主要目的是监督行政行为，保护行政相对人的合法权益。其次，作为程序运行的主导者，行政机关在行政程序中要与行政相对人设定权利、义务，双方存在着“博弈”或“对立”关系，在保护行政相对人合法权益方面天生缺乏欲望和动力，而法院在非诉行政执行审查程序中处于“居中”地位，在保护行政相对人合法权益问题上的态度是主动和积极的。最后，两种听证的目的虽然都以防止行政行为侵害当事人合法权益为目的，但行政程序中的听证更多体现的是行政相对人的一种“权利”，所以取决于当事人意愿，而非诉行政执行审查程序是防止行政行为侵害当事人合法权益的最后一道防线，听证更多体现的是法院的一种“职责”和“义务”，所以取决于法院的认识。

基于上述认识，笔者认为，非诉行政执行审查程序中听证启动宜采用强制听证，即法院根据案件具体情况，认为需要听证审查的，可以依职权决定召开听证会，并书面通知申请执行人和被执行人等相关主体参与听证。但是在以下三种情形下，法院可以取消听证，改用书面和调查方式进行审查并作出裁定：一是法院决定召开听证会无法直接通知到被执行人的；二是被执行人接到听证通知后，出于自愿明确表示不参加听证的；三是被执行人接到听证通知后无正当理由未到场出席听证会也未委托代理人出席听证会或未经主持人准许中途退场的。在这些情况下，被执行人不出席听证会，继续召开听证会已没有什么实际意义。另外，从实践来看，也存在申请执行人不出席听证会的情况，对这种情况如何处理也需要明确。笔者认为，一方面，听证并不是独立的程序，而是审查程序中的一个环节或称之为辅助程序，不能等同于行政案件的开庭审理程序，听证非必须程序或决定性程序，不能适用“原告无正当理由拒不到庭参加诉讼按撤诉处理”的程序规则，对申请执行人无正当理由拒不出席听证会按撤回执行申请处理。另一方面，非诉行政执行审查案件，行政机关申请执行时已经按要求提交了作出行政行为的证据、依据，听证的功能在于对这些证据、依据进行分析和认定从而确认行政行为的合法性，而且听证的重点也倾向于听取被执行人对这些证据、依据的意见，因此，只是申请执行人单方不出席听证会的，应当如期举行听证。

4. 明确当事人的听证权利、义务。听证是通过案件双方当事人当面举证、质证、陈述、辩论来查明案件事实，确认行政行为是否合法并准予执行，因此听证质量和效果十分重要，而要保证听证质量和效果，离不开当事人的积极参与，所以有必要明确当事人在听证中享有的权利和应承担的义务。笔者认为，因为听证在形式和内容上与行政诉讼案件开庭审理并无大的区别，对于非诉行政执行审查案件当事人的权利、义务的设计可以参照行政诉讼法关于行政诉讼案件当事人的诉讼权利义务的内容。权利具体包括：当事人有委托代理人代为听证的权利；各民族公民都有用本民族语言、文字进行听证的权利；当事人举证、质证、陈述、辩论的权利；当事人认为审判人员、书记员、翻译人员、鉴定人、勘验人与本案有利害关系或者有其他关系，可能影响公正审判的，申请有关人员回避的权利；人民法院作出审查裁定前，申请执行人撤回执行申请的权利；申请执行人对不准予执行裁定依法申请复议的权利；被执行人对准予执行裁定有提出申诉的权利等。义务包括：当事人依法行使听证权利；遵守听证纪律，服从主持人的指挥；按照法院指定的期限举证和如实陈述案件事实；被执行人自觉履行发生法律效力的裁定书等。

5. 明确听证参加主体的范围。非诉行政执行审查案件听证参加主体是指有资格参加听证活动、享有相应权利和承担相应义务的人员或组织，一般由法院、申请执行人和被执行人三个方面构成，有些情况下还应包括利害关系人。

（1）听证主持人。非诉行政执行审查案件的听证主持人是听证活动的主导者，在听证程序中具有重要的法律地位。目前来看，各法院对行政行为的审查基本都是组成合议庭进行，由此带来的问题是听证是否必须由合议庭主持。对此，在实践中做法不一，有的法院由案件主审法官担任主持人，有的法院由合议庭担任主持人。如江苏省高级人民法院《关于非诉行政执行案件听证审查若干问题的规定》规定“听证主持人由主审法官担任。合议庭共同听证的，听证主持人由合议庭审判长担任”；湖北省高级人民法院《关于审查和执行非诉行政执行案件的若干规定（试行）》规定“听证主持人由审判长或主审法官担任”。其实，主审法官个人主持听证和合议庭主持听证两相比较，各有优劣、长短。前者的优点是在目前案多人少的情况下更为方便、灵活，节省审判资源，但缺点是合议庭（必须由员额法官组成）其他成员未亲历听证活动，难免对案情吃不透，影响判断，而后者则正好相反。

笔者认为，听证只是法院审查行政行为合法性的一种特别方式，毕竟不同于行政案件的开庭审理，因此由主审法官一人主持听证，最后由合议庭讨论决定，并不会对案件处理结果造成明显影响，致使案件处理不公，所以是完全可行的。当然，由合议庭主持听证更没有问题。所以，在组织听证的问题上，主审法官一人主持和合议庭主持两种模式都应该被允许，具体到个案由法院根据案件情况和法官工作情况适当选择。另外需要明确的是，法官一人主持听证的，一般主持人应当由主办法官担任，特殊情况下可由其他合议庭成员一人担任。

（2）申请执行人。申请执行人无一例外全部是行政机关。这里需要明确的是谁可以作为行政机关代表参加听证活动，是否像行政诉讼那样要求行政机关负责人参加？可以委托哪些人作为代理人参加？笔者认为，首先，非诉行政执行审查听证不同于行政案件的庭审，无须强调申请执行人机关负责人出席听证会，即机关负责人可以参加听证，但不要求必须参加；其次，行政机关可以委托一人至二人代为参加听证，但是因为听证的目的是便于查明案件事实，所以要求委托代理人应当是与被审查的行政行为有密切关联性的人员，如办案人员、行政机关法制机构的工作人员等。当然，律师可以作为行政机关的委托代理参加听证，但应明确行政机关不能仅委托律师参加听证，委托代理人中必须有行政机关相应的工作人员。

（3）被执行人。被执行人是行政行为确定的承担相应法律义务的公民、法人或其他组织。被执行人除本人参加听证外，也可以委托一人至二人（应当符合行政诉讼法规定的委托诉讼代理人的条件）代为参加听证。

6. 明确听证的方法、步骤。听证活动必须通过一定的方法和步骤来完成，这些方法和步骤虽属于形式范畴，但却对听证的效果具有重大影响甚至决定性作用，因此需要加以规范和明确。

（1）听证的决定。如前文所述，非诉行政执行审查采用的是强制听证，即由法院依职权决定听证，因此主审法官接到非诉行政执行案件后应在合理期限（一般以三个工作日为宜）内对案件材料进行初步审查，对认为符合听证条件的可以径行决定召开听证会进行审查，而无须像自愿听证那样，事先告知被执行人享有听证的权利，并征求其意见，经其申请再决定召开听证会。

（2）听证的方式。听证应当遵循公正、公开的原则，但有些案件涉及国家秘密、商业秘密或者个人隐私不宜公开，所以听证的方式以公开为原则，不公开为例外。主审法官在决定听证的同时应根据案件情况一并决定听证的方式，即听证公开或不公开举行，不公开听证的应当向听证参加人说明理由。

（3）听证的通知。主审法官决定召开听证会进行审查的，应当立即着手听证会前准备工作：确定听证会召开的时间、地点，其中决定公开听证的，应同时制作并发布听证公告，公布听证案件当事人姓名或名称、案由、听证的时间和地点等。然后制作送达听证通知书、举证通知书、听证权利义务告知书、合议庭组成人员和书记员告知书，告知当事人听证的时间和地点、当事人举证的事项和期限、当事人参加享有的权利和承担的义务内容，并至迟在听证开始三日前送达当事人，并应向被执行人一并送达执行人申请书副本（无副本的可以用复印件代替）。如认为有必要通知利害关系人参加听证或需要证人、鉴定人、勘测人、翻译人员参与听证的，一并通知。如认为需要邀请人大代表、政协委员等有关人员旁听的，应当一并发出邀请函。

申请执行人、被执行人接到听证通知书后，听证会举行前申请撤回执行申请，法院经审查依法准许的，应当取消听证会，并通知其他听证参与人。申请执行人明确表示不参加听证、无正当理由拒不出席听证会或听证开始后未经主持人准许中途退席的，不按撤回执行申请处理，听证会照常举行。被执行人接到听证通知书后，出于自愿明确表示不参加或放弃听证，或者无正当理由拒不出席听证会的，应当取消听证会，并及时通知其他听证参与人，并改用书面或调查方式进行审查。听证开始后，被执行人未经主持人准许中途退席的，应当终止听证，并改用书面或调查方式进行审查。

（4）听证的举证。根据《行政强制法》《行政诉讼法》及其有关法律和司法解释的规定，申请执行人依法向法院申请强制执行其作出的行政行为应当提交其作出该行政行为的证据、依据，可见申请执行人对行政行为的合法性负有举证责任，并且应当在提出执行申请时即提交，逾期补充提交的，一般视为未提交。被执行人可以提供证明申请执行不符合条件或行政行为违法的证据，但应当在法院指定的期限内或听证会举行前提交，听证会开始后提交的，一般视为未提交。利害关系人作为第三人参加听证，也有权举证证明申请执行是否符合条件或行政行为是否合法，举证期限与被执行人相同。另外，当事人申请证人参与听证的，应在听证会举行前提出，并经主持人准许。

（5）听证的延期。法院确定听证会举行的时间、地点后，因故不能如期举行的，可以另外确定时间、地点，延期举行。延期情况主要有：出现了不可抗力或其他客观情况导致无法如期举行，法院决定延期举行；当事人申请延期举行且理由正当的，法院准许并决定延期举行。

（6）听证会的流程。听证流程是指举行听证会的必要环节和整个过程，主要包括听证准备、听证调查、听证辩论、最后陈述等，可以参照行政案件开庭审理的流程进行安排设计。

①听证准备。先由书记员查明听证参与人的出席情况，宣布听证纪律，然后由主持人宣布听证案件名称、核对听证参加人的身份情况、告知诉讼参加人权利义务、介绍听证员或听证合议庭组成人员及书记员，并询问听证当事人是否申请回避。

在此阶段，如果申请执行人申请撤回执行申请，主持人经审查认为依法应当准许的，或者被执行人无正当理由拒不出席听证会或到场后自愿明确表示放弃听证的，主持人应直接宣布取消听证会。如果申请执行人无正当理由拒不出席听证会或到场后明确表示不参加听证会的，不按撤回执行申请处理，听证会照常举行。当事人提出听证人员、书记员回避申请的，参照行政诉讼法关于回避的有关规定处理。

②听证调查。主持人宣布听证调查开始后先由申请执行人宣读执行申请书及行政处罚决定书，再由被执行人宣读申述意见书或口头申述意见。主持人根据双方意见确定本案争议的焦点问题或者重点审查的问题，然后引导当事人举证、质证。举证、质证可以按照是否符合申请执行条件、行政主体是否适格、认定事实的证据是否确实充分、适用法律法规是否正确、程序是否

合法、结果是否适当等审查的内容分块分组进行。

在此阶段，如果申请执行人申请撤回执行申请，主持人经审查认为依法应当准许的，或者被执行人自愿明确表示放弃听证或未经主持人准许中途退席的，主持人应当宣布终止听证。如果申请执行人未经主持人准许中途退席的，不按撤回执行申请处理，听证继续进行。

③听证辩论。从一定意义上讲，辩论是调查的一种方式，通过当事人对事实、证据、法律、程序和案件情况就双方争论的焦点问题发表各自的意见，从而使案情更趋明朗，因此听证辩论十分重要。听证调查结束后，主持人应当引导当事人双方进行听证辩论，当事人应当围绕本案争议的焦点就案件事实和争议的问题陈述自己的主张和根据，互相进行反驳和答辩。辩论发言按照先申请执行人发言、后被执行人发言、相互辩论发言的顺序进行。在听证辩论结束前，主持人应征求各方是否还有新的意见，在各方表示没有新的意见后，主持人应宣布辩论终结。

④最后陈述。最后陈述是当事人对案件如何处理表达的诉求和意见，是当事人应当享有的一种听证权利。主持人宣布辩论终结后，被告人有最后陈述的权利。另外，笔者认为，在此阶段，如果行政决定为被执行人设定的义务是行政机关行使了法律、法规规定的自由裁量权的，或者被执行人同意履行行政决定但请求适当调整履行方式或时间的，主持人可以进行协调。如果双方达成一致意见，应当记入听证笔录，可以作为法院日后强制执行该行政决定的参考因素。

结　语

非诉行政执行审查案件的听证实践已然在路上，制度建设迫在眉睫。相信随着听证操作程序日益成熟和相关制度的建立健全，听证工作必将日趋规范，作用和成效也更加显著。

（作者单位：河北省河间市人民法院）

行政行为效力司法审查的谦抑化演变

——根据新修订的《行政诉讼法》第七十五条展开

赵静雯

【摘要】行政行为效力审查问题是行政行为理论中的重要命题。新修订的行政诉讼法建立的行政行为效力审查制度，衔接了行政行为效力理论，完成了司法对行政行为效力审查从任意到谦抑的转变。本文对这一转变过程进行了梳理、分析。首先，本文对行政行为效力审查模式进行了分析，包含了审查对象、审查标准和裁判形式三个方面的内容，作为讨论的基础。其次，从以上三个方面分别论述此次行政诉讼法修订后，司法对行政行为效力审查表现出的“谦抑性”特征。进而分别从法律规范和司法实践两个层面梳理了这一“谦抑”特征的演变过程及特点，主要以相关法律条款、统计数据及典型案例为基础进行了分析研究。最后，立足于司法实践，对实践中可能出现的困惑进行讨论。本文之所以使用“谦抑”一词，是认为该词准确地反映了当前我国司法对行政行为效力层面介入的必要克制，恰好应和了当前我国对良好法治、良好行政的追寻。用“谦抑化”而非“谦抑性”，是为了表达这一演变的动态历程和意义。本文希望通过对这一演变历程进行综合性梳理、研究，以承接之前有关的学术讨论，为我国行政行为效力理论和制度的建立完善提供有价值的参考。

【关键词】行政行为　效力　司法　谦抑

一、行政行为效力审查模式

司法对行政行为的审查有两种模式：一种是法律层面的审查，即行政行为是否合法；另一种是效力层面的审查，即行政行为是否有效。[①] 本文认为，效力审查模式包含了审查对象、审查内容和裁判形式三个方面，后文对“谦抑”这一特征的论述，也将从这三个方面展开。

（一）以行政行为的实质效力为审查对象

一个完整意义上的行政行为，经历了从成立、生效、有效到合法的四个阶段。“成立”是指行政行为的客观存在；已成立的行政行为，当达到生效条件（如送达等），则产生形式效力，即“生效”；若生效的行政行为具备基本要件而产生实质效力，即为“有效”；若此外行政行为还具备全部合法性要件，就是“合法”。[②] 形式上生效的行政行为，才具有进入司法审查的可能，因此司法对行政行为效力的审查，是对其实质效力的审查。

（二）以是否具备基本要件为审查内容

“公定力”“确定力”“拘束力”“执行力”是行政行为效力的四个方面，[③] 以保障行政执法效率。因此，行政行为有效的要件应是指主体和依据等基本要件，而非事实、程序、适用法律等完备要件。行政行为效力理论和相关立法要解决的就是何为基本要件，司法实践要解决的是如何裁量和认定是否具备了基本要件。

（三）以确认判决为裁判形式

行政行为的效力并不会因有权机关的审查而发生任何改变，有效的行政行为自始有效、当然有效；无效行政行为自始无效、当然无效，不存在撤销、变更等处分行为。因此，法院对行政行为效力的认定只是对这一既有状态在法律上的确认，只能以确认判决的形式作出。

二、新修订的行政诉讼法对行政行为效力审查的谦抑性

“谦抑”是司法权的特征之一，它不同于消极、退缩，而是“司法权自

---

① 也有观点认为行政行为因不合法被撤销而失去效力是广义的无效，如朱雨虹：《无效行政行为制度研究》，辽宁大学 2015 年硕士学位论文，第 9—12 页。这里我们对此不作讨论，仅对效力作狭义理解。

② 姜明安：《行政法与行政诉讼法》，北京大学出版社、高等教育出版社 2015 年版，第 203—206 页；章志远：《新行政诉讼法实施对行政行为理论的发展》，载《政治与法律》2016 年第 1 期。

③ 姜明安：《行政法与行政诉讼法》，北京大学出版社、高等教育出版社 2015 年版，第 199—202 页。

我理性定位的表现，是一种审时度势的有意识的收缩”。[1] 新修订的《行政诉讼法》第七十五条规定：“行政行为有实施主体不具有行政主体资格或者没有依据等重大且明显违法情形，原告申请确认行政行为无效的，人民法院判决确认无效。”该条款正式确立了我国司法对行政行为的效力审查制度。在这一制度中，司法权进行了主动的、理性的自我收缩，具体表现为审查对象的限缩、审查内容的限定和司法被动属性的回归。

（一）审查对象的限缩

新法取消了过去“维持”和“确认合法或有效”判决，正式设立了“确认无效”判决。行政行为一经作出便自然具有了公定力，被推定为合法、有效，这是其与生俱来的特性，无需任何机关予以维持或确认。也正是基于这一特性，对行政行为效力的否定应当经有权机关宣告或确认，而不能纯粹依赖于相对人恣意判断并抵抗。这“一废一立”更好地尊重了行政行为效力特点，既保障了国家行政机关行使行政职权的独立性，也弥补了过去立法的漏洞。

（二）审查内容的限定

新法明确列举了“实施主体没有行政主体资格”和“行政行为没有依据”两种情形。“行政行为没有依据”，依参与修法者的解释，仅指没有法律上的依据，如行使了其他行政主体或国家机关的专有职权。如此规定将行政行为效力基本要件限定在了最必要的范围内，避免行政行为效力被轻易否定。[2] 但这种谦抑又并不只是抑制的，在新法实施两年后，最高人民法院结合司法实践制定相应适用解释，在其中第九十九条再次明确界定了“重大且明显违法”的三种适用情形，对自由裁量权的范围进行了指引和限缩。虽在最后给出了兜底条款，但在指导丛书中提醒各级法院不宜扩大使用。[3]

（三）司法主动与被动属性的平衡

依照新法，对于行政行为效力的确认，需由原告提起确认无效之诉，这

---

① 黄先雄：《从美国司法审查看行政案件中的司法谦抑》，载《求索》2007 年第 3 期。

② 江必新：《中华人民共和国行政诉讼法理解适用与实务指南》，中国法制出版社 2015 年版，第 343 页；应松年：《中华人民共和国行政诉讼法修改条文释义与点评》，人民法院出版社 2015 年版，第 238 页。

③ 最高人民法院行政审判庭编著：《最高人民法院行政诉讼司法解释理解与适用（上）》，人民法院出版社 2018 年版，第 439 页。

引起了法院对介入审查边界的争论，即在原告提起撤销之诉的情况下，法院能否对无效行政行为予以确认。同样在两年后，最高人民法院通过司法解释明确："公民、法人或者其他组织起诉请求撤销行政行为，人民法院经审查认为行政行为无效的，应当作出确认无效判决。"至此，法院在尊重当事人诉权与尊重法院专业判断中寻求了平衡，在尽可能保持法院被动介入性的同时，不破坏无效行为自始无效、当然无效的本质属性。

三、多层面的谦抑化演变过程

行政行为效力审查的谦抑化演变在立法和司法实践上并不是完全相对应的，而是各有其特点。在法律规范层面，多个层级的法律均对此进行了尝试，经历了从无到有，从模糊到具体，从扩张到谦抑的转变；在司法实践层面，法官则遵从法律规定和自身专业素养，以让人眼前一亮的裁判诠释了自己的见解。

（一）法律规范的演变

2014年《行政诉讼法》修订前，并没有专门的法律条文对行政行为效力审查作出规定，只有一些不甚明确的，或者单一的、散见在不同法律规范中的条款。但谦抑化过程就蕴藏在这些不断发展变化的条款之中。

1. 不表态：第一部行政诉讼法的退避

1989年，我国诞生了第一部《行政诉讼法》，但该法仅设立了维持和撤销判决，并未对行政行为效力审查予以规定。实际上，早在1984年，《专利法》第四十八条就已经规定，任何单位或个人认为专利权的授予不合法的，均可请求专利复审委员会宣告该专利权无效。[①] 1986年的《婚姻登记办法》也出现了"无效"的字眼。而湖北省在适用该办法的细则中，则直接使用了"证件无效"的表述。[②] 但即使这些规范性文件已尝试否定行政行为效力，首部《行政诉讼法》依然未将行政行为效力纳入司法审查范畴，其对行政行为效力审查的态度是退避的。

---

① 2008年该法修订，但保留了宣告无效条款。

② 该办法第九条，现已失效。

2. 有限审：最高法院司法解释的尝试

行政诉讼法的退避并未影响特别法对行政行为效力的界定。行政诉讼法出台后的十年内，相继有不同法律对各自领域内行政行为无效的情形进行了规定。如1992年《税收征收管理法》第二十一条规定，违反法律、行政法规规定而擅自作出的减免税决定无效。[①] 1998年《土地管理法》第七十八条规定，无权及超越批准权限、不按照土地利用总体规划确定的用途、或违反法律规定的程序批准占用征用土地的，其批准文件无效。[②] 相比单一列举，1996年《行政处罚法》的步子则迈得更大，在第三条直接规定："……没有法定依据或者不遵守法定程序的，行政处罚无效。"[③] 若如此，相当部分行政行为都将成为无效行政行为。

无效行政行为客观存在，催生着司法审查机制对其作出回应。1999年，最高人民法院通过了《关于执行〈中华人民共和国行政诉讼法〉若干问题的解释》（以下简称行政诉讼法执行解释），首次对行政行为效力审查作出了规定。该解释第五十七条规定，人民法院认为被诉具体行政行为合法，但不适宜判决维持或驳回诉讼请求的，可以作出确认其合法或有效的判决。被诉具体行政行为依法不成立或者无效的，应当作出确认其无效的判决。据此，法院根据特定情形，可以依职权主动确认行政行为效力。其限制在于，确认无效判决必须以行政行为"依法"不成立或无效为前提。遗憾的是，该解释本身并未对无效行政行为的类型进行界定，而其他法律法规的规定可能并不规范，有的范围过宽，有的过窄，有的没有规定，这就使司法审查的标准具有了很大程度的不统一、不确定性。后来，法律界普遍把西方国家"重大且明显违法"的标准作为该条款适用的前提。[④] 但对于何为"重大且明显违法"，又众说纷纭、各执一词，因此该解释在适用上仍然具有任意性和不可预见性。

之后，最高人民法院陆续规定了排除行政行为公定力的特定情形。例如，

---

① 2015年该法修订，该条款沿用。

② 2004年该法修订，该条款沿用。

③ 2009年该法修订，该条款沿用。

④ 参见叶必丰：《最高人民法院关于无效行政行为的探索》，载《法学研究》2013年第6期；何海波：《公民对行政违法行为的藐视》，载《中国法学》2011年第6期；蔡小雪：《行政确认判决的适用》，载《人民司法》2001年第11期。

《最高人民法院关于行政诉讼撤诉若干问题的规定》第二条规定，被告改变被诉具体行政行为不违反法律、法规的禁止性规定，不超越或放弃职权，不损害公共利益和他人合法权益，应当裁定准予原告撤诉。该条款列举的情形不限于但涵盖了无效行政行为。当时的起草者认为，无效行政行为自始不产生法律效力，相对人无须服从，因而不存在处分的基础及和解条件。[①] 2009年《最高人民法院关于审理行政许可案件若干问题的规定》第七条规定，作为被诉行政许可行为基础的其他行政决定或者文书存在明显缺乏事实根据、明显缺乏法律依据或超越职权的情形时，法院不予认可。据此，法院可不经另案审查直接排除无效前置行政行为的公定力。此外，在一些民事纠纷的司法解释中也表明了法院不受无效行政行为拘束的观点。[②] 在这些解释中，最高人民法院已在尝试对无效的情形进行列举，以限定和指引司法裁量。但同时，又表明了对无效行政行为可随时宣告其无效和拒绝受其约束的态度，在这一点上，却是有了扩张的态势。

在诉讼审查之外，行政诉讼法执行解释对非诉执行审查也作了相应规定。第九十五条规定，被申请执行的具体行政行为明显缺乏事实根据，明显缺乏法律依据或有其他明显违法并损害被执行人合法权益的，人民法院应当裁定不准予执行。该条款用列举的方式表明，符合“三明显”原则的行政行为不具有执行力，实际上就是否定了该类行政行为的效力。相较于诉讼审查的规定，执行审查的条文显然更加明确。对此，2011年《行政强制法》也在第五十八条第一款进行了回应。[③]

由此可见，虽然首部行政诉讼法未对行政行为效力审查作出规定，但最高人民法院为回应现实需要，不断通过各种司法解释尝试着建立和完善对行政行为的效力审查机制。在这一过程中，法院对无效行政行为秉承着主动审查甚至直接不予认可的态度，但在确定无效行政行为的判断标准上却呈现出

---

① 段小京：《〈关于行政诉讼撤诉若干问题的规定〉的理解与适用》，载《人民司法》2008年第3期。

② 《最高人民法院关于企业开办的企业被撤销或者歇业后民事责任承担问题的批复》（法复〔1994〕4号）、《最高人民法院关于审理军队、武警部队、政法机关移交、撤销企业和与党政机关脱钩企业相关纠纷案件若干问题的规定》（法释〔2011〕8号）均规定，即使被开办企业领取了企业法人营业执照，但实际上不具备企业法人条件的，应当认定其不具备法人资格，其民事责任由开办单位承担。

③ 该条款规定：“人民法院发现有下列情形之一的，在作出裁定前可以听取被执行人和行政机关的意见：（一）明显缺乏事实根据的；（二）明显缺乏法律、法规依据的；（三）其他明显违法并损害被执行人合法权益的。”

限缩和克制趋势，以防止司法权对行政权的不当侵入。

3. 具体化：地方性立法对无效行政行为界定的探索

相对于司法解释的小心翼翼，地方性规章倒是作出了更加大胆的尝试。

例如，《湖南省行政程序规定》《辽宁省行政执法程序规定》先后于2008年、2011年作出规定，具有下列情形之一的，行政执法行为无效：不具有法定行政执法主体资格的；没有法定依据的；法律、法规、规章规定的其他无效情形。行政行为被部分确认无效的，其他部分仍然有效，但除去无效部分行政行为不能成立的，应全部无效。① 2011年《山东省行政执法程序规定》也作出了类似规定，只是在情形界定上更细致一些。② 上述规定在整体上界定了无效行政行为，并明确列举了判断标准以限定审查范围，同时区分了部分无效和全部无效的情形。地方对于否定行政行为效力进行了更成熟、系统的尝试。

4. 再克制：新修订的行政诉讼法及其适用解释正式确立确认无效判决机制

1989年《行政诉讼法》确立的“撤销”和“维持”判决的局限性，以及各界对行政行为效力问题的探索，推动着行政行为效力审查机制的建立。2014年，《行政诉讼法》修订，正式确立了确认无效判决制度。为完善这一体系，最高人民法院在2017年再次审议通过了相应适用解释。

这一制度的确立，也经历了漫长的讨论和修改过程。在修订《行政诉讼法》过程中，司法系统、高校学府对是否应建立确认无效制度，以及建立何种无效审查制度尚有较大分歧。③ 在讨论中，对“重大且明显”的情形予以列举，意见比较一致，认为便于统一司法标准。但对于如何启动审查，有意见认为，行政行为是否无效当由法院主动裁量，无须原告申请。④ 但最终“以诉权制约审判权，让诉讼当事人主体地位回归”的观念占据上风，形成了《行政诉讼法》第七十五条依申请确认无效的条款。⑤

---

① 分别为两规定的第一百六十一条、第六十六条，条款内容一致。

② 见该法第一百三十二条。

③ 江必新：《行政诉讼法修改资料汇纂》，中国法制出版社2015年版，第234—302页。

④ 《最高人民法院修改建议稿（二）》第八十三条；《中国政法大学修改建议稿》第一百零七条。

⑤ 梁凤云：《新行政诉讼法讲义》，人民法院出版社2015年版，第457页；应松年：《中华人民共和国行政诉讼法修改条文释义与点评》，人民法院出版社2015年版，第240页。

该法实施的两年内，关于依申请还是依职权确认无效的讨论仍未停止，并且各地对行政诉讼法条文本身也存在理解和适用不一致的情形。为统一法律适用，《最高人民法院关于适用〈中华人民共和国行政诉讼法〉的解释》第九十四条明确规定，当事人提起撤销之诉，法院经审查认为行政行为无效的，应作确认无效判决；公民提起确认无效之诉，法院经审查认为不属于无效情形，原告又拒不变更诉请为撤销之诉的，判决驳回原告诉讼请求。最高人民法院认为，可撤销和无效情形是专业性很强的法律问题，不能依赖于法律知识欠缺的原告准确提起相应诉讼，且行政诉讼审查有不受原告起诉请求限制的特性，包括域外法系也有诉讼类型转换制度的规定，建立诉讼类型转换制度更有利于准确高效实质性解决纠纷。[①] 最终，该司法解释在适当尊重原告诉请的情况下，确立了有限制的依职权审查机制。

至此，法律规范层面完成了司法权对行政行为效力介入的谦抑化转变。这一转变并非直线型转变，而是一个从无到有，在扩张和克制中寻找平衡的动态转变过程。

（二）司法实践的演变

立法长期以来的缺位并未影响法官们依据那些零散的条款，运用自由心证，在司法审判实践中探索出行政行为效力审查之路。

1. 从诉判不一到诉判相对一致

新修订的《行政诉讼法》及司法解释实施前，法院裁判均未依赖于原告诉请。如李某某不服泉州市房地产管理局颁发房屋所有权证案[②]、张某某诉南京市玄武区民政局离婚登记案[③]、辛某某不服中国药科大学教育行政管理纠纷案等[④]，法院均未依赖于原告诉请，直接作出了确认无效判决。对于原告提起的确认无效判决，则是依据审查实际情况依职权作出确认无效、撤销、确认违法或驳回诉请的判决。而新法及司法解释实施后，法院只能有限制地依职权进行裁判。因此，在判决形式及其启动上，司法实践是由扩张走向谦

---

① 最高人民法院行政审判庭编著：《最高人民法院行政诉讼司法解释理解与适用（上）》，人民法院出版社 2018 年版，第 435—439 页。

② 详见福建省泉州市中级人民法院（2007）泉行终字第 30 号判决，诉请撤销，判决确认无效。

③ 详见江苏省南京市玄武区人民法院（2005）玄行初字第 32 号判决，诉请撤销，判决确认无效。

④ 详见江苏省南京市鼓楼区人民法院（2007）鼓行初字第 7 号判决，诉请确认违法无效，判决确认无效。

抑的。

2. 内心确信的裁判标准

虽然法律上没有明确限制，有的甚至还扩大了无效行政行为范围,[①] 但法官们并未以此为令箭恣意使用手中的司法权力，而是结合法学理论、司法解释以及自己的内心确信，在审判实践中形成了关于行政行为无效的司法判断。

2003 年谭某某诉宜昌市国土资源局公告注销采矿许可证决定案，法官认为被告超越法定职权注销许可证，注销行为无效。2004 年某公司诉上海市卫生局行政强制决定案，法官从被告作出的强制决定中区分出了混杂在内的行政处罚行为，判决确认采取的强制措施合法，而未按照行政处罚法履行任何程序进行处罚的行为无效，体现了法官对行为合法性与效力的准确界定。2005 年张某某诉南京市玄武区民政局离婚登记案[②]，因离婚登记时夫妻一方未到场，法官确认离婚登记行为无效。除此之外，对大多数事实不清、程序违法、适用法律错误的行为，法官适用撤销或确认违法判决，包括有些应属无效行政行为的案件，法官也适用了撤销或确认违法判决。如 2005 年崔某某诉岳西县植保植检站植物检疫案[③]，被告的检疫行为没有任何法律依据，法官判决确认违法。从这些案件可看出，法官基本上是以“超越职权”“程序明显违法”“明显没有事实或法律依据”等重大明显违法情形来确认行政行为无效，且不会贸然适用确认无效判决，实践中确认无效的判决并不多见。法官们根据专业、理性的内心确信对行政行为效力进行着较法律规定更加谦抑的审查，并形成了相对确定的审查标准。

另外，谦抑不代表谦卑，对于表面上没有违反法律强制性规定，但实际明显违反法律原则和精神的行为，法官也大胆给予了评价。2007 年郭某某等与北京市宣武区建设委员会行政许可纠纷案[④]，法官认为被告在听证中已明悉涉案地段可能具有保护价值，但仍未予审核而直接将该地段纳入拆迁范围，

---

① 《行政处罚法》第三条；2000 年《最高人民法院关于执行〈中华人民共和国行政诉讼法〉若干问题的解释》第五十七条。

② 详见江苏省南京市玄武区人民法院（2005）玄行初字第 32 号判决。

③ 详见安徽省岳西县人民法院（2005）岳行初字第 109 号判决。

④ 详见北京市宣武区人民法院（2007）宣行初字第 161 号判决，载《人民司法·案例》2008 年第 18 期。

虽未违反法律任何禁止性规定，但与文物保护条例的立法旨意明显不符，故确认该拆迁许可行为无效。该判决显示出的法官态度是，即使法无明文规定，但严重违反法律旨意的行为，亦是没有法律依据的无效行政行为。不得不说，司法实践为行政行为效力审查标准的界定打开了更多新的思路。

3. 关于起诉期限的探索

对确认无效之诉的起诉期限，法律未作特别规定，法官意见也不一。有的认为既然法律未作特别规定，就应适用一般起诉期限的规定；有的认为无效行政行为无确定力，确认其无效不应受起诉期限限制。仅《人民法院报》2014 年 5 月至 7 月，就刊登了下级法院上报的三篇相关讨论案例①，其中两篇认为确认无效不受起诉期限限制并进行了相应判决，另一篇以超过起诉期限为由裁定驳回起诉。这种争论一致持续到 2014 年《行政诉讼法》修订之前。遗憾的是，新法并未对确认无效之诉的起诉期限予以回应。

综上，实践中的司法谦抑化不是机械的收缩过程，而是法官在自由裁量中对司法权力的理性行使，对司法责任的主动承担。这些在实践中绽放出的智慧之光为行政诉讼法的修订提供了极大的参考价值，为最终行政行为效力审查机制的建立奠定了坚实的现实基础。

四、需要关注的问题

无效行政行为审查制度的初步建立也带来一些疑惑，下面对相关问题简要分析。

（一）依申请确认无效是否会导致有关主体不能对无效行政行为行使拒绝权

有观点认为，行政行为被判定无效后才没有现实效力。② 本文认为，确认无效制度不影响相关主体先行行使拒绝权。无效行政行为自始无效，法院确认无效只是以最权威的方式宣告了无效事实，使相关主体可以“放心地”

① 寇秉辉：《请求确认行政行为无效不受起诉期限限制》；邓忠明：《如何解除使用他人身份证登记的婚姻》；以及《要求撤销结婚登记 超过五年诉讼时效 西安一行政案件原告诉求被驳回》，分别载《人民法院报》2014 年 4 月 17 日，第 7 版；2014 年 5 月 22 日，第 7 版；2014 年 9 月 27 日，第 3 版。

② 莫于川：《建设法治政府需要司法更给力——行政诉讼法修改问题研究及专家建议稿》，清华大学出版社 2014 年版，第 142 页。

抗拒这一行为。而在法院确认之前，任何主体均可拒绝接受无效行政行为约束，只是这种拒绝存在法律上的风险，因为个体对无效的认识可能是错误的，但这并不影响其享有拒绝的权利。实际上，如果公民先拒绝履行无效行政行为，再请求法院确认其无效，其诉请若得到支持，该公民也不会为自己的拒绝承担任何后果。因此，诉讼法中经当事人申请确认无效的规定并不影响相关主体对无效行政行为行使拒绝权。

（二）确认无效之诉是否受起诉期限限制

有观点认为应受起诉期限限制。[①] 我们持相反意见，理由有二：首先，起诉期限的限制来源于行政行为的确定力，而无效行政行为并不具有确定力，因此不应受起诉期限的保护。其次，按照《最高人民法院关于适用〈中华人民共和国行政诉讼法〉的解释》第一百六十一条的规定，行政机关申请法院强制执行的案件，若存在“三明显”情形，应裁定不予执行。行政机关申请执行意味着相对人放弃了提起诉讼的权利，根据行政行为确定力、执行力的特点，行政行为应可无须再经审查而直接被强制执行。但法律仍赋予了法官在超过起诉期限后对重大明显违法行为不准予执行的权力，实际上就是否定了这类行为的效力，这相当于以另一种方式认可了确认无效之诉应不受起诉期限限制。

（三）有独立请求权的第三人是否有权请求确认无效

《行政诉讼法》虽未明确划分有独立请求权的第三人和无独立请求权的第三人，但这并不影响第三人根据其诉讼地位行使权利。有独立请求权的第三人在诉讼中相当于原告，享有原告的所有诉讼权利，因此其申请法院确认行政行为无效，亦相当于原告申请确认行政行为无效，法院可据此作出确认无效的判决。

结语

“谦抑化”的演变过程，看似是司法模式的演变，实际是良好行政、良好法治的发展过程。因为没有有限政府、没有独立司法，“谦抑”就没有存

---

① 潘昌锋、孔令媛：《行政诉讼确认无效判决的适用——基于修正后的行政诉讼法第七十五条展开》，载《人民司法》2015 年第 7 期。

在的必要和价值。司法权的“谦抑化”，就是行政的规范化、公民的主体化、司法中立化。虽然这一审判模式给我们留下了一些可供讨论和有待完善的问题，但更多的是期待与追寻。

（作者单位：湖北省高级人民法院）

行政协议合法性审查之考量

宁　杰　　汤　鸿

【摘要】 修订过的《行政诉讼法》自2015年实施后，将行政协议纳入行政诉讼受案范围。毕竟行政协议的审理同时涉及行政法律关系和民事法律关系，与单纯的行政行为合法性审查不同。通过对房屋征收补偿协议行政案件和民事案件裁判文书的审理思路和法律适用规则进行对比，发现行政诉讼对行政协议的审查比民事诉讼更为严格，但行政诉讼对行政协议的审查存在说理不透彻、适用法律规范单一的问题，这与规制行政协议的行政法律规范缺位、行政法官对民事规范适用的克制以及行政法官与民事法官认知存在差异有关。行政协议合法性审查是对人民合法权益之保护及对行政权力进行监督之必然要求，其内涵包括了行政行为的合法性、协议效力确定性和民事协议合法性三个方面。本文欲从主观、程序、实体三个方面入手，以解决行政诉讼对行政协议合法性审查所存在的实践难题，为行政法官解决行政协议纠纷提供一些可选择的路径。

【关键词】 行政协议　合法性　法律规范适用

修订过的《行政诉讼法》自2015年实施以后，将行政协议纳入行政诉讼的受案范围已3年有余。行政协议兼具行政性和合意性之属性，民事法官更关注行政协议的合意性，将行政协议按照单纯的平等主体之间的法律关系来进行审理。然而，这一角度毕竟缺失了公法性质上的合同之法律意义，无法弥补行政协议法律关系中的行政性，特别是在合法性审查中，缺失了对行政行为的合法性审查。将行政协议纳入行政诉讼的受案范围具有合理性，但由于起步晚、审理规则不明确等原因，行政法官惯于以单纯的行政行为的合法性标准来对行政协议进行审查。

一、实务考查：行政协议合法性审查存在的问题

（一）三组对比案例之选取及理由

笔者在中国裁判文书网上，以“行政诉讼”为案件类型，“房屋征收补偿协议”为关键词，按审判程序筛选设定为“一审”，按文书类型筛选设定为“判决书”，检索到2894篇裁判文书，其中在较新的年份2015年（458）、2016年（884）、2017年（1129）中挑选了50篇裁判文书；以“民事诉讼”为案件类型，“房屋征收补偿协议”为关键词，按审判程序筛选设定为“一审”，按文书类型筛选设定为“判决书”，检索出4112篇裁判文书，其中在2015年（646）、2016年（863）、2017年（1161）中挑选了50篇裁判文书。考虑到《行政诉讼法》自2015年5月1日实施，故选取了2015年、2016年、2017年对行政协议审查的行政案件，为了保障样本的对称性，民事诉讼也选取了2015年以后的样本来进行对比。

在上述100篇裁判文书中，本文以案情简单、诉求明确为选取案例的参考条件，并将其按诉讼请求分成履行协议之诉、撤销协议之诉、确认协议无效之诉三组案例作裁判思路和裁判依据之对比。

（二）三组案例的裁判思路及裁判依据之对比

第一组案例：履行协议之诉

行政案例1：（2017）湘02行初533号

简要案情：两被告在约定的24个月交付期限内未交付回迁房屋，原告请求法院判令被告支付合同约定之过渡费。

裁判思路：①属于行政诉讼受案范围；②确认协议内容合法有效；③认定存在违约行为；④判决履行协议内容。

裁判依据：《行政诉讼法》《国有土地上房屋征收与补偿条例》

民事案例1：（2015）淮民一初字第00035号

简要案情：两被告将协议约定的特定位置的回迁房分给其他被拆迁人，在协议约定的过渡期内未能及时交房，也未向原告支付自逾期之月增加支付一倍的临时安置补助费。原告请求法院判令被告交付房屋并支付面积不足部分的价款；若不能交付，判令被告赔偿房屋价款；加倍支付逾期交房期间的安置补助费。

裁判思路：①确认合同约定产生纠纷行政裁决程序前置与行政法规不符，为无效约定；②认定被告之一为适格被告；③认定协议内容合法有效；④判决被告赔偿原告房屋价款并支付临时安置补助费。

裁判依据：《国有土地上房屋征收与补偿条例》《合同法》《民事诉讼法》

第二组案例：撤销协议之诉

行政案例2：（2016）沪0110行初190号

简要案情：原告与案外人均系被征收房屋户主的继承人，原告与案外人共同与被告签订房屋征收补偿协议，原告认为增加案外人为被征收人是错误的，原告请求撤销该份征收补偿协议。

裁判思路：①认定被告有签订行政协议之资格；②原告所主张存在重大误解不能成立（原告未举证加以证明）；③确认协议合法有效；④驳回原告诉讼请请求。

裁判依据：《国有土地上房屋征收和补偿条例》《行政诉讼法》

民事案例2：（2015）雁江民初字第2832号

简要案情：原告与被告签订房屋征收补偿安置合同，原告认为该合同的签订系在其醉酒、受到胁迫的情况下签订的，且房屋实际面积与协议中的补偿面积相差甚远，存在显失公平的情形，请求法院予以撤销。

裁判思路：①确认签订合同不存在重大误解和显失公平的情形（原告未举证加以证明）；②驳回原告诉讼请求。

裁判依据：《合同法》《民事诉讼法》《最高人民法院关于民事诉讼证据的若干规定》

第三组案例：确认协议无效之诉

行政案例3：（2017）沪0110行初121号

简要案情：原告系被征收房屋户籍在册人员和居住人员，被告与租用居住公房凭证记载的承租人签订了房屋征收协议，原告认为其应作为被征收户的安置人员，该份房屋征收补偿协议侵犯了其合法权益，请求确认该份拆迁补偿协议无效。

裁判思路：①确认签订协议之主体符合法律规定；②确认协议内容合法有效（合意真实、内容不违反法律规定）；③认定原告请求确认协议无效的主张缺乏法律依据；③驳回原告诉讼请求。

裁判依据：《国有土地上房屋征收与补偿条例》《行政诉讼法》

民事案例3：（2016）浙0110民初16958号

简要案情：四原告属于同一户，被告与原告之一签订征收补偿协议且履行完毕，四原告认为原告之一不能代表四原告签订房屋征收补偿协议，被告无签订协议之资格且缺乏必备的手续，请求法院确认上述协议无效。

裁判思路：①确认协议合法有效（意思表示真实，不违反强制性规定）；②被告具有签订协议的资格；③原告对自己主张无效的情形未举证加以证明；④驳回原告诉讼请求。

裁判依据：《合同法》《民事诉讼法》《最高人民法院关于适用〈中华人民共和国合同法〉若干问题的解释（二）》《最高人民法院关于适用〈中华人民共和国民事诉讼法〉的解释》

裁判思路和裁判依据的详细对比见下表：

表1　3组案例的裁判思路和裁判依据对比

案例 / 对比项	第一组案例（履行协议之诉）		第二组案例（撤销协议之诉）		第三组案例（确认协议无效之诉）	
	行政案例1	民事案例1	行政案例2	民事案例2	行政案例3	民事案例3
行政行为合法性审查	√	×	√	×	√	×
协议效力确定性审查	√	√	√	√	√	√
民事协议合法性审查	√	√	√	×	√	√
适用行政法律规范	√	√	√	×	√	×
适用民事法律规范	×	√	×	√	×	√

（以上表格，在裁判文书中裁判思路和裁判依据中出现对比项之情形的用“√”表示，反之，未出现对比项情形的用“×”表示）

结论：上述案例样本较少，由此得出的结论可能失之偏颇。但通过裁判思路和裁判依据的对比不难发现，行政法官和民事法官均是站在本位的角度来审理房屋征收补偿协议，行政法官侧重于协议的行政性，民事法官更侧重于行政诉讼协议的合意性。行政案件对行政协议的审查包含了行政行为合法性、协议效力确定性、民事协议合法性三个方面，但三组案例在裁判依据中均仅适用了行政法律规范；民事案件对行政协议的合法性审查主要包括协议效力确定性、民事协议合法性两个方面，民事案例1中适用了行政法律规范。

（三）三组案例对比结论之解析

通过对三组案例的裁判思路和裁判依据之对比，发现行政法官和民事法官在同类案件中的裁判思路和裁判依据的适用均有所差别，主要表现在以下几个方面：

1. 从审查的严格程度上来看，行政诉讼对行政协议的审查更为严格。行政诉讼中对行政协议的审查包含了行政行为的合法性、协议效力确定性和民事协议的合法性，审查的内容包括行政机关是否具有签订协议之职权、行政协议签订的程序、当事人意思表示是否真实、是否违反法律法规的强制性规定等。民事案件对行政协议的合法性审查主要包括协议效力确定性、民事协议合法性两个方面，但并非每一个民事案件的审查都包含上述两个方面。民事案件对行政协议的审查是紧紧围绕当事人的诉讼请求而展开，在对行政协议的审查过程中与行政案件的审查相比而言，显得较为克制而宽松，如民事案例 2 中仅审查了协议效力的确定性，且未正面审查，最后以原告未举证证明其主张而驳回了其要求撤销协议的诉讼请求。

2. 从审查的论证说理上来看，民事诉讼对行政协议的审查说理论证更为充分。行政诉讼中对协议合法性内容审查包含的内容比民事诉讼中多，但裁判文书说理却不如民事诉讼充分，一般采用概括的形式对合法性进行表述，存在说理不充分、说服力不强的问题；民事裁判文书中对合法性审查的表述通常采用总分或者分总的模式，围绕当事人的诉请展开，论述更为完整、说理更为充分。

3. 从适用的法律依据上来看，民事诉讼适用的法律依据更为全面。通过对三个行政案例适用的裁判依据进行对比，发现行政案例中仅适用了《国有土地上房屋和征收补偿条例》《行政诉讼法》之规定①。笔者并非强调每一个行政案件均是如此，但行政诉讼在对行政协议的审查适用法律规范时确实有过于保守的倾向性。在所举的行政案例中，行政诉讼适用的法律规范较为单一，如行政协议无效和撤销之诉的相关规定在行政法律规范中是没有相关法律规定的，仅有《合同法》对上述两种情形有所规定，但行政案例 2 中原告诉协议存在重大误解，说理部分仅笼统性地描述为“原告所述存在重大误解不能成立”，未适用《合同法》第五十四条之规定。民事诉讼对协议的合法

① 笔者在选择案例时是随机的，并未特意挑选仅适用该两种法律规范的案例，出现上述结果既有偶然性也有必然性。偶然性是因为笔者挑选案例的时候将案情不合适的，如诉请过多、案情过于复杂的等予以剔除掉；必然性是因为在所有的行政诉讼案例中，直接明确适用民事法律规范的案例确实不多。

性审查在适用法律规范时显得更为宽容，甚至并不排斥适用行政法律规范，说理和法律规范的适用上基本能相互对应，如民事案例 1 中在审查行政裁决程序前置的条款效力时就适用了《国有土地上房屋征收与补偿条例》第二十五条第二款之规定。

二、原因分析：影响行政协议合法性审查之主客观因素

（一）适用行政法律规范与民事法律规范之冲突

修订后的《行政诉讼法》对单纯行政行为的效力包括以下几个方面：合法有效、违法但有效（程序瑕疵、不予撤销）、违法撤销、违法无效（不具有可撤销内容）。

《合同法》对民事协议的效力包括：合法有效、可撤销可变更、违法无效这几方面，民事协议甚至可以部分有效部分无效。行政行为的合法性标准比民事协议更为严格，职权、程序、证据、适用法律任何一个环节都可致行政行为违法。因此，在审查行政协议的合法性时，会遭遇两种法律规范相互冲突之情形，如行政行为的违法撤销制度与民事协议的可撤销、可变更制度就是两种截然不同的法律规定。行政协议若仅有部分条款违反强制性法律规定，是将其像行政行为一样对待整个确认违法予以撤销，还是将其视之为民事合同将其中违反法律规定的条款确认无效但不影响整个合同其他条款之效力？行政法规定的信赖保护原则，似乎更倾向于适用民事法律的相关规定，因为对协议违法的处理更为宽容。行政法律规范与民事法律规范规制社会秩序之目的不同，在同一社会关系中同类问题的规定也有所区别。法官在冲突的法律规范中，是选择相对不完善的但必须优先适用行政法律规范还是相对完善的但与行政行为的行政性相冲突的民事法律规范，这是一个现实的难题。

（二）行政法律规范之缺位

行政协议合法性审查优先适用行政法律规范已然形成共识。“之所以行政法律规范优于民事法律规范，主要理由是行政协议纳入行政诉讼救济程序，就是要保障行政法律规范的落实，实现依法行政。”[①] 行政协议合法性审查大

---

① 郭修江：《〈行政诉讼法〉及其适用解释关于行政协议案件规定的理解》，载《法律与适用》2016 年第 12 期。

体遵循以下思路，以合法性审查为主线、优先适用行政法律规范、参照适用民事法律规范。[①] 自2018年2月8日起施行的《最高人民法院适用〈中华人民共和国行政诉讼法〉的解释》中并无有关行政协议的具体规则，之前出台的《最高人民法院关于适用〈中华人民共和国行政诉讼法〉若干问题的解释》不再适用，其中关于审理行政协议案件规则也不能适用，但可以参考。最高人民法院已在酝酿审查行政协议的具体规则，但法律的滞后性和模糊性决定其在司法实践中发展成一套成熟的审查规则体系还需要很长一段时间的经验积累，行政法官在审查行政协议合法性时仍会面临缺乏具体操作规则的难题。

2014年的《行政诉讼法》才将行政协议纳入行政诉讼受案范围，行政协议的合法性审查一是缺乏明确的可资适用的行政法律规则，二是缺乏相对成熟的获认可的审判经验可以借鉴。行政法官审理行政协议常面临法律漏洞、模棱两可之处，如行政协议履行过程中未按照约定履行或者单方变更、解除协议当如何处理？是按照行政法律规范处理还是按照民事法律规范处理？行政法官一直游走在行政法律规范之内，徘徊在民事法律之外，难以找到积极的应对策略。正因为行政法官存在上述顾虑，在行政协议的裁判文书中对协议合法性审查只能简单说理，以防说多错多。

（三）适用民事法律规范之克制

行政协议合法性审查优先适用行政法律规范这一原则的过分强调，限制了行政法官适用民事法律规范的主动性。通过上述三组案例之比较不难发现，行政诉讼中对民事法律规范的适用显得较为隐晦和克制，有的法官直接借用民法法理进行说理，不直接适用民法条文。

一是因为行政法官担心适用民事法律规范会使行政协议的行政性受损。“优先适用民事法律规范，或者民事法律规范与行政法律规范同等适用，将可能使行政协议的公共利益目的受损，也有违行政诉讼适用法律的一般规则。”[②] 行政协议兼具行政性和合意性双重属性，但行政法官站在行政诉讼之角度更关注行政协议的行政性，在法律适用上也难以摆脱这种主观偏见。二

---

① 梁凤云：《行政协议使用合同法的问题》，载《中国法律评论》2017年第1期。

② 郭修江：《〈行政诉讼法〉及其适用解释关于行政协议案件规定的理解》，载《法律与适用》2016年第12期。

是因为对民事法律规范的适用难以把握。2015 年《最高人民法院关于适用〈中华人民共和国行政诉讼法〉若干问题的解释》第十四条规定了可以适用不违反行政法和行政诉讼法强制性规定的民事法律规范。虽然该规定已经废止，但从这一条文规定的精神上来看，“哪些属于‘不违反行政法和行政诉讼法强制性规定的民事法律规范’，是一个相当复杂的技术判断，对于实务操作成为一个相当困难的领域。”① 行政法官对行政行为的合法性审查的模式较为熟悉，但对行政协议的合法性进行审查时又需融合民事协议合法性之因素加以考虑，与习惯的审查模式有所区别，加之行政法官对民事法律规范的不熟悉，更不愿从民事法律规范中找寻行政协议争议的解决方法。

（四）行政法官与民事法官认知之差异性

行政法官在审查行政行为时站在保障人民权益、确保行政权之合法行使之立场，民事法官则站在人民权利受侵害时有救济途径之立场。行政诉讼强调权利保护，也强调对权力监督，两者均是行政诉讼之目的，行政权之行使必须在法律规定的范围之内，即“法无授权即禁止”。民事诉讼之目的是保障受损权利有救济途径，而法官对当事人权利之处分须尊重当事人之自由意志，即“法无禁止即可为”。“行政协议的合法性问题，大体需要遵循依法律行政原理，强调行政协议订立的法定性和公益性；民事合同的合法性问题，则遵循法不禁止即可为的原理，强调合同订立的自愿性和平等性，两者旨趣全然不同。”②

随着行政诉讼和民事诉讼各自发展成独立的、成熟的诉讼体系而形成的，行政法官与民事法官的认知越发明显。行政法官受行政协议属于行政行为的价值判断的影响，习惯在行政法律规范内寻求行政争议的解决之道，自然对民事法律规范的适用不具有合理的宽容性。这种认知差异在我国台湾地区的行政诉讼中也是一样的，我国台湾地区对行政诉讼中准用民事诉讼法之情形予以明确规定，除明确列举准用的情形外，若无规定者则采用体系内自给自足的漏洞填补方法，即“行政诉讼的归行政诉讼、民事诉讼的归民事诉讼”。“然而既未采用概括准用规定，解释上应认为立法者有意建立自给自足之独立行政诉讼法理体系，故除列举准用民事诉讼法者外，如其规定有欠缺

① 吕立秋：《行政协议纠纷的解决路径与思考》，载《中国法律评论》2017 年第 1 期。
② 梁凤云：《行政协议使用合同法的问题》，载《中国法律评论》2017 年第 1 期。

或漏洞，原则应以其独立之行政诉讼法理予以填补，并无准用民事诉讼法之余地……”[①] 由此可以看出，在我国台湾地区尚属明确规定准用民事诉讼法之情形，亦要受到不得与行政诉讼之性质抵触的内在限制。[②]

民事法官在审查民事协议时仅将其视作当事人合意之结果，对协议之审查紧紧围绕当事人之诉请展开。只要民事协议不出现《合同法》规定的无效的情形，都可认定为有效。在法律适用上，民事法官站在实用主义的立场，对不同法律规范的适用也更为宽容。行政诉讼和民事诉讼的说理及适用法律规范的风格受两种诉讼制度规制社会秩序之目的所影响。

三、深层探究：行政协议合法性审查之正当性及内涵

（一）行政协议合法性审查之正当性

狄骥认为现代公法的基础就是公共服务，“任何因与社会团结的实现与促进不可分割、而必须由政府来加以规范和控制的活动，就是一项公共服务，只要它具有除非通过干预，否则便得不到保障的特征”。[③] 每个行政行为都要受到其是否符合“预期的公共需求”，是否符合“为了使这一需求的公共服务得以正常运营所需遵循的组织法”[④]。行政协议的签订虽然有合意性的特点，但行政机关体现出的合意也体现着处分国家权力的一面，自然是要受到行政法律规范的制约。“一份契约就是一项无论在公法还是在私法中都具有同样性质的法律行为；或者毋宁说在公法与私法之间不存在区别，而国家就完全如那些受到契约约束的个人一样，受到其自己订立的契约的约束。”[⑤] 狄骥所说的“契约”就是法律，国家机关与普通的个体一样，其行为都要受到公法和私法的制约。行政诉讼之目的在于保障人民权益、确保行政机关依法行政。行政协议虽具有合意之属性，但最为关键的是渗透着行政机关对公权力的处置，若不通过合法性审查，则会产生对行政相对人权利损害之风险，这与行政诉讼制度设置之目的是相契合的。行政协议既已涉及公权力之处置，则必须接受法院对行政协议之合法性审查。

① 刘宗德、赖恒盈：《台湾地区行政诉讼：制度、立法与案例》，浙江大学出版社 2011 年版，第 44 页。
② 刘宗德、赖恒盈：《台湾地区行政诉讼：制度、立法与案例》，浙江大学出版社 2011 年版，第 44 页。
③ ［法］狄骥：《公法的变迁》，郑戈译，中国法制出版社 2010 年版，第 45 页。
④ ［法］狄骥：《公法的变迁》，郑戈译，中国法制出版社 2010 年版，第 121 页。
⑤ ［法］狄骥：《公法的变迁》，郑戈译，中国法制出版社 2010 年版，第 124 页。

（二）行政协议合法性审查之内涵

行政协议合法性审查包含了不同的面向，包括行政行为合法性的标准、协议效力确定性之标准以及民事协议合法性之标准。行政协议除了应满足行政行为合法性审查的标准，亦需满足协议方意思表示真实、不违反法律强制性规定、不违反公序良俗等要素，这也是行政协议与单纯的民事协议的区别之处。“将行政协议纳入行政诉讼的范围之后，人民法院不仅要依照合同法的规定审查协议本身是否具有平等自愿、协商合意等基本要素，同时还要对行政机关缔约的法定职权、法定程序、公平竞争、审批环节等一系列行为的合法性进行审查，最终才能确认合同的效力。”①

1. 行政行为合法性

行政协议的签订以实现行政管理目标和社会公共利益为目的，行政协议之突出特点是行政性和公益性。“目前对于行政协议是否属于行政行为并没有明确规定，从行政协议的内涵和外延看，行政协议尽管具有合同属性，从整体上仍然属于行政行为范畴。”② 行政行为合法性就是在行政诉讼中将行政协议作为单纯的行政行为予以审查，以行政行为合法性之要求来审查其是否合法，这亦是行政协议被纳入行政诉讼管辖范围的主要目的。《行政诉讼法》第六条规定：“人民法院审理行政案件，对行政行为是否合法进行审查。”行政协议应符合行政法律规范，遵循行政法的基本原则，包括职权法定原则、程序正当、法律适用正确、证据确实充分等一系列要求，违反其中任何一项都属于违法行政行为。

2. 协议效力确定性

行政协议成立合法有效要求协议双方意思表示真实，若存在胁迫或者显失公平等意思表示不真实的情形，当事人可起诉要求撤销或者变更行政协议。在行政诉讼中，对协议的意思表示真实性进行审查也属于法院对行政协议合法性审查的范畴。“在对合同的效力审查，对是否符合《合同法》第五十四条规定的法定变更、撤销情形进行审查，也属于广义上的合法性审查的内容。”③

行政协议效力确定性审查的是当事人意思表示是否真实，由此决定协议

---

① 贺小荣：《行政协议的创设和国家治理方式的现代化》，载《中国法律评论》2017 年第 1 期。
② 程琥：《审理行政协议若干问题研究》，载《法律适用》2016 年第 12 期。
③ 梁凤云：《行政协议使用合同法的问题》，载《中国法律评论》2017 年第 1 期。

的效力是否存在不确定之状态，这是由行政协议的行政性决定的。民事协议效力的不确定状态涉及的是私益，但行政协议涉及的是公益，其效力必须处于一个稳定、有序的状态，不可因意思表示不真实而使其效力处于不稳定、无序的状态。即使原告的诉讼请求仅要求行政机关履行约定之义务，不要求对协议效力的确定性进行审查，但法院仍须主动审查当事人之意思表示是否真实，以便确认其效力处于确定、合法的状态。“对于当事人在订立行政协议时意思表示不真实自愿的，可以援用《合同法》第五十四条规定。”① 在原告的诉讼请求中，明确提出存在意思表示不真实的情况请求变更或者撤销行政协议的，法院应适用《合同法》第五十四条之规定进行说理。

3. 民事协议合法性

行政协议具有协议的属性，是行政机关和行政相对人合意的结果。民事协议只在私人之间创设了权利义务，但最低之要求就是不可具有违法性。行政协议的合法性同样也受民法中关于合同无效情形的制约，在我国台湾地区亦是如此。“例如，我国台湾地区‘行政程序法’第141条规定：‘行政契约准用民法规定之结果为无效者，无效。’”②

《合同法》第五十二条规制的是民事协议，但对行政协议也同样适用。《合同法》第五十二条规定：“有下列情形之一的，合同无效：（一）一方以欺诈、胁迫的手段订立合同，损害国家利益；（二）恶意串通，损害国家、集体或者第三人利益；（三）以合法形式掩盖非法目的；（四）损害社会公共利益；（五）违反法律、行政法规的强制性规定。”行政性和合意性是行政协议的两种属性，但两者并非完全独立，两者之间相互约束、相互影响。行政协议的行政性和公益性要求行政协议的合意不得违反上述规定，行政性就要求行政机关必须依法行政，不得违反上述条款之第（三）项、第（五）项，公益性就要求行政行为不得损害国家、集体、第三人利益以及社会公共利益，即不得违反第（一）项、第（二）项、第（四）项之规定。

四、出路探寻：基于司法实务的解决方案之探索

行政协议合法性审查的很多问题不是靠法律规定和法律逻辑就能得到解

---

① 程琥：《审理行政协议若干问题研究》，载《法律适用》2016年第12期。

② 梁凤云：《行政协议使用合同法的问题》，载《中国法律评论》2017年第1期。

决的。行政法官对行政协议的审查需转换视角，以更全面、体系的思维来对行政协议的效力进行审查。结合行政协议合法性审查之内涵及司法实践经验，笔者从主观、程序、实体三个角度探索行政协议合法性审查问题的解决路径。

（一）主观上：合理兼顾行政协议之双重属性

与民事诉讼相比，行政诉讼对审查行政协议合法性更为主动且全面，这是由司法权和行政权之间的关系决定的，也是由行政协议的双重属性所决定的。行政协议的行政性和合意性，它们既相互独立又不可割裂。

社会秩序或社会关系在发展过程中所形成的自然属性是需要尊重的，若刻意违背或者否认，则会对原来的社会秩序或社会关系造成损害。在行政协议的发展过程中，其兼具了公法和私法所调整之关系的属性，含有一定的公法因素，但亦不可对其私法因素过于小觑。“若是企图构建一套公私协力的合作契约法制，但是又受限于行政程序法只欲规范公法性质的行为而使合作契约法制的范围受到局限，完全舍弃私法性质的合作契约，似乎很难让人信服。”①

法官审查行政协议之目的是保障当事人之合法权益和监督行政机关依法行政，但行政协议的合意性基于现代政府理论，实际上更值得关注。行政协议的普遍化，是命令型、管理型政府向协商型、服务型政府的转变，行政机关与行政相对人之间的合意也是现代社会民主的一种体现，是公民、法人或者其他组织参与社会管理的一种方式。行政协议的合法性审查若是要周延，则必须兼顾行政协议的双重属性。

（二）程序上：行政诉讼程序准用民事诉讼法相关规定

我国行政诉讼在发展初期就与民事诉讼有着千丝万缕的联系。由于两种诉讼规制社会秩序的目的不同，随着两种诉讼制度的深入发展，行政诉讼与民事诉讼的差异才越发明显。行政诉讼程序与民事诉讼程序是两种诉讼程序，在法律原则、程序规定上存在诸多差别，但就协议的合意属性来看，行政诉讼与民事诉讼对其审查具有一致性，行政诉讼程序可适用《民事诉讼法》的相关规定。

就我国审判实践来看，行政诉讼对行政协议的审查还存在诸多不完善的

---

① 程明修：《公私协力契约与行政合作——以德国联邦行政程序法之改革构想为中心》，载《兴大法学》2010 年第 7 期。

地方，行政诉讼法对相关问题没有明确规定的，亦可适用民事法律的相关规定。《行政诉讼法》对此已作了明确规定，《行政诉讼法》第一百零一条规定："人民法院审理行政案件，关于期间、送达、财产保全、开庭审理、调解、中止诉讼、终结诉讼、简易程序、执行等，以及人民检察院对行政案件受理、审理、裁判、执行的监督，本法没有规定的，适用《中华人民共和国民事诉讼法》的相关规定。"

上述法律规定并非针对行政协议之审理而有意提出，但究其背后之立法精神，行政诉讼在某些空白的领域可以适用民事诉讼法的相关规定。在行政协议案件中，原告对行政协议意思表示的真实性提出质疑，但行政诉讼的相关法律规范并未规定上述情形应如何举证。行政法官可考虑适用《民事诉讼法》第六十四条的规定即原告对自己的主张负有举证责任，将举证责任分配给原告。行政协议裁判文书的说理也应按照演绎推理的逻辑规则，不能仅通过概括性的描述进行说理，在行政诉讼法未规定的空白领域，可直接将民事诉讼的相关规定作为大前提进行逻辑推理，如此才可使行政协议案件的裁判文书更具说服力。

（三）实体上：着眼于行政协议争议之实质性解决

法律制度作为解决争端的一整套权威性的指示，是为了达到维护社会秩序之目的，"承认某些利益；由司法过程按照一种权威性技术所发展和适用的各种法令来确定在什么限度内承认与实现那些利益；以及努力保障在确定限度内被承认的利益"。[①] 行政协议融合的公法因素与私法因素虽有所不同，但是在司法审查时并非完全冲突和排斥。法官在对行政协议中的利益进行分配之时，无须纠缠于适用何种法律规范，应更加注重利益如何得到公正地分配。

在行政协议的审理过程中，若存在行政法律规范缺失的情况，民事法律规范对此种情形之利益分配若已有相关规定，对民事法律规范的适用是正当合理的，无须特意加以克制。"法律规则是用来解决问题的，因此不需要先人为地、主观臆断地以规则的性质来划定调整对象的类型，而是看适用规则解决问题的效果。如果适用民事规则能够解决问题，那么根本没有必要生硬地、人为地另造出公法规则。"[②]

---

① ［美］罗斯科·庞德：《通过法律的社会控制》，商务印书馆1984年版，第33页。

② 余凌云：《行政契约论》，中国人民大学出版社2006年版，第153页。

法律适用者对于事实的认定、法律规范的选择以及涵摄的过程亦是价值判断的过程，而不仅仅是逻辑推论的过程。因此法律适用者必须将法律规范理解为选辑与价值评价的统一，要把握法律规范的核心——目的。[①] 行政协议的合法性审查最终还是要回归到行政协议争议之解决的目的上来，行政法律规范与民事法律规范确实存在冲突之处，但两者之适用是为了解决行政协议争端之这一目的是一致的。社会关系并不是孤立的、单一的形态，行政法调整的特定的社会关系或者个案中遇到的问题与民法有着相似性，对这类类似关系的处理适用民法法理或者民事法律规范是较为妥当的解决方式。相对于行政法律规范起步较晚，民事法律规范关于规制协议之效力已经发展出一套相对完备的规则，在行政法律规范空白的领域，适用民事法律规范有助于行政协议案件更好地解决，对当事人的权利保护也会更为全面。

结　语

行政协议案件的审理在目前的司法实践中存在诸多困惑之处。行政协议的合法性审查比一般的行政行为的审查更为严格，内涵也更为丰富，行政协议的法律适用也会受制于行政法官的个人价值判断，行政协议诉讼中仅适用行政法律规范并不能恰当地解决行政协议之争议。在行政协议的行政性和合意性之间当如何取舍，是行政法官适用民事法律规范的心理难关。从实践而言，法院对行政协议合法性审查的审理思路和法律适用规则是一个不断积累经验的过程，对民事法律规范的适用或许存在冲突或其他不尽如人意之处，但在行政协议的具体司法审查规则出台和行政诉讼审理行政协议的规则体系成熟之前，难以再寻找到其他路径可以正当且合理地解决行政协议纠纷。

（作者单位：江苏省镇江市中级人民法院）

① 吴鹏：《行政诉讼法的法律适用》，人民法院出版社2007年版，第223页。

案例分析

政策性关闭行为所引发的补偿问题应纳入行政诉讼受案范围

——北川县擂鼓硫铁矿诉四川省北川羌族自治县人民政府行政补偿申请再审一案

刘　潋

【裁判要旨】

对于政策性关闭矿山行为以及相关补偿问题，目前还缺乏明确的法律依据。司法实践中，有的法院未经严格审查即对可能涉及政策性关闭的案件不予立案或者驳回起诉，显然不利于对相对人合法权益的保护。因此，人民法院针对此类案件，应当首先对是否属于政策性关闭进行严格审查，并据此认定此类案件是否属于行政诉讼的受案范围。对于因政策性关闭而进行的补偿，当事人不服提起诉讼的，属于行政诉讼的受案范围。

【案号】

一审：四川省绵阳市中级人民法院（2016）川07行初38号。

二审：四川省高级人民法院（2017）川行终367号。

再审：最高人民法院（2018）最高法行再69号。

【案情】

再审申请人（一审被告、二审上诉人）：北川县擂鼓硫铁矿。

再审被申请人（一审原告、二审被上诉人）：四川省北川羌族自治县人民政府（以下简称北川县政府）。

北川县擂鼓硫铁矿提起诉讼称，北川县擂鼓硫铁矿系依法取得采矿许可证的合法企业。2012 年 2 月 9 日，北川县政府为保证擂鼓镇麻柳湾村居民安置点的安全及打造山东大道景观，经北川县政府相关部门的协调，要求北川县擂鼓硫铁矿永久关闭硫铁矿，但未出具书面决定。北川县擂鼓硫铁矿及时关闭矿井和妥善安置员工，北川县政府也成立了资产清算小组，对北川县擂鼓硫铁矿地面和井下的资产进行登记和向物价部门询价，并表示依法足额补偿。2014 年 1 月至 3 月，北川县政府向北川县擂鼓硫铁矿先期支付职工安置经济补偿 207 万余元，但对北川县擂鼓硫铁矿的财产损失并未答复，也未告知资产评估结果。北川县擂鼓硫铁矿多次找到北川县政府要求解决未果，于 2016 年 3 月 2 日向其提交《行政赔偿申请书》，也没有得到答复，遂诉至法院，请求依法判决：1. 北川县政府支付行政补偿费 1728.73 万元；退还剩余矿产资源储量采矿价款 36.448 万元；3. 支付北川县擂鼓硫铁矿留守期间人员的工资、社保、矿区水电费 100.171 万元；4. 本案的诉讼费由北川县政府承担。

【审判】

四川省绵阳市中级人民法院一审认为，北川县擂鼓硫铁矿在 2012 年 2 月 9 日经北川县政府组织相关部门现场调研后，考虑到该矿的《安全生产许可证》即将到期及延期需要进行安全生产条件的技术改造，投入较大，双方达成关闭矿山的一致意见。在北川县擂鼓硫铁矿资产清算期间，随着 2012 年 11 月 4 日《国务院办公厅转发安全监管总局等部门关于依法做好金属非金属矿山整顿工作意见的通知》（以下简称 54 号通知）等文件的出台，北川县擂鼓硫铁矿被纳入政策性关闭的非金属矿山范围。北川县政府于 2014 年 1 月按照政策标准向北川县擂鼓硫铁矿先行支付了职工安置的相关费用 207 万余元，但因补偿标准产生分歧而未签订书面的关闭协议。北川县擂鼓硫铁矿针对政策性关闭非金属矿山的补偿行为提起诉讼，不属于人民法院行政诉讼受案范围，不符合《行政诉讼法》第四十九条第（四）项规定。据此，该院裁定驳回北川县擂鼓硫铁矿的起诉。

北川县擂鼓硫铁矿不服一审裁定，向四川省高级人民法院提起上诉。

四川省高级人民法院二审认为，2012 年 2 月 9 日，北川县政府组织相关部门到北川县擂鼓硫铁矿现场调研后，考虑到安全隐患等问题，口头要求停止生产，关闭矿山，北川县擂鼓硫铁矿同意关闭。在进行矿山资产评估摸底和对相关关闭事宜及补偿费用协商过程中，随着 54 号通知的出台，北川县擂鼓硫铁矿被纳入政策性关闭的非金属矿山范围。北川县擂鼓硫铁矿上诉称北川县政府没有以口头或者书面的形式告知北川县擂鼓硫铁矿纳入了政策性关闭的范围，但在北川县擂鼓硫铁矿 2013 年 12 月申请拆除矿井设施的安全预案中，写明该矿“因政府政策性关停，为减少损失……特制定本预案”的情况，说明北川县擂鼓硫铁矿知道该矿已纳入政策性关闭范围。2013 年 8 月，北川县擂鼓硫铁矿召开职工大会制订了职工安置方案。2013 年 12 月，北川县擂鼓硫铁矿申请拆除井下设施，封井关闭。2014 年 1 月，北川县政府按照政策标准向北川县擂鼓硫铁矿先行支付了职工安置的相关费用 207 万余元。北川县擂鼓硫铁矿提出北川县政府与其协调沟通后决定对北川县擂鼓硫铁矿的矿山进行征收，并表示将依法对北川县擂鼓硫铁矿的资产作出足额补偿的理由，没有事实依据。北川县擂鼓硫铁矿对于政策性关闭非金属矿山的补偿行为提起诉讼，不属于人民法院行政诉讼的受案范围。一审法院裁定驳回北川县擂鼓硫铁矿的起诉，结果并无不当。故该院裁定驳回上诉，维持一审裁定。

北川县擂鼓硫铁矿不服二审裁定，向最高人民法院申请再审称，2012 年 2 月 9 日关于关停硫铁矿的口头协议并非政策性关闭，而是北川县擂鼓硫铁矿为支持政府工作，确保居民安置点的安全而同意关闭，属于行政征收行为，属于人民法院立案受理的范围。2012 年 2 月 9 日北川县政府要求北川县擂鼓硫铁矿关闭和征收该矿山时，国务院还没有出台 54 号通知，该通知是 2012 年 11 月 4 日才出台，不能对北川县擂鼓硫铁矿适用。北川县政府从来没有在该通知出台后以书面或者口头的形式告知过北川县擂鼓硫铁矿该矿山适用于政策性关闭的范围。

北川县政府答辩称：1. 因北川县擂鼓硫铁矿系安全生产许可证到期后将不能依法存续而应予自行关闭的矿山企业，北川县政府无须作出关闭该矿的行政决定，事实上也没有作出关闭该矿的行政决定，更没有对其给予征收性补偿或其他形式行政补偿的法律依据，擂鼓硫铁矿所诉行政行为及行政补偿义务并不存在；2. 北川县政府2012年2月9日对该矿与企业座谈的行为，仅是该矿即将自行关闭所做前期调研和行政指导行为，该行为不具有可诉性；3. 根据法律规定，北川县擂鼓硫铁矿的依法自行关闭不可能获得任何行政补偿，但基于解决矿山关闭确保社会和鼓励企业的需要，在该矿自行关闭过程中，北川县政府为具体落实政策性帮扶措施，才依据事后出台的54号通知，将该矿纳入政策性帮扶范围，北川县政府所实施的帮扶行为实质性有利于擂鼓硫铁矿。该行为由于没有法律标准，不能进行合法性审查，也不具有可诉性。

最高人民法院对此案提审后认为，行政行为即使是合法的，如果对行政相对人的合法权益造成损害，也应当给予公正合理的补偿。在行政相对人穷尽行政救济手段仍未得到公正合理补偿的情况下，有权依法提起行政诉讼。本案中，根据四川省北川羌族自治县擂鼓镇人民政府《关于请求关闭擂鼓硫铁矿、麻柳湾硫铁矿、规矩特性水泥厂朱家山石灰石矿山采矿的请示》《关于建议关闭擂鼓硫铁矿和麻柳湾硫铁矿的请示》，以及四川省北川羌族自治县安全生产监督管理局《关于县第三届人民代表大会第一次会议第95号建议的回复》等文件，北川县擂鼓硫铁矿系取得工商营业执照和采矿许可证、安全生产许可证等手续齐全的合法矿山。“5·12”地震后，麻柳湾村地区形成了较为严重的地质灾害隐患，由于该矿山位处因灾失地农民的集中安置点上方，对矿山下方几百余名居民的生命财产安全造成了一定程度的威胁，为消除安全隐患，北川县政府及相关部门围绕关闭北川县擂鼓硫铁矿开展了一系列工作。二审法院认定，2012年2月9日，北川县政府组织相关部门到北川县擂鼓硫铁矿现场调研后，考虑到安全隐患等问题，口头要求停止生产，关闭矿山，北川县擂鼓硫铁矿同意关闭。此后，北川县政府向北川县擂鼓硫铁矿先行支付了职工安置的相关费用207万余元，但并未对北川县擂鼓硫铁矿的财产损失进行补偿。《行政诉讼法》第十二条第一款第（十二）项规定，公民、法人或者其他组织认为行政机关侵犯其他人身权、财产权等合法权益的，可以提起行政诉讼。北川县擂鼓硫铁矿在向北川县政府提交《行政赔偿申请书》未得到答复后，有权向人民法院提起行政诉讼。本案北川县政府于2012年2月9日要求关闭北川县擂鼓硫铁矿，而54号通知于2012年11月4日才发布实施，故原审法院认为其系因该通知的发布而关闭矿山没有事实依据。由于本案缺乏北川县擂鼓硫铁矿适用于政策性关闭的依据和相关证据，故原审法院以北川县擂鼓硫铁矿对于政策性关闭非金属矿山的补偿行为提起诉讼，不属于人民法院行政诉讼的受案范围为由，裁定驳回北川县擂鼓硫铁矿的起诉及上诉，确有不当。北川县政府关于北川县擂鼓硫铁矿系依法自行关闭不可能获得任何行政补偿的答辩理由，与本案事实不符，不予支持。北川县擂鼓硫铁矿提起本案诉讼符合法定受理条件。据此，最高人民法院作出终审裁定：一、撤销四川省高级人民法院（2017）川行终 367 号行政裁定，撤销四川省绵阳市中级人民法院（2016）川 07 行初 38 号行政裁定；二、指令四川省绵阳市中级人民法院重新审理本案。

【评析】

对于因政策性关闭行为所引发的行政补偿案件是否属于行政诉讼受案范围，司法实践中各地裁判不一。有些地区并未将此类案件排除出行政诉讼受案范围，而是进行实体审理并作出相应判决；有些地区却一律以涉及政策性关闭问题为由，认为不属于人民法院行政诉讼受案范围。由于将涉及政策性关闭的案件排除出行政诉讼受案范围并非个案，本案对政策性关闭行为行政案件的审查及相关补偿问题的处理具有较强的指导意义，有利于对行政相对人合法权益的保护。

一、行政补偿制度是保护公民财产权的需要

2004 年的《宪法修正案》将“公民的合法的私有财产不受侵犯”正式写入宪法，财产权作为公民、法人和其他组织最重要的基本权利之一，成为我国法律规范体系中重要的保护对象。而行政补偿制度的重要目的之一就是对公民的财产权进行保护，使公民个人的财产权不至于在公共利益的名义下被完全淹没在社会共同体的汪洋大海之中。行政补偿制度的理论基础众多，如公平负担平等说、特别牺牲说、社会协作说等，但无论哪一种学说，强调的都是行政相对人因社会公共利益而受到了超出社会一般义务的损失。行政机关作为国家公权力的行使者，在实施行政行为时，应当自觉将保护公民、法人或者其他组织的财产权作为当然义务，把不侵犯公民、法人或者其他组织的合法权益作为行使职权的限制。但由于行政机关行使职权是以单方面的意志决定影响行政相对人的权利义务，尤其是负担性行政行为是以减损甚至剥夺行政相对人的权益为代价来实现行政管理目的或者维护公共利益的。对此，基于私人权利要受到社会义务和公共利益的制约，行政相对人负有容忍的义务，但如果该义务超过必要的限度，则行政相对人可以主张补偿或者赔偿，而不论行政机关基于何种正当理由。具体来说，行政机关在履行行政职能过程中，如因违法的行政行为给公民、法人或者其他组织的合法权益造成损失的，应当予以赔偿；如因合法的行政行为给公民、法人或者其他组织的合法权益造成损失，则应当由国家依法予以补偿。这也是行政补偿与行政赔偿的本质区别。

就本案而言，北川县擂鼓硫铁矿系取得工商营业执照和采矿许可证、安全生产许可证等手续齐全的合法矿山，其企业财产权依法受到保护。为了公共利益的需要，应政府要求而关闭矿山，企业财产权在一定程度上受到损失，故应对其因公共利益所遭受的损失进行补偿。

二、行政补偿行为属于行政诉讼法受案范围

如前所述，行政补偿行为是行政主体的合法行政行为使行政相对人的合法权益受到损失，由国家通过行政机关给予补偿的行为。“无救济则无权利”，一项权利要落到实处，必须建立在权利救济制度之上，行政补偿的救济也是如此。一般来说，行政补偿的救济主要有两种途径，即行政救济和司法救济。在行政救济中，无论是行政裁决还是行政复议，本质上仍是由行政机关单方面作出决定，不可避免地会出现“自己做自己的法官”的情形，此时如果行政相对人的行政补偿请求权不能得到司法层面的保障，任由其处于司法保护的范围之外，那么这种救济制度难免形同虚设。从行政相对人的角度出发，由于与行政机关的地位不平等，其对于裁决或复议结果的公平性的质疑也就不难理解了。司法救济则不同，即便双方在法庭之外的地位有着巨大差异，但在法庭之上的诉讼地位是平等的，而司法救济的立法本意也倾向于保护受到行政行为侵害的相对人的合法权利。由此可见，司法救济与行政救济相比，有着绝对的优势，将行政补偿行为纳入司法审查范围也就有了充分的理论依据。

根据《行政诉讼法》关于受案范围的规定，行政行为是否纳入人民法院行政诉讼受案范围受行政行为的种类、行政行为影响行政相对人权益的性质以及法律或者法规的特殊规定等因素影响。《行政诉讼法》第二条规定：“公民、法人或者其他组织认为行政机关和行政机关工作人员的行政行为侵犯其合法权益，有权依照本法向人民法院提起诉讼。前款所称行政行为，包括法律、法规、规章授权的组织作出的行政行为。”该法第十二条第一款第（十二）项规定，“人民法院受理公民、法人或者其他组织提起的下列诉讼……（十二）认为行政机关侵犯其他人身权、财产权等合法权益的……”原则上，凡是行政机关作出的行政行为侵犯行政相对人人身权、财产权，该行政行为就具有可诉性，除非属于该法第十三条所规定的四种例外情况。因此，行政补偿行为作为一种直接影响行政相对人财产权益的行政行为，应当具有可诉性。本案北川县政府因关闭北川县擂鼓硫铁矿而未对其财产损失进行补偿，侵犯了北川县擂鼓硫铁矿的企业财产权，根据《行政诉讼法》的相关规定，属于人民法院行政诉讼受案范围。

需要注意的是，在一般的行政诉讼中，对行政行为的合法性进行审查是司法审查的主要内容，只有在行政行为明显不当而又不违反合法性的情况下才对该行政行为的合理性进行审查。这是因为行政权在行使中往往具有较强的自由裁量的性质，行政机关在处理行政事务的过程中积累了大量行政事务的专业经验，这些经验是司法人员在短时间可能难以掌握的，让司法机关代为行使行政权的自由裁量，不仅不合理，在效率上也不允许。但是对行政补偿争议案件中合理性的审查却占有举足轻重的地位。因为在行政补偿案件中，引起行政补偿本身的前行为已经被推定为合法的，所以不存在对前行为合法性进行审查的问题。而对具体补偿行为的审查，则更多地体现在其合理性上，包括补偿的范围、标准、数额等。这是行政补偿案件的特点，也是很多地方法院不愿将行政补偿案件纳入受案范围的主要因素之一。在行政补偿中，纠纷可能发生于行政补偿的各个阶段，从行政补偿决定的作出、程序、依据、主体、权限的合法性，到补偿范围、方式、标准、数额的合理性等，每个案件都会有较大差别。由于缺乏统一的行政补偿法律体系，各个法律规范规定不一，如“合理补偿”“给予适当的补偿”“应给予相应的补偿”“依照国家有关规定补偿”，使得行政补偿案件具有更高的复杂性。但是，这些都不是法院将行政补偿案件排除出司法审查的理由。

三、对是否属于政策性关闭应当进行司法审查

有些地方法院过于随意将行政机关的关闭行为定性为政策性行为，并一律将其排除在行政诉讼受案范围之外，而不对该关闭行为是否属于政策性关闭进行司法审查，极易导致行政机关权利的滥用和行政补偿的不作为，损害行政相对人的合法权益。因此，人民法院在审理此类案件时，应当对其是否符合政策性关闭的条件进行严格审查。本案中，一、二审法院认为本案系对政策性关闭非金属矿山的补偿行为提起的诉讼，该认定就没有事实依据。首先，北川县政府要求关闭北川县擂鼓硫铁矿发生在 2012 年 2 月 9 日，而作为政策性关闭依据的 54 号通知于 2012 年 11 月 4 日才发布实施。其次，根据 54 号通知的规定，各省级人民政府要组织制订 2012 年至 2015 年矿山整顿关闭工作方案，明确整顿关闭工作目标、方法步骤和配套的政策措施，细化关闭矿山的范围和对象，而该工作方案在一、二审中均未被提及。54 号通知第四条第（四）项要求加强宣传引导和社会监督，按照确定的矿山关闭计划，分期分批将关闭对象在当地主流媒体进行公告，而一、二审也并未列出北川县擂鼓硫铁矿被告知过其矿山适用于政策性关闭范围的证据。故一、二审法院将北川县擂鼓硫铁矿的关闭认定为政策性关闭，并对其以此提出的行政补偿诉讼排除出行政诉讼受案范围，没有事实和法律依据。

对于因政策性关闭而提起的补偿诉讼，因为司法并不审查前行为即关闭行为的合法性，而只是对行政补偿行为进行审查，故当事人就行政补偿行为提起诉讼的，也应当属于行政诉讼的受案范围。

（作者单位：最高人民法院）

行政协议案件的合法性与合约性审查

秦卫民

【裁判要旨】

行政协议是一种特殊的行政行为，人民法院在审理行政协议案件时，既要对行政机关与相对人签订的行政协议是否符合法律规定进行审查，即合法性审查，又要遵守合同平等自由、诚实信用等基本原则，即合约性审查。对法律法规无明确规定的事项，在无证据证明行政协议签订违反公平自愿原则的情况下，应尊重行政机关与相对人之间的自由约定，确保行政机关依法履行管理职能，维护当事人的合法权益。

【案号】

一审：兰州铁路运输法院（2018）甘7101行初19号。

二审：兰州铁路运输中级法院（2018）甘71行终174号。

【案情】

上诉人（原审原告）：魏丽萍。

被上诉人（原审被告）：兰州市城关区房屋征收管理办公室。

原审第三人：兰州市城关区人民政府广武门街道办事处。

2013年6月13日，兰州市城关区房屋征收管理办公室（以下简称城关区征收办）公布了兰州市城关区人民政府国有土地上房屋征收公告，决定对魏丽萍原有房屋所在土地上的房屋和附属物进行征收和补偿。兰州市城关区人民政府确定由城关区征收办承担具体征收和补偿工作。城关区征收办委托兰州市城关区人民政府广武门街道办事处（以下简称广武门街道办）与被征收人协商安置补偿相关事项并签订征收补偿协议。2013 年 6 月 20 日，魏丽萍与广武门街道办签订了《住宅房屋征收产权调换协议》（以下简称《协议》），约定将魏丽萍原有面积为 65.18 平方米的房屋置换安置在“金色堤岸”小区，安置房屋套内建筑面积为 75.18 平方米，建筑面积为 101.49 平方米，最终面积以房产行政管理部门界定为准。约定所选房屋套内面积超出 10 平方米以内的（含公摊），按所选房屋的房地产评估价优惠 50% 结算，超过 10 平方米以上（含公摊），以市场价全额结算。按照约定结算方式原告应支付差价 82513 元。过渡期限为 48 个月，每平方米每月过渡费为 20 元，自魏丽萍搬迁交房至街道办通知交房为止。2017 年 11 月 22 日，广武门街道办通知魏丽萍办理相关收房手续，业主联系单上载明安置房屋建筑面积 101.04 平方米，套内面积 77.12 平方米，超出面积 15.71 平方米，应缴纳超出面积房款差额 108013 元，并按照 30 元/平方米/月补发 5 个月过渡费 9777 元。魏丽萍按照《收房通知》的内容缴纳了相关费用，并在《收房确认书》上签字确认。

魏丽萍诉称，被拆迁房屋面积测绘结果证明房屋平面图已被更改，约定的置换房屋与实际交付的房屋套内建筑面积和建筑面积不符，城关区征收办多收取了房屋差价款。《协议》中过渡期为 48 个月的约定无效。根据《兰州市城市房屋拆迁补偿安置暂行规定》，过渡期不应超过 36 个月，逾期过渡 12 个月以内，自逾期之月起，在规定过渡补助费标准的基础上增加 50%；逾期过渡 12 个月以上，自逾期之月起，在规定过渡补助费标准的基础上增加 100%，征收方应当发放的过渡补助费是 91252 元，实际发放了 72349 元。请求依法判决被告补偿 2013 年 6 月 20 日至 2017 年 11 月 22 日的拆迁过渡补助费 18903 元；退还多收的房屋差价款 40723 元。

【审判】

兰州铁路运输法院认为，城关区征收办作为征收部门委托广武门街道办事处与魏丽萍签订《住宅房屋征收产权调换协议》，该行政协议具有行政管理目的和合同自由的双重特征。《协议》第二条结尾部分括号内注明了“最终面积以房产行政管理部门界定为准”，说明已充分考虑了安置项目涉及国有土地使用权审批、建设工程规划许可与项目初步设计、施工图设计等客观因素对约定事项的实际影响。《兰州市城关区人民政府国有土地上房屋征收决定》在补偿安置方式中规定涉案项目过渡期为48个月，《协议》中对该过渡期限进行了约定，符合《兰州市国有土地上房屋征收与补偿实施办法》第五十八条的规定。本案涉案项目已交付业主，城关区征收办委托广武门街道办实施房屋征收与补偿工作的行政管理目的已实现，魏丽萍也已补交了差价款及相关费用并签字收房，双方对协议约定的内容已经履行完毕，《协议》的合同效力已终止。综上，魏丽萍的诉讼请求与查明事实不符，且无法律依据，判决驳回魏丽萍的诉讼请求。

魏丽萍不服，提起上诉称：（1）一审判决认定事实错误。被上诉人在《国有土地上房屋征收公告》和《房屋征收补偿方案》征求意见期间强制上诉人签订《协议》，不符合国家有关房屋征收补偿的相关法律法规。（2）一审判决适用法律错误。一审法院适用《国有土地上房屋征收与补偿条例》第二十五条规定来认定《协议》内容及过渡补助费符合法律法规相关规定于法无据。（3）过渡补助费计算和公摊面积结算方式错误。请求撤销一审判决，支持上诉人一审诉讼请求。

兰州铁路运输中级法院经审理另查明，2013年6月20日，广武门街道办与魏丽萍共同协商签订《协议》，根据该《协议》，魏丽萍向街道办应付差价款计算如下：①系数：套内建筑面积75.18平方米÷建筑面积101.49平方米=0.74；②超出套内建筑面积（75.18平方米-65.18平方米）÷0.74=13.51平方米；③10平方米以内优惠价：10平方米×9696元/平方米×50%=48480.00元；④超出10平方米的市场评估结算价：3.51平方米×9696元/平方米=34032.96元。根据该面积，魏丽萍应向街道办支付房屋超面积差价合计82512.96元。2017年6月9日，经兰州房地产测绘中心对涉案房屋面积进行预测绘，《房屋面积预测绘报告书》载明涉案房屋建筑面积101.04平方米，套内建筑面积77.12平方米，分摊建筑面积23.92平方米。据此预测绘结果，上诉人所选产权调换的安置房屋套内建筑面积超出被征收房屋面积15.71平方米，依据征收办计算办法，产权调换后的差价款应为：①系数：套内建筑面积77.12平方米÷建筑面积101.04平方米=0.76；②超出套内建筑面积：（77.12平方米-65.18平方米）÷0.76=15.71平方米；③10平方米以内优惠价：10平方米×9696元/平方米×50%=48480元；④超出10平方米的市场评估结算价：5.71平方米×9696元/平方米=55364.16元；⑤房屋超面积差价总额：48480元+55364.16元=103844.16元。广武门街道办实际收取房屋差价款108013元，多收取108013元－103844.16元＝4168.84元。广武门街道办实际向魏丽萍支付过渡安置费48个月×20元/平方米×65.18平方米＋5个月×30元/平方米×65.18平方米＝72349.8元。

兰州铁路运输中级法院认为，一审判决认定的主要事实清楚，审判程序合法，但对被上诉人城关区征收办就涉案房屋差价款的结算方式及金额的计算错误未予纠正，判决驳回魏丽萍全部诉讼请求不当。判决：一、撤销一审判决；二、兰州市城关区房屋征收管理办公室向魏丽萍支付多收取的房屋差价款4168.84元；三、驳回魏丽萍的其他诉讼请求。

【评析】

2015年新修订的《行政诉讼法》将行政协议纳入了行政诉讼的受案范围。人民法院在审理行政协议案件时，既要遵循行政诉讼合法性审查的原则，也要遵循民事合同行为中有关平等自愿、诚实信用的基本原则。本案一、二审法院均认为行政协议具有行政管理和合同自由的双重特征，但一审法院未对协议约定相关款额的具体计算方法作进一步查明，且认为协议已经履行完毕，协议的合同效力已经终止，属于对行政协议的错误理解。二审法院在全面查明案件事实的基础上，对协议签订的主体、协议内容是否违反法律法规禁止性规定以及是否违反合同平等自愿原则等进行了审查。对上诉人主张应当退还多收差价款的问题进行了详细计算，对多收取的部分进行了纠正，在无相关法律法规明确规定的情况下，对有关过渡期限和过渡安置费的标准问题，尊重协议双方对有关事项的自由约定。本案的二审判决进行了合法性和合约性的全面审查，对于审理房屋征收协议案件具有一定的参考作用。具体分析如下：

一、签订行政协议的主体应当是法律法规授权的行政机关

根据《物权法》第四十二条第一款和第三款的规定，国家为了公共利益的需要，依照法律规定的权限和程序可以征收集体所有的土地和单位、个人的房屋及其他不动产。征收单位、个人的房屋及其他不动产的，应当依法给予拆迁补偿，维护被征收人的合法权益；征收个人住宅的，还应当保障被征收人的居住条件。《国有土地上房屋征收与补偿条例》第二条规定，为了公共利益的需要，征收国有土地上单位、个人的房屋，应当对被征收房屋所有权人给予公平补偿。本案涉案房屋所属建设项目系兰州市人民政府批准的旧城改建项目，该项目的实施有利于提升城市品位，有利于改善包括魏丽萍在内的居民居住环境和条件，具有公共利益和行政管理的双重目的，故兰州市城关区人民政府有权对魏丽萍原有的房屋实施征收并给予公平补偿。根据《国有土地上房屋征收与补偿条例》第四条、第五条的规定，市、县级人民政府确定的房屋征收部门组织本行政区域内的房屋征收与补偿工作，房屋征收部门可以委托房屋征收实施单位，承担房屋征收与补偿的具体工作，房屋征收部门对房屋征收实施单位在委托范围内实施的房屋征收与补偿行为负责监督，并对其行为后果承担法律责任。《最高人民法院关于适用〈中华人民共和国行政诉讼法〉的解释》第二十五条规定："市、县级人民政府确定的房屋征收部门组织实施房屋征收与补偿工作过程中作出行政行为，被征收人不服提起诉讼的，以房屋征收部门为被告。征收实施单位受房屋征收部门委托，在委托范围内从事的行为，被征收人不服提起诉讼的，应当以房屋征收部门为被告。"据此，城关区征收办作为城关区人民政府确定的房屋征收部门有权依法委托广武门街道办具体负责房屋征收与补偿工作，并对广武门街道办委托范围内实施的房屋征收与补偿工作承担法律责任，是本案的适格被告。

二、签订行政协议应当遵循平等自愿等原则

《合同法》总则部分规定，订立合同应当遵守平等、自由、公平、诚实信用、遵纪守法的基本原则。行政协议既有行政性又有合同性。在审理行政协议案件时，除需对行政协议进行合法性审查外，还需对协议签订是否符合合同法的基本原则进行审查。《国有土地上房屋征收与补偿条例》第二十一条规定："被征收人可以选择货币补偿，也可以选择房屋产权调换。被征收人选择房屋产权调换的，市、县级人民政府应当提供用于产权调换的房屋，并与被征收人计算、结清被征收房屋价值与用于产权调换房屋价值的差价。因旧城改建征收个人住宅，被征收人选择在改建地段进行房屋产权调换的，作出房屋征收决定的市、县级人民政府应当提供改建地段或者就近地段的房屋。"第二十五条第一款规定："房屋征收部门与被征收人依照本条例的规定，就补偿方式、补偿金额和支付期限、用于产权调换房屋的地点和面积、搬迁费、临时安置费和周转用房、停产停业损失、搬迁期限、过渡方式与过渡期限等事项，订立补偿协议。"本案第三人（征收受托人）广武门街道办在城关区人民政府发布改建项目建设范围的房屋征收公告后，根据城关区人民政府发布的《国有土地上房屋征收决定》，与魏丽萍就被征收住宅房屋产权调换达成协议，共同约定了产权调换的地点、面积、房屋差价结算方式、过渡期限和临时安置费等。该行政协议的订立是城关区征收办为了实现旧城改建的目标，在法定职责范围内与魏丽萍协商后达成的，协议内容不违反法律法规的禁止性规定，也不损害国家利益、社会公共利益和他人的合法权益。在有关人民政府作出房屋征收决定后，能否在征收补偿方案公告征求意见期间签订补偿协议，法律法规并没有禁止性规定。根据《国有土地上房屋征收与补偿条例》第十四条、第二十五条第二款、第二十六条的规定，被征收人对市、县级人民政府作出的房屋征收决定不服或者与房屋征收部门在征收补偿方案确定的签约期限内达不成补偿协议，有多种法定的救济方式，既可以对房屋征收决定依法申请行政复议或者提起行政诉讼，也可以由市、县级人民政府作出补偿决定，对补偿决定不服再依法申请行政复议或者提起行政诉讼。即使订立补偿协议后，一方当事人不履行补偿协议约定的义务，仍可以依法提起诉讼。兰州市城关区人民政府作出《国有土地上房屋征收决定》后，魏丽萍在法定期限内并未对该房屋征收决定依法申请行政复议或者提起行政诉讼。在征收补偿过程中，魏丽萍与第三人广武门街道办自2013年6月20日订立《住宅房屋征收产权调换协议》，至2017年11月22日履行完毕，双方均依照协议约定履行了各自的义务，没有发生单方变更、解除等情形，也没有证据证明上述房屋产权调换协议的订立违背魏丽萍的真实意思表示。因此，该协议的签订与履行并未违反平等自愿的基本原则，魏丽萍提出协议系兰州市城关区人民政府作出房屋征收决定并对房屋征收补偿方案公告征求意见期间，城关区征收办强令其签订《协议》的理由不能成立。

三、行政协议应当遵循民事法律规范有关合同成立、生效和履行的基本规定

在国有土地上房屋征收过程中，征收实施机关与相对人签订补偿协议既是行政机关实现行政管理目的的行政行为，也是行政机关与被征收人通过平等协商达成的一致意思表示。因此，既要遵守国有土地上房屋征收与补偿的有关法律法规，也应遵循《合同法》有关合同成立、生效和履行的基本规定。根据《合同法》第三十二条、第四十四条、第六十条的规定，当事人采用书面形式订立合同的，自双方当事人签字或盖章时合同成立，依法成立的合同，自成立时生效。当事人应当按照约定全面履行自己的义务。

上诉人与第三人订立的《协议》中明确安置房屋“最终面积以房产行政

管理部门界定为准”，被上诉人城关区征收办在产权调换房屋交付前，经兰州房地产测绘中心进行预测算，该中心出具的《房屋面积预测绘成果报告书》显示涉案产权调换房屋套内建筑面积77.12平方米，建筑面积101.04平方米。被上诉人和第三人均确认该测算结果属于预测绘，最终面积仍将以房产行政管理部门界定为准，故该预测算结果并不违背双方约定的内容。因此，魏丽萍提出《住宅房屋征收产权调换协议》约定的安置房屋套内建筑面积是75.18平方米，建筑面积是101.49平方米，而被上诉人在通知上诉人收房时提供的《业主联系单》载明“套内面积77.12平方米，建筑面积101.04平方米”，建筑面积少于协议约定不符合逻辑的理由不能成立。

魏丽萍还提出按照《兰州市国有土地上房屋征收与补偿实施办法》（2015年1月1日生效）的规定，被征收房屋的建筑面积与所调换房屋套内建筑面积相等部分，被征收人既不结算产权调换差价，也不承担相对应公摊面积的费用，被上诉人有关超出10平方米（含公摊）的计算方式与上述实施办法相违背，结算方式错误。从二审查明的案件事实来看，被上诉人城关区征收办提供给上诉人产权调换的房屋，套内建筑面积与被征收房屋建筑面积相等的部分本身没有计算差价，也没有让其承担对应公摊面积的费用。仅就超出产权调换房屋套内建筑面积的部分按照协议约定的优惠价和市场评估价计算差价，该结算方式符合双方协议约定的内容，也不违反法律法规的规定。但是，被上诉人在房地产测绘部门预测算的套内建筑面积、建筑面积与产权调换协议中约定的套内建筑面积、建筑面积不一致的情况下，仍适用协议中约定的原0.74的系数计算超出的面积并收取差价款有误，二审法院予以纠正符合法律规定。

四、在不违反法律法规禁止性规定的情况下，行政协议应尊重当事人的自由约定

《合同法》第七条规定，当事人订立、履行合同，应当遵守法律、行政法规，尊重社会公德，不得扰乱社会经济秩序，损害社会公共利益。本案中，魏丽萍提出协议约定48个月的过渡期限违反相关规定，应当按照《兰州市国有土地上房屋征收与补偿实施办法》和《兰州市城市房屋拆迁补偿安置暂行规定》的规定增发过渡补助费。《国有土地上房屋征收与补偿条例》第二十二条规定：“因征收房屋造成搬迁的，房屋征收部门应当向被征收人支付搬迁费；选择房屋产权调换的，产权调换房屋交付前，房屋征收部门应当向被征收人支付临时安置费或者提供周转用房。”2003 年 7 月 3 日兰州市人民政府印发的《兰州市城市房屋拆迁补偿安置暂行规定》规定，对 13 层以上的高层建筑，过渡期限为 36 个月，但该规范性文件依据的上位法《城市房屋拆迁管理条例》和《甘肃省城市房屋拆迁管理办法》，已于 2011 年 1 月 21 日《国有土地上房屋征收与补偿条例》公布施行后废止，兰州市人民政府据此制定的上述规范性文件未及时进行清理。2014 年 11 月 28 日兰州市人民政府发布《兰州市国有土地上房屋征收与补偿实施办法》，自 2015 年 1 月 1 日起施行。该办法第五十八条规定，本办法颁布之前县（区）人民政府已经作出征收决定的项目继续沿用原有规定办理。《兰州市城市房屋拆迁补偿安置暂行规定》规范的是拆迁人与被拆迁人之间有关房屋拆迁安置补偿的权利义务关系，不同于作为国家行政机关的房屋征收部门与被征收人之间的房屋征收法律关系。因此，在没有法律、行政法规等上位法依据的情况下，上述规范性文件中有关过渡期限和过渡费发放的规定能否继续适用，取决于房屋征收补偿行政协议双方当事人的约定。本案中，魏丽萍与广武门街道办订立《协议》的依据是《国有土地上房屋征收与补偿条例》，该条例对临时周转和过渡的期限没有明确规定。魏丽萍与广武门街道办在订立、履行《协议》时，不仅要遵循《国有土地上房屋征收与补偿条例》的规定，同时也要遵循《合同法》规定的平等、自由、公平、诚实信用等原则。上诉人与第三人订立协议时协商确定的临时周转和过渡期限为 48 个月，该事项确定的直接依据是兰州市城关区人民政府发布的《国有土地上房屋征收决定》，且在协议履行过程中，被上诉人依约定支付了过渡费，并增加支付了延长过渡 5 个月的临时安置费，上述费用上诉人魏丽萍均已领取，该约定符合合同自愿原则，也不违反法律和行政法规的禁止性规定。合同法中的诚实信用原则要求合同当事人遵循基本的道德规范，以诚待人、守信做事。该原则既是合同当事人在订立合同、履行合同时应当遵循的行为准则，也是在合同没有约定或者约定不明确以及法律没有具体规定的情况下处理当事人之间争议、平衡当事人之间利益冲突的重要原则。因此，魏丽萍在《协议》履行完毕后，又提出关于过渡期限和过渡费的约定无效的请求，不符合平等自愿和诚实信用的基本原则，二审法院对其请求不予支持是正确的。

（作者单位：兰州铁路运输中级法院）

养老保险的无效参保与信赖保护

——滕祖芳不服深圳市社会保险基金管理局、深圳市人力资源和社会保障局不予退休纠纷案

戴剑飞

【裁判要旨】

基本养老保险的参保人到达法定退休年龄时，缴费年限不足15年的，可选择继续缴费至满15年。但在何地缴费，应以届龄时的情况为准，届龄后才迁移户籍并在迁入地继续缴费的，属于无效参保。

但是，参保人不知道上述规则，而迁入地的社保经办机构已经知道参保人户籍迁入晚于其法定退休年龄，依然接受参保人继续缴费的，根据信赖保护法理，应承认其为有效参保。

【案号】

一审：广东省深圳市盐田区人民法院（2016）粤0308行初680号。

二审：广东省深圳市中级人民法院（2016）粤03行终820号。

【案情】

原告：滕祖芳。

被告：深圳市社会保险基金管理局。

被告：深圳市人力资源和社会保障局。

滕祖芳于1956年6月出生，原籍广西兴业县，但在广西兴业县未参加基本养老保险，1999年7月至2006年6月以非深户籍身份在深圳市缴纳社会保

险费，2006 年 7 月达到法定退休年龄，停缴社会保险费，累计缴费 7 年。因累计缴费年限不足 15 年，2007 年 9 月，滕祖芳将户口从广西兴业县迁入深圳市，同年 11 月向深圳市社会保险基金管理局（以下简称市社保局）申请继续缴纳社会保险费，该局同意并为滕祖芳办理继续参保业务，参保时间 2007 年 10 月至 2015 年 9 月。

2015 年 9 月 1 日，滕祖芳向市社保局申请办理退休手续，按月享受养老保险待遇。市社保局受理后，以滕祖芳的情形不符合《深圳经济特区社会养老保险条例》第十九条第（一）项的规定为由，作出《深圳市企业参保员工不符合按月享受养老保险待遇决定书》，决定滕祖芳不能按月享受养老保险待遇。

滕祖芳不服市社保局的上述决定，向深圳市人力资源和社会保障局（以下简称市人社局）申请行政复议。市人社局作出《行政复议决定书》，确认市社保局超期作出处理决定存在程序瑕疵，但维持了上述《深圳市企业参保员工不符合按月享受养老保险待遇决定书》。

滕祖芳仍不服，起诉称：（一）原告符合退休按月领取基本养老保险待遇的条件。原告 1999 年 7 月至 2006 年 6 月在深圳的企业工作并缴纳养老保险，2006 年 6 月年满 50 周岁达到法定退休年龄，2007 年 9 月因夫妻投靠，原告的户口由广西兴业县迁入深圳市，2007 年 10 月至 2015 年 9 月原告以个人缴费的形式继续缴纳养老保险，累计已缴纳 15 年基本养老保险费。（二）被告市社保局在未查清原告已缴满 15 年基本养老保险费的情况下，错误决定原告不能按月享受养老保险待遇。被告市人社局确认被告市社保局超过法定期限作出决定，程序违法，但仍未给予原告养老保险待遇。二被告适用法律均错误，侵害了原告享受养老保险的合法权益。请求：1. 撤销上述《深圳市企业参保员工不符合按月享受养老保险待遇条件决定书》和《行政复议决定书》；2. 判令市社保局重新处理。

被告市社保局辩称：按照《〈深圳经济特区企业员工社会养老保险条例〉实施规定》（2006 年修订）第三条规定，达到法定退休年龄后户籍迁入本市的人员，不纳入本市养老保险范围。原告达到法定退休年龄之后，户籍才迁入深圳，因此不能纳入本市养老保险范围，原告 2007 年 10 月至 2015 年 9 月的参保，属无效参保。原告的诉讼请求没有依据，请求判决驳回原告的诉讼请求。

被告市人社局辩称：（一）2006 年 6 月原告达到法定退休年龄时，属于非深圳户籍，而其实际缴费年限为 7 年，未满 15 年，因此不符合在深圳按月领取养老金的条件。对于这种职工达到国家规定的退休年龄，但缴费年限不满的情形，可根据当时《深圳经济特区企业员工社会养老保险条例》第三十七条，申请一次性领取个人账户积累额和一次性生活费，终结在深圳市的养老保险关系。（二）2007 年 9 月原告将户籍迁入深圳市，2007 年 10 月起在深圳继续缴费。但根据当时《〈深圳经济特区企业员工社会养老保险条例〉实施规定》（2006 年修订）第三条的规定，达到退休年龄之后户籍迁入深圳的，不纳入本市养老保险范围内，虽然 2013 年起《深圳经济特区企业员工社会养老保险条例》被《深圳经济特区社会养老保险条例》替代，但相应的《〈深圳经济特区社会养老保险条例〉实施细则》第三条还是延续了《〈深圳经济特区企业员工社会养老保险条例〉实施规定》（2006 年修订）第三条的上述规定，据此，原告 2007 年 10 月至 2015 年 9 月的参保不是有效参保。由于原告 2007 年 10 月至 2015 年 9 月的参保不是有效参保，故原告的累计缴费年限依然不满 15 年，达不到按月领取养老金的条件。请求驳回原告的诉讼请求。

【审判】

广东省深圳市盐田区人民法院一审认为，本案的争议焦点是，原告经被告市社保局批准从 2007 年 10 月起的参保，是否属于有效参保？市社保局作出的原告不能按月享受养老保险待遇的决定，是否正确？

原告于 2006 年 7 月已达到退休年龄，当时户籍不在深圳市，2007 年 9 月才将户籍迁至深圳市，当时有效的《〈深圳经济特区企业员工社会养老保险条例〉实施规定》（2006 年修订）第三条第二款规定："……达到国家规定的退休年龄后户籍迁入本市的人员，不纳入本市养老保险范围。已在本市缴纳养老保险费的，其缴费本金按原缴费比例分别退还企业和本人……"按照上述规定，原告不能在深圳市继续缴费。

但是，市社保局依据《〈深圳经济特区企业员工社会养老保险条例〉实施规定》（2006 年修订）第十六条关于"本市户籍员工达到退休年龄但不满缴费年限的，可以不申领养老保险待遇，由本人申请继续缴费……"的规定，为 2007 年 9 月才将户籍迁入深圳的原告，办理了继续缴费手续。该行政行为是市社保局依照行政程序作出，原告没有通过违法或重大过错的行为欺骗或诱导市社保局作出该行政行为，且原告继续缴费长达 8 年，已经对市社保局的行为产生足够的信赖和期待，市社保局作出的原告可以继续缴费的行为，应当视为有效的行政行为，原告由此产生的信赖利益应当受到保护。

至原告向市社保局申请按月领取养老金时，原告的缴费年限已满 15 年，因此原告的申请符合《深圳经济特区社会养老保险条例》第十九条的规定，原告的诉讼请求于法有据，应予以支持。

综上，判决：一、撤销被告市社保局作出的《深圳市企业参保员工不符合按月享受养老保险待遇条件决定书》；二、撤销被告市人社局作出的行政复议决定；三、被告市社保局于本判决生效之日起30 日内对原告滕祖芳提出的按月享受养老保险待遇申请重新作出处理。

宣判后，被告市社保局、市人社局提出上诉。

广东省深圳市中级人民法院二审判决：驳回上诉，维持原判。

【评析】

一、问题的提出

随着我国步入老龄化社会，基本养老保险参保人与社保经办机构之间的退休纠纷逐年增多。参保人办理退休手续，按月领取基本养老金的条件之一，是累计缴费年限满 15 年。对于虽已到达法定退休年龄，但累计缴费年限尚不足 15 年的，现行政策允许参保人申请继续缴纳基本养老保险费，待累计满 15 年后，再办理退休，按月领取基本养老金（以下简称延缴延退）。本案中，原告达到法定退休年龄时仅实际缴费 7 年，无法办理退休，为此申请延缴延退。

但是，在哪个地区延缴延退，对参保人将来的待遇有一定的影响。原告为了在深圳延缴延退，在达到法定退休年龄后才将户籍迁入深圳，是否合法？假如确实不符合在深圳延缴延退的条件，但深圳市社保经办机构又长期受领原告继续缴纳的保费，因此原告认为是合法参保，这种认识是否应受保护？这就涉及“不受保护的信赖”问题。

二、延缴延退地根据达到法定退休年龄时的状况确定

本案原告 2006 年 7 月达到退休年龄时，深圳尚未允许延缴延退。之后原告将户籍迁入深圳时，虽然《广东省人民政府关于贯彻国务院完善企业职工

基本养老保险制度决定的通知》（粤府〔2006〕96 号）和《〈深圳经济特区企业员工社会养老保险条例〉实施规定》（2006 年修订）第十六条已经允许延缴延退，但是《〈深圳经济特区企业员工社会养老保险条例〉实施规定》（2006 年修订）第三条第二款又规定，达到法定退休年龄后户籍迁入深圳市的人员，不纳入该市养老保险范围，其已在该市缴纳的养老保险费本金，尚需按原缴费比例分别退还企业和本人，自然更不会接受此类人员继续在深圳缴费了。因此，当时深圳虽然建立起延缴延退制度，却与原告无关。

当时，原告也无法回到其户籍地广西兴业县延缴延退。因为《广西壮族自治区人民政府关于完善企业职工基本养老保险制度的决定》（桂政发〔2006〕54 号）设定的延缴延退门槛较高，要求累计缴费满 10 年，而原告当时累计缴费年限仅 7 年。因此不论是按广西还是深圳的规则，原告都只能一次性取出其个人账户的储存额，同时终结养老保险关系，原告从 2007 年 10 月开始在深圳继续缴费，是不合法的。

其间，为了解决此类流动就业参保人的延缴延退问题，2011 年 6 月人力资源和社会保障部颁布《实施〈中华人民共和国社会保险法〉若干规定》（人力资源和社会保障部令第 13 号）。该规章虽然有所放宽，允许流动就业人员在非户籍地延缴延退，但仍设置了一定条件，要求在该地累积缴费满 10 年，而原告在深圳合法缴费仅 7 年，因此依然不能在深圳延缴延退，即使原告于 2007 年 9 月将户籍迁入深圳，也不能改变这一结论。当然，与五年前不同的是，此时户籍地必须“兜底”，她可以回到户籍地广西兴业县申请延缴延退，其此前在深圳合法参保 7 年累积的个人账户余额等资金，也应归集到广西兴业县，待在广西兴业县继续缴费满 8 年后，在广西兴业县退休，按当地标准领取基本养老保险金。

之所以说原告达到法定退休年龄后将户籍迁入深圳，不能改变延缴延退地，是因为《实施〈中华人民共和国社会保险法〉若干规定》第四条规定：“参加职工基本养老保险的个人跨省流动就业，达到法定退休年龄时累计缴费不足十五年的，按照《国务院办公厅关于转发人力资源社会保障部财政部城镇企业职工基本养老保险关系转移接续暂行办法的通知》（国办发〔2009〕66 号）有关待遇领取地的规定确定继续缴费地后，按照本规定第二条办理。”而《城镇企业职工基本养老保险关系转移接续暂行办法》第六条又规定，正常退休时的待遇领取地，根据“达到待遇领取条件时”的参保和户籍情况来确定。延缴延退与正常退休本是不同的两种情形，正常退休情况下，才存在“达到待遇领取条件时”一说，延缴延退情况下，参保人累计缴费尚不足15年，并不存在“达到待遇领取条件时”一说，因此前述“达到待遇领取条件时”应相应替换为“达到法定退休年龄时”。

毋庸讳言，人力资源和社会保障部上述规章第四条不直接作规定，而是采取了“准用”类似情形的立法技术，导致确定法效果时需要作相应调整①，而调整难免有争议。为了杜绝争议，2013年深圳市人大常委会通过的《深圳经济特区社会养老保险条例》，明确了以“达到法定退休年龄时”作为确定延缴延退地的基准时，该条例第三十条规定：“达到法定退休年龄时……本市为养老保险待遇领取地的非本市户籍参保人，养老保险累计缴费年限不满十五年的，可以按照有关规定继续缴纳养老保险费至累计缴费年限满十五年后，申请按月领取基本养老金。”

综上，对跨省流动就业的参保人来说，在何地延缴延退，以到达法定退休年龄之时的参保和户籍情况为准，到达法定退休年龄后才迁移户籍的，不能改变延缴延退地。因此，2007年10月至2015年9月，本案原告始终不符合在深圳继续缴费的条件，被告主张该期间参保是无效参保，原本是正确的。

三、无效参保的例外——社保经办机构已知悉参保人不符合参保条件

首先，被告市社保局本应适用《〈深圳经济特区企业员工社会养老保险条例〉实施规定》（2006年修订）第三条第二款之规定，拒绝原告的继续缴费申请，却错误适用了该地方政府规章第十六条，同意原告的继续缴费申请。连作为社保经办机构的市社保局，尚且未发觉对方不符合在深圳延缴延退的条件，作为普通参保人的原告，当然更不知悉，因此原告并无过失可言。其次，市社保局又受领了原告继续缴纳的保险费达8年之久，而未提出异议。综合以上2点，是否足以认为原告的信赖应受保护，其参保应为有效？

从过去的审判实践看，仅有“参保人无过失”和“社保经办机构受领了保费”这两点，并不足以使无效参保变成有效参保。

例如，实践中常见的“内地居民取得境外居民身份后，未取得内地就业许可证，继续在内地缴费参保”这种案型。其典型案情是，内地居民原本在内地就业并缴费参保，中途取得境外居民身份后仍在内地就业、参保，社保经办

① 黄茂荣：《法学方法与现代民法》，中国政法大学出版社2001年版，第155页。

机构也一直受领该境外居民缴纳的保费。但该境外居民达到我国法定退休年龄，申请退休，按月领取养老金时，却被告知由于未取得在内地的就业许可证，依法未能与内地用人单位建立劳动关系，不能参加内地职工基本养老保险，因此其取得境外居民身份之后的缴费参保，均为无效参保。此类境外居民向法院提起行政诉讼，法院都支持社保经办机构，如深圳市中级人民法院审结的周某某不服深圳市社会保险基金管理局、深圳市人力资源和社会保障局不予退休纠纷案及吴某某不服深圳市社会保险基金管理局不予退休纠纷案。

这种案型中，原告注销内地户籍时，公安机关没有告知该行为在社保法上的影响，原告也不了解相对冷僻的就业许可证制度（原告往往继续在同一单位就业，用人单位不要求其提供就业许可证），社保经办机构又照常受领保费，因此原告误以为并无二致。这种案情同样满足“参保人无过失”和“社保经办机构受领了保费”这两点。但是，法院不采纳原告关于信赖保护的主张，其主要原因是，原告未将丧失内地居民身份的情况向社保经办机构披露，社保经办机构是在误以为原告仍系内地居民的情况下，继续受领其保费的。而原告解读该受领保费行为时，却很自然地将己方已知的“取得境外居民身份而无就业许可证”信息叠加上去，从而相信“社保经办机构认可参保”，这种信赖不值得保护。

不保护上述境外居民的信赖，其法理依据是，信赖保护实质是合理预期保护（Protection of Legitimate Expectations）[①]，保护的是合理预期，而非不合理预期。如果受益人未将已掌握的于己不利信息向行政机关如实披露，则双方处于信息不对称状态，行政机关系因不知该不利信息而作出授益行为，而受益人却解释为行政机关已知悉该不利信息仍作出授益行为，这种曲解并非一个客观的理性人会有的，因此不是合理预期，不受保护。如果予以保护，实质上就是保护受益人的信息优势。尽管受益人主观上就此往往并无过失，但行政法学理强调，只要存在受益人未如实披露导致行政机关作出错误行为的事实，其信赖均不受保护，主观状态在所不问[②]。因此法院认为，境外居民、非本市户籍参保人不懂政策，不知道“应披露”而未披露，无过失，尚

---

① 王贵松：《行政信赖保护论》，山东人民出版社 2007 年版，第 51 页。

② ［德］哈特穆特·毛雷尔：《行政法学总论》，高家伟译，法律出版社 2000 年版，第 281—282 页；陈敏：《行政法总论》，新学林出版有限公司 2011 年版，第 454 页。

不足以使其信赖值得保护。要保护不符合条件的参保人的信赖，例外按有效参保论，不但要满足“参保人无过失”和“社保经办机构受领了保费”这两个要件，更需要满足“社保经办机构已知悉参保人不符合参保条件”这第三个要件。

而本案完全符合上述3个要件。本案原告原籍是广西兴业县，以非深籍身份在深圳参保7年，至50岁时停止缴费，已为深圳市社保局所知悉，此后她又将户籍迁入深圳，以深圳户籍申请继续缴费，此时深圳市社保局应知悉其本非深户，是届龄之后才从外地迁入的。就原告户籍变动晚于法定退休年龄这一事实，深圳市社保局与原告之间不存在信息不对称。所以，原告将深圳市社保局一直受领其缴纳的保费，理解为允许通过迁移户籍的方式转到深圳延缴延退，是一种合理、正当的信赖，这种信赖值得保护，本案原告2007年10月至2015年9月的缴费，应例外以有效参保论。

四、结论

不是所有信赖都值得保护。值得保护的信赖，以正当、合理为限。正当、合理，不仅要求无过失，而且要求如实披露。相对人未如实向行政机关披露不利于己的信息，导致行政机关作出错误授益行为的，即使相对人不知道“应披露”，其信赖也不受保护。反之，相对人已向行政机关披露不利于己的信息，行政机关仍错误作出授益行为的，则相对人的信赖正当、合理，受法律保护，行政机关原则上不能撤销该授益行为或宣告该授益行为无效。

职工基本养老保险的参保人，法定退休年龄届满而累计缴费年限尚未满15年，以致无法办理退休的，可以申请继续缴费，待缴满15年后再退休，按月领取养老金。延缴延退地应以届龄时的参保和户籍情况为准，届龄之后不能通过改变户籍地来改变延缴延退地。但如果迁入地社会保险经办机构已经知悉上述户籍迁移情况，依然错误接受其继续缴费的，该参保人将受领保险费行为解读为“社保经办机构允许在迁入地延缴延退”，属于正当、合理的信赖，受法律保护，应以有效参保论。社保经办机构主张属无效参保的，人民法院不予支持。

（作者单位：广东省高级人民法院）

公务员养老保险待遇核定行为的可诉性分析

陈　安

【裁判要旨】

行政机关工作人员养老保险制度改革后，与社会其他公民一并实行社会统筹与个人账户相结合的基本养老保险制度，在享受养老保险待遇方面不再具有行政内部管理的“高权”特征。公务员经批准退休后，不服人力资源和社会保障行政部门作出的养老保险资金核定行为提起诉讼，属于行政诉讼受案范围，人民法院应予受理并作出相应的实体判决。

【案号】

一审：南昌铁路运输法院（2017）赣7101行初67号。

二审：南昌铁路运输中级法院（2018）赣71行终170号。

【案情】

法院经审理查明，2017年3月27日，鹰潭市月湖区人民法院财务人员通知郭建军，称其退休申请正式被批准，并向郭建军出具了两份盖有鹰潭市月湖区人社局公章的表格式批文，即《江西省机关事业单位工作人员退休审批表》和《2014年江西省机关事业单位离退休人员增加离退休费审批表》，审批表以中共月湖区委关于郭建军同志免职退休的通知［鹰月字（2017）16号］为依据，该通知根据《中共中央组织部　人事部　公安部〈关于认真做好干部出生日期管理工作的通知〉》中最先最早原则，郭建军档案材料中最早材料1973年1月15日《入团志愿书》中记载郭建军出生日期为1957年2月23日，确定郭建军退休日期为2017年3月。根据省政府《江西省人民政府印发贯彻落实国务院关于机关事业单位工作人员养老保险制度改革决定实施办法的通知》（赣府发〔2015〕52号）文件精神核准其相应增加的退休费标准为正科350元。并为郭建军办理了退休审批手续。郭建军对鹰潭市月湖区人社局作出的退休行政审批行为不服，认为应该以其身份证上的出生时间1957年2月23日确认其退休时间，并以副处职务（职级）批准其增加退休费，故向法院提起行政诉讼。

【审判】

法院生效裁判认为，被诉行政行为的确定及可诉性是本案的审查重点，行政法律关系分为内部行政行为和外部行政行为两种，行政机关对行政机关工作人员实施的奖惩、任免等行政行为，针对的是行政机关的工作人员，是内部人事管理行为，属于不可诉的行为。而内部行政行为和外部行政行为的区分，主要看行政行为所涉及的权利义务，是一个普通公民的权利义务，还是行政机关公务员所特有的权利义务。就本案而言，上诉人郭建军退休前系鹰潭市月湖区人民法院工作人员，是依法履行公职、纳入国家行政编制、由国家财政负担工资福利的工作人员。

上诉人主张被上诉人审批确认其退休的时间和以正科职务（职级）批准上诉人增加退休费的行政行为。对此，二审法院认为，上诉人郭建军是鹰潭市月湖区法院的科级干部，属其工作所在地的鹰潭市月湖区委组织部管理，国家实行公务员职位分类制度，而科级、处级这些行政职务是公务员所特有的职务划分。2017年3月17日中共月湖区委下发鹰月字（2017）16号《中共月湖区委关于郭建军同志免职退休的通知》（以下简称《免职退休通知》），该通知免去上诉人郭建军月湖区人民法院正科级审判员职务并退休，从2017年3月1日起执行。该通知已经事实认定了上诉人郭建军作为公务员退休的时间与退休时的职级，且该通知具有“高权”性质，是上级组织以命令的性质对公务员身份的内部管理行为，不属于行政审判的审查范围。在此情形下，本案审查的行政行为应是被上诉人实施的退休金额核定行为，月湖区委免职退休通知已经确定了上诉人的退休时间和退休时的职级，既然确认了上诉人的退休时间，也就确定了其出生时间。2017年3月23日，被上诉人依据上述免职退休通知及上诉人的档案材料中已确定的退休时间和退休时的职级形成了上诉人郭建军的《江西省机关事业单位工作人员退休审批表》和《2014 年江西省机关事业单位离退休人员增加离退休费审批表》，故被上诉人核定上诉人退休标准金额，并无不当。

【评析】

一、公务员退休政策改革背景

2015 年 1 月 14 日，国务院以发布《关于机关事业单位工作人员养老保险制度改革的决定》（以下简称《决定》）。该《决定》规定，基本养老保险费由单位和个人共同负担。

改革后，机关事业单位与企业实行相同的养老保险基本制度模式和政策，逐步建立独立于机关事业单位之外，资金来源多渠道、保障方式多层次、管理服务社会化的养老保险体系。可以逐步化解同类人员待遇差距拉大的矛盾，更好地体现制度公平和规则公平。机关事业单位养老保险制度改革，采用的是最高层次的整体设计，达到了政策的统一性。但是我国机关事业单位养老制度的改革情况复杂、涉及面广、关系公务员切身利益，受到社会广泛关注。

二、公务员养老保险待遇核定行为应纳入司法审查范围

在行政法律关系中，按照双方当事人的相互关系区分，可以分为外部关系和内部关系。行政机关与相对人之间是管理与被管理的外部关系，而行政机关与其工作人员之间是上下级的从属内部关系。一般认为，行政诉讼不能介入后一种内部关系领域，《行政诉讼法》第十三条也规定，行政机关对行政机关工作人员的奖惩、任免等决定，不属于行政诉讼受案范围。但在执行这一条款时，并不能等同于所有涉及公务员权利义务的决定均不可诉，而且从理论、实践等各方面考察，也不宜将涉及公务员权利义务的决定全部排除在司法审查范围之外。

（一）理论维度：特别权力关系理论的发展与批判

所谓的“特别权力关系”，系相对于公民与国家之间存在的一般权力关系，所产生的一种特殊的公法上权利与义务的关系。[①] 在特别权力关系下，只要在达成行政目的的范围之内，相对人即有最大限度的服从义务；而权力

① 陈新民：《中国行政法学原理》，中国政法大学出版社 2002 年版，第 63 页。

人即使在法无授权的情况下，仍可限制相对人的基本权利，双方之间形成绝对的不平等地位，相对人不服也无从提起任何的外部救济。此种理论之目的，主要是为了“维系及推动行政权之运作，不使行政权以外的其他权力（如立法权及司法权）得以介入此领域，使权力人可自行整肃纪律、保持行政之完整性”。[①]

在德国、日本等大陆法系国家，特别权力关系理论一度流行。但随着权利意识的觉醒和观念的普及，此种理论在20世纪中叶一度受到了批判。进入20世纪下半叶，在一些欧洲国家中，行政机关对公务员进行管理不再是审判权介入的“禁地”。在批判与反省的思潮中，出现了较为重要的两种思想或理念。

第一种观点是德国学者乌勒的两分理论，即将特别权力关系分成“基础关系”和“管理关系”，并认为涉及公务员任命、免职、退休等基本身份的发生、变更和消灭等事项者，属于“基础关系”，属于法律适用保留原则，应给予司法救济。这种划分的最重要的法律后果是，与基本权利相关的决定属于行政行为，而工作关系中的命令则不属于行政行为。乌勒教授的构想与英国的实践有着相似之处。在英国，“公务员享有给予雇佣合同而取得的对受雇者的保护，并因此具有通常意义上的对不正当的解雇行为提起民事诉讼的权利。而且，英国公务员还可以通过内部程序对不公正的解雇提起申诉，并可最终上诉至公务员上诉委员会。而对该上诉委员会的决定还可能再提起司法审查”。[②] 第二种观点是德国联邦宪法法院通过一系列案件的审理，提出的“重要性理论”。该主张认为在特别权力关系领域，只要是涉及公民的基本权利的“重要事项”，不论是秩序行政，抑或服务行政，都必须有立法者以立法方式限制，而不可由权力人自行决定。

可见，源起于限制审判等其他权力介入行政机关内部管理领域的特别权力关系理论，经过批判与修正已呈现出了新的面貌。行政机关对公务员的管理行为，在一定条件下可纳入司法审查范围，当无理论障碍。

（二）实践维度：中国特色公务员管理体制改革下的新变化

有学者指出，中国的行政诉讼法谈不上受到特别权力关系理论的影响，

---

① 陈新民：《中国行政法学原理》，中国政法大学出版社2002年版，第64页。

② 应松年主编：《英美法德日五国行政法》，中国政法大学出版社2015年版，第54页。

但在法律精神上异曲同工。自党的十一届三中全会以来，公务员法治建设步伐不断。自国务院于 1993 年 8 月 14 日颁布了《国家公务员暂行条例》后，公务员考核、录用、辞退、申诉控告、职务升降等方面的规章陆续出台。公务员管理方面的法律制度虽已基本建立，但这些制度均排除司法审查。加之我国公务员绝大多数是共产党员，党内管理与行政内部管理相互融合，行政审判的介入缺乏土壤。以行政审判三十多年的实践来看，把公务员管理行为纳入行政诉讼受案范围的条件还不成熟。《行政诉讼法》修改时，有的建议将对公务员的录用、开除、辞退纳入受案范围。认为录用、开除、辞退公务员，不是纯粹的内部管理，具有外部性和社会性。但立法机关最终认为“当前我国公务员流动性不够，因开除、辞退公务员引起纠纷的情况不多，即使有，现行的制度也能够解决。因此，没有必要对原法的规定作出修改”。① 但“现实生活的复杂性要求在原则之外有必要的例外存在。为了防止个别场合下个别正义被丢弃，法律在规定原则的同时必须规定例外”。②

鉴于立法的态度和中国的实际，公务员管理行为进入行政诉讼渠道进行合法性审查虽几乎不可能，但在审判实践中，不少法院认为，报名参加公务员招聘招录的人员还没有进入公务员队伍，还不是行政机关工作人员。行政机关在公务员招录招聘过程中取消报名、拒绝录用等，不属于因“国家职务关系”发生的内部行政行为纠纷，不认为是行政机关对所属工作人员的管理行为。以“内部行为”作为挡箭牌，将所有涉及公务员的行为排除在行政诉讼受案范围之外，并不符合行政法治的发展趋势，在理论上已成共识。而国家决定对公务员养老保险制度实施改革，也带来了实践上突破的可能性。

三、公务员养老保险待遇核定行为的可诉性分析

在改革背景下，对涉及公务员公民基本权利的重要事项，特别权力关系理论排除法律保留原则的适用，使得对公务员的合法权益难以充分得到保障，与改革目的相冲突，是不合时宜的。公务员经批准退休后不服人力资源和社会保障行政部门养老保险资金核定行为提起的诉讼，法院应否受理？答案是肯定的。主要理由如下：

---

① 信春鹰主编：《中华人民共和国行政诉讼法释义》，法律出版社 2014 年版，第 48 页。
② 姜明安主编：《行政程序研究》，北京大学出版社 2006 年版，第 361 页。

（一）改革后公务员的养老保险与普通公民不存在本质差别

改革前，我国公务员和参照公务员法管理的工作人员实行的是退休养老，费用由国家负担，个人不缴费，养老金标准以本人工资为基数，按工龄长短计发。对于公务员和参照公务员法管理的工作人员是否应当参加职工基本养老保险，其实一直存在不同意见。中央多次提出机关事业单位养老保险制度改革，公务员养老保险制度改革的方向是明确的，公务员养老保险改革应当与事业单位工作人员的养老保险改革同步进行，实行统一的制度。社会保险法就规定，公务员和参照公务员法管理的工作人员养老保险的办法由国务院规定。2015 年 1 月，国务院公布了《关于机关事业单位工作人员养老保险制度改革的决定》，废除了被广泛诟病的养老保险双轨制。并轨之后城镇职工和机关事业单位工作人员计发办法相同，两者并不存在差别。

（二）公务员养老保险待遇是公务员退休时国家应当给予的公民待遇

《公务员法》第九十四条规定，公务员退休后，享受国家规定的养老金和其他待遇，国家为其生活和健康提供必要的服务和帮助，鼓励发挥个人专长，参与社会发展。公务员退休是由相应层级的组织人事部门批准的，有关批准内容虽然不属于行政诉讼的受案范围，但一旦组织批准退休，人力资源和社会保障行政部门对业已退休的公务员核定养老保险金的行为，不属于“内部管理行为”，系可诉性行政行为。国家还提出，要提高机关事业单位社会保险社会化管理服务水平，普遍发放全国统一的社会保障卡，实行基本养老金社会化发放。既然允许公务员以外的其他公民对养老保险待遇核定行为提起诉讼，在社会化改革后就没有理由限制退休公务员的行使诉权行为。

（三）公务员养老保险待遇核定行为具有合法性审查的内容

根据国务院《关于机关事业单位工作人员养老保险制度改革的决定》以及人力资源和社会保障部、各省级政府的配套政策文件，公务员退休后养老保险待遇计发是一个操作性很强的工作，难免对退休后的公务员养老保险权益产生影响。根据规定，公务员退休后养老保险待遇计发，要进行关于视同缴费年限和视同缴费指数的认定等。这些认定均可纳入行政诉讼合法性审查内容，从而有效地保护退休公务员合法权益。

（作者单位：南昌铁路运输中级法院）

社会保障行政部门对职业病诊断鉴定材料具有审核义务

海　蕊

【裁判要旨】

社会保障行政部门应当按照有关法律法规规章的规定，对职业病诊断鉴定材料是否依法取得及符合国家相关规定进行审核。

【案号】

一审：重庆市荣昌区人民法院（2016）渝0153行初19号。
二审：重庆市第五中级人民法院（2016）渝05行终482号。

【案情】

原告：重庆市荣昌县长田坎矿业有限责任公司。
被告：重庆市荣昌区人力资源和社会保障局。
第三人：唐某平。

唐某平系原国营长田坎煤矿职工，1989年9月因工受伤，1992年12月3日，经原县煤管局同意工残退休，领取了退休证。1998年长田坎煤矿进行改制，同年10月19日，重庆市荣昌县长田坎矿业有限责任公司（以下简称长田坎矿业公司）成立。2015年3月6日，重庆市职业病防治院向唐某平出具《职业病诊断证明书》，诊断结论为矽肺壹期；2015年5月13日，重庆市南岸区职业病诊断鉴定委员会作出了职业病鉴定书（首次），鉴定结论为煤工尘肺壹期。诊断证明书和鉴定书载明的用人单位均为“长田坎矿业公司”，职业病危害接触史载明的工作单位均为“原长田坎煤矿”。2015年6月3日，唐某平向重庆市荣昌区人力资源和社会保障局（以下简称荣昌人社局）申请工伤认定。荣昌人社局受理后，于 2015 年 7 月 16 日向长田坎矿业公司送达举证通知书，同年 7 月 26 日，长田坎矿业公司提交关于唐某平申请认定工伤情况的异议书，提出：长田坎矿业公司不是申请人唐某平的用人单位；唐某平系 1984 年 6 月经原国营长田坎煤矿招收为临时掘进工，1989 年 9 月，其因工受伤丧失劳动能力退出工作岗位，1992 年 12 月 3 日经批准其办理了退休手续，唐某平的用人单位是原国营长田坎煤矿。荣昌人社局收到该异议后未再作调查核实，于 2015 年 8 月 4 日作出荣人社伤险认决字（2015）797 号《认定工伤决定书》，决定书列明用人单位为长田坎矿业公司，认定结论为：唐某平受到的职业病伤害，符合《人力资源社会保障部关于执行〈工伤保险条例〉若干问题的意见》（人社部发〔2013〕34 号）第八条，《工伤保险条例》第十四条第（四）项之规定，予以认定为工伤。长田坎矿业公司不服，诉至法院。

【审判】

重庆市荣昌区人民法院经审理认为：根据《工伤保险条例》第五条第二款之规定，荣昌人社局依法具有对本辖区内的企业职工受伤是否构成工伤进行认定的法定职责。《工伤保险条例》第十八条规定："提出工伤认定申请应当提交下列材料……（二）与用人单位存在劳动关系（包括事实劳动关系）的证明材料；（三）医疗诊断证明或者职业病诊断证明书（或者职业病诊断鉴定书）……"上述规定表明，劳动者与用人单位存在劳动关系和诊断鉴定证明材料是工伤认定的必要条件，因此，本案的焦点在于对劳动关系的确定和职业病诊断鉴定的审核。

关于对劳动关系的确定，唐某平与长田坎矿业公司是否存在劳动关系，荣昌人社局和唐某平提供的证据仅能证明其系原国营长田坎煤矿职工并已于 1992 年退休，不能证明其与 1998 年成立的长田坎矿业公司存在劳动关系。本案长田坎矿业公司始终否认与唐某平存在劳动关系，职业病诊断鉴定材料中载明的用人单位均为"长田坎矿业公司"，职业病危害接触史载明的工作单位均为"原长田坎煤矿"，诊断鉴定机构已明知用人单位与职业病危害接触史工作单位不同，根据《职业病防治法》第四十九条第一款规定："职业病诊断、鉴定过程中，在确认劳动者职业史、职业病危害接触史时，当事人对劳动关系、工种、工作岗位或者在岗时间有争议的，可以向当地的劳动人事争议仲裁委员会申请仲裁……”《职业病诊断与鉴定管理办法》规定，在确认劳动者职业史、职业病危害接触史时，当事人对劳动关系、工种、工作岗位或者在岗时间有争议的，职业病诊断机构应当告知当事人依法向用人单位所在地的劳动人事争议仲裁委员会申请仲裁，按以上规定，职业病诊断机构应在受理或作出结论时，对劳动关系不明确或存在明显争议的，由当事人先行处理。所以，本案中的诊断鉴定书载明的用人单位等内容不能直接作为认定的依据，需要依据有关规定和证据作进一步的识别判定。

关于诊断鉴定审核，《工伤保险条例》第十九条规定：“……对依法取得职业病诊断证明书或者职业病鉴定书的，社会保险行政部门不再进行调查核实”；《工伤认定办法》第十三条规定：“社会保险行政部门在进行工伤认定时，对申请人提供的符合国家有关规定的职业病诊断证明书或者职业病诊断鉴定书，不再进行调查核实。职业病诊断证明书或者职业病诊断鉴定书不符合国家规定的要求和格式的，社会保险行政部门可以要求出具证据部门重新提供。”两者所要求的适用条件分别规定为“依法取得”“符合国家有关规定”。并赋予社会保险行政部门“可以要求出具证据部门重新提供”职权，所以具体运用时，社会保险行政部门对此具有审核的职责和义务，应当按照有关法律法规规章的规定，对诊断鉴定材料是否依法取得并符合国家规定进行审核，对经审核能够确认系依法取得且符合国家规定才能适用“不再进行调查核实”的规定，被告对申请人提交的职业病诊断鉴定书内容均不予调查核实的理解不符合法律规定。

综上，荣昌人社局所适用的《工伤保险条例》第十四条第（四）项内容，经查为关于工伤认定的一般规定，仅规定为患职业病应该认定为工伤；根据《人力资源社会保障部关于执行〈工伤保险条例〉若干问题的意见》（人社部发〔2013〕34 号）第八条之规定，其适用前提并非无须审查职工与用人单位的劳动关系。荣昌人社局在申请人提供的职业病诊断鉴定中关于用人单位内容明显存在疑点争议和当事人提出异议情形下，以职业病诊断证明结论不再进行调查核实，径行作出认定长田坎矿业公司系用人单位的工伤认定行政决定，属认定事实不清，主要证据不足，适用法律错误，依法应予撤销。根据《行政诉讼法》第七十条第（一）项、第（二）项的规定，判决：一、撤销被告荣昌人社局于 2015 年 8 月 4 日作出《认定工伤决定书》（荣人社伤险认决字〔2015〕797号)；二、限令被告荣昌人社局在本判决生效后60日内重新作出行政行为。

唐某平不服判决，提出上诉。

重庆市第五中级人民法院经审理判决：驳回上诉，维持原判。

【评析】

劳动者患职业病的工伤认定涉及劳动者权益与劳动社会保障行政管理秩序，既有社会保险法体系规定的内容又有职业病防治法体系规定的内容，其认定程序和证据要求与职业病诊断鉴定过程及结果紧密相关。所以，职业病诊断鉴定既属卫生行政管理确定的诊断鉴定机构对人体功能的医学专业判断，又具有劳动人社部门劳动保障的行政管理内容，其适用中因相互交叉引起的问题和困惑难以回避，以本案中就《工伤保险条例》第十九条“对依法取得职业病诊断证明书或者职业病鉴定书的，社会保障行政部门不再调查核实”规定理解和运用引起的争议时有发生，结合本案，作者以劳动保障工伤认定和医疗机构职业病诊断鉴定的法律规则，就职业病诊断鉴定“依法取得”作分析如下：

一、《工伤保险条例》第十八条规定，提出工伤认定申请应当提交与用人单位存在劳动关系（包括事实劳动关系）的证明材料和医疗诊断证明或者职业病诊断证明书（或者职业病诊断鉴定书），第十九条规定对依法取得职业病诊断证明书或者职业病鉴定书的，社会保险行政部门不再进行调查核实，人力社保部《工伤认定办法》第十三条规定，社会保险行政部门在进行工伤认定时，对申请人提供的符合国家有关规定的职业病诊断证明书或者职业病诊断鉴定书，不再进行调查核实。职业病诊断证明书或者职业病诊断鉴定书不符合国家规定的要求和格式的，社会保险行政部门可以要求出具证据部门重新提供。从以上规则中可以发现，其主要是对职业病在工伤认定中相关职权、程序、证据等行政程序内容的规定，但明显不包括职业病诊断鉴定方法、标准、结果。

二、根据《职业病防治法》相关规定“职业病诊断标准和职业病诊断、鉴定办法由国务院卫生行政部门制定。职业病伤残等级的鉴定办法由国务院劳动保障行政部门会同国务院卫生行政部门制定。职业病诊断应当综合分析下列因素……承担职业病诊断的医疗卫生机构在进行职业病诊断时，应当组织三名以上取得职业病诊断资格的执业医师集体诊断。职业病诊断证明书应当由参与诊断的医师共同签署，并经承担职业病诊断的医疗卫生机构审核盖章”。这些规定主要是对职业病的诊断鉴定方法过程和诊断鉴定机构人员资质，以保证作出符合要求的专业判断。

三、《职业病防治法》第四十九条第一款规定，职业病诊断、鉴定过程中，在确认劳动者职业史、职业病危害接触史时，当事人对劳动关系、工种、工作岗位或者在岗时间有争议的，可以向当地的劳动人事争议仲裁委员会申请仲裁。《职业病诊断与鉴定管理办法》（卫生部令第 91 号）第二十三条规定，在确认劳动者职业史、职业病危害接触史时，当事人对劳动关系、工种、工作岗位或者在岗时间有争议的，职业病诊断机构应当告知当事人依法向用人单位所在地的劳动人事争议仲裁委员会申请仲裁。针对当事人对劳动关系、工种、工作岗位或者在岗时间有争议的、用人单位不提供或者提供相关材料存在异议等问题，《职业病诊断与鉴定管理办法》中一是规定可向劳动人事争议仲裁委员会申请仲裁；二是可以提请安全生产监督管理部门督促用人单位提供；三是提请安全生产监督管理部门进行调查；四是经督促仍不提供档案等资料或者提供资料不全的，职业病诊断机构应当酌情作出职业病诊断结论。以上规范对可能出现的当事人对劳动关系、工种、工作岗位或者在岗时间争议及用人单位不提供或者提供相关材料存在异议，作出了解决处理程序，这些规范不仅为权利义务各方安排了解决争议的路径，亦为诊断鉴定结果的后续审查行政机关安排了职责和义务。所以本案在职业病诊断鉴定内容明显存在疑点争议和当事人提出异议的情形下，人力社保部门不再进行调查核实而径行作出认定，当属认定事实不清，履职不到位。

综上，我们认为，从社会保险法体系和职业病防治法律体系规定的内容可知，人社部门对劳动保障行政认定、医疗机构对职业病诊断鉴定的判定，各具职权与优势，有关规则均已立法认可，行政程序与司法诉讼时亦应予遵守，解决相关规范冲突时应对规范进行全面解读并针对适用。本文对上述法律规制讨论中得出的法律适用认为，“依法取得职业病诊断证明书或者职业病鉴定书”，对“依法取得”判断标准可分为实体和程序两部分，一是实体上职业病诊断鉴定是卫生医疗机构依法作出的专业判断，社会保障行政机关工伤认定中，对职业病诊断鉴定关于劳动者的职业病结论直接采信，无需也无权再作审查。二是程序上职业病诊断鉴定的程序启动、主体资质、形式过程、争端处置等事项仍属劳动保障行政机关依法审查的内容。

（作者单位：重庆市荣昌区人民法院）

网约车未取得营运资质
擅自从事客运活动构成非法营运

——孙某诉上海市交通委员会、上海市人民政府行政强制措施及行政复议决定案

王 岩 郭寒娟

【裁判要旨】

网约车属于出租汽车的一种，其从事客运经营活动需要取得营运资质，否则将构成非法营运。交通行政主管部门可以依据地方性出租汽车管理条例对其客运活动进行监管和处理。

【案号】

上海市浦东新区人民法院（2017）沪0115行初426号。

【案情】

原告：孙某。

被告：上海市交通委员会。

被告：上海市人民政府。

孙某诉称：国家交通运输部、工信部等七部委联合发布的《网络预约出租汽车经营服务管理暂行办法》（以下简称《网约车管理暂行办法》）已于2016年11月1日正式实施，意味着网络预约出租汽车（以下简称网约车）已经合法化。虽然其驾驶的滴滴网约车当日确实未取得网约车营运证，但既然《网约车管理暂行办法》已经出台，上海市交通委员会（以下简称市交通

委）应当按照该办法来对其进行处罚。而该办法只有对平台的处罚条款，并无对驾驶员的处罚条款。《上海市出租汽车管理条例》虽有对驾驶员作出处罚的补充条款，但该条例在事发当日还未出台，且网约车与出租汽车并不等同，市交通委不应依据《上海市出租汽车管理条例》处罚原告。被诉扣押决定适用法律不当，故被诉复议决定维持被诉扣押决定也属错误，请求撤销被诉扣押决定及被诉复议决定。

市交通委辩称：《网约车管理暂行办法》第二十八条规定，从事网约车运营，平台、车辆和驾驶员均需要取得相应资质，但涉案车辆未取得营运许可，滴滴平台在事发时也未取得经营许可，孙某本人也无网约车的驾驶资质。孙某的行为违反了《上海市出租汽车管理条例》第十四条第四款“本市车辆未经批准不得用于出租汽车经营活动”的规定，市交通委适用《上海市出租汽车管理条例》的相关规定作出被诉扣押决定认定事实清楚，职权依据充分，执法程序合法，适用法律正确，请求驳回孙某的诉讼请求。

上海市人民政府辩称：市交通委作出的被诉扣押决定并无不当；上海市人民政府（以下简称市政府）在受理孙某的复议申请后，经依法审查并在法定延长期限内作出被诉复议决定，行政程序合法，请求驳回孙某的诉讼请求。

上海市浦东新区人民法院经审理查明，2016 年 12 月 1 日，上海市交通委执法总队五支队与静安交警在静安寺周边地区对非法客运进行整治。上午 9 时 29 分许，执法人员在南京西路华山路路口拦下一辆牌照为沪 AZG689 的车辆进行检查。车辆上有驾驶员孙某和一名女性乘客，二人称互不认识。执法人员经过询问孙某、查验孙某和乘车人手机发现，涉案车辆未办理过上海市出租汽车营运许可证件，乘客通过“滴滴出行”软件预约了上述车辆，从上海虹桥元一希尔顿酒店上车，前往南京西路的越洋国际广场，乘客到达目的地后会通过“滴滴出行”软件支付车费。因查处时乘客还未到达目的地，故车费尚未产生。市交通委于当日依据《上海市出租汽车管理条例》第四十九条第二款规定，作出编号为 NO. 3150109643 的扣押决定书，并当场送达孙某，孙某拒绝签字，见证人在扣押决定书上签字。该扣押决定认定孙某所驾车辆未取得营运执照，擅自从事出租汽车经营，决定对涉案车辆予以扣押，扣押期限为三十日，并告知孙某如对该行政强制措施不服，可在收到本决定书之日起六十日内，向交通运输部或市政府申请行政复议，也可以在六个月内直接向上海市浦东新区人民法院提起行政诉讼。孙某不服该扣押决定，向市政府申请行政复议。市政府受理后，经通知其补正材料，在法定延长期限内作出行政复议决定，维持了上述扣押决定。孙某仍不服，向上海市浦东新区人民法院提起行政诉讼，请求撤销上述扣押决定及行政复议决定。

【审判】

上海市浦东新区人民法院经审理后认为，2016 年 12 月 1 日，孙某驾驶牌号为沪 AZG689 的车辆从事网约车营运，而其所驾车辆不具备出租汽车营运证件和资格，故市交通委依据《上海市出租汽车管理条例》第四十九条第二款规定，对其作出被诉扣押决定，认定事实清楚，证据充分，适用法律正确。市交通委先立案调查，经现场检查和询问等程序后作出被诉扣押决定，执法程序合法。市政府依法受理孙某的行政复议申请，经审查并经依法延长审理期限，在法定期限内作出被诉行政复议决定，符合法定程序。根据《网约车管理暂行办法》的规定，从事网约车经营服务，应当遵守该办法。若存在违反该办法规定的违法行为，有权机关可以按照该办法的罚则进行处罚。网约车营运也是出租汽车经营的一种形式，孙某当庭确认其本人和车辆均未获得营运资质，故孙某主张网约车不同于出租车，市交通委适用《上海市出租汽车管理条例》对其进行处罚系适用法律错误，缺乏依据，本院不予采信，遂驳回孙某的诉讼请求。

一审判决后，孙某未提起上诉，判决已生效。

【评析】

随着“互联网 +”与传统行业的融合发展，市场上出现了通过网络约车软件预约车辆，实现点到点客运服务的行为。这种新形式的客运方式对缓解城市交通压力，满足乘客出行需要发挥了重要作用，但与此同时也带来了一系列法律和监管问题。本案即一起涉及网约车非法营运的行政处理案件，主要存在两个争议焦点：一是孙某驾驶网约车载客的行为是否构成未经许可擅自进行出租汽车经营的行为；二是交通行政主管部门是否可以依据《上海市出租汽车管理条例》对网约车驾驶员作出行政处罚或者对涉案车辆采取行政强制措施。

一、网约车是不是出租汽车，地方性出租汽车管理条例能否作为对其监管的规范依据

网约车收费搭载乘客行为与私人小客车合乘（也称为拼车、顺风车）有着本质的区别，主要表现在：（1）出行信息的发布者不同。网约预约私人小客车合乘由合乘服务提供者（即车主）先行发布出行信息，再由合乘者（即乘客）选择驾驶员、车辆合乘出行。网约车收费载客则是网约车驾驶员根据乘客在互联网平台公司提供的智能手机应用软件上发布的出行信息，应答接单并按照乘客的意愿提供运送服务，以实际运行的里程和时间收费的行为。（2）服务的目的不同。合乘服务的目的旨在分摊出行成本或者纯粹免费互助，而网约车载客则是以营利为目的。（3）对服务提供者的资质要求不同。合乘服务对服务提供者的要求门槛较低，只要取得准驾车型的机动车驾驶证的驾驶员均可提供合乘服务。而网约车如果进行经营性客运活动，那么其本质是出租汽车经营的一种形式。营运车辆和驾驶员除需要满足一定的基本条件外，还应取得《网约车运输证》和《网约车驾驶员证》。

国务院办公厅于2016年7月26日下发的《国务院办公厅关于深化改革推进出租汽车行业健康发展的指导意见》第二条对网约车的性质进行了明确，对出租汽车服务进行了科学定位。该条规定，出租汽车服务主要包括巡游和网络预约两种形式。出租汽车包括巡游车和网约车。因此，网约车本质上属于出租汽车。《上海市出租汽车管理条例》于1995年即已出台，后经四次修正现行有效。网约车作为出租汽车的一种形式，其从事经营性的客运活动当然适用出租汽车管理的相关规定。本案原告孙某主张其所驾驶的网约车不是出租汽车，交通行政管理部门只能适用《网约车管理暂行办法》对其进行处罚，市交通委依据《上海市出租汽车管理条例》对其进行处理系适用法律错误，显然不能成立。

二、涉案网约车收费搭载乘客的行为是否构成非法出租汽车经营行为

1. 出租汽车从事客运经营活动的条件要求

根据《上海市出租汽车管理条例》第十一条、第十四条和《上海市查处车辆非法客运规定》第四条的规定，出租车驾驶员和营运车辆均须取得营运资格证件，未取得营业性客运证件的汽车不得从事出租汽车经营活动。《网约车管理暂行办法》对于网约车的客运经营条件作了特别规定。《网约车管理暂行办法》第十二条、第十三条、第十四条和第十五条规定，从事网约车经营的车辆和从事网约车服务的驾驶员均需符合一定的条件，并经有权的出租汽车行政主管部门审核通过，发放《网约车运输证》和《网约车驾驶员证》才能上道路运营。本案中，孙某本人承认其确实未取得网约车营运证件，不符合上述条例和办法规定的资质要求。

2. 出租汽车经营行为的认定

对于何为“出租汽车经营行为”，现有规范依据未有明确的规定。一般而言，社会车辆偶发地进行一两次收费搭客行为，不宜认定为构成出租车经营行为。《上海市查处车辆非法客运规定》第十七条对“以营利为目的的非法客运”的查处提出了“三次发现”的认定标准。即未取得营业性客运证件的汽车驾驶员有收费搭载乘客行为，第一次被发现的，由交通行政执法部门予以记录，不予处罚；第二次被发现的，由交通行政执法部门予以教育并记录，不予处罚；第三次被发现的，可以认定为以营利为目的从事非法客运活动，由交通行政执法部门依法予以处理。在具体执法实践中，交通行政执法部门对“出租汽车经营行为”的认定可以参照上述规定亦以“三次发现”为限。但对于网约车而言，经营行为的构成除了从发现查处的次数上认定之外，还应考虑行为人在被发现查处之前是否具有连续从事出租汽车经营的其他客观因素。因为网约车营运有其自身的特殊性，私有小汽车业主或驾驶员在从事网约车营运之前，须先与网络平台运营商订立协议，通过网络平台获取服务信息，并在提供服务后通过网络平台分配利益。因此，网约车一旦有收费搭载乘客的行为，无论是首次还是第三次被发现查处，其以营利为目的进行客运活动的连续性是可以得到确认的，其收费搭客行为可以被认定为构成“出租汽车经营行为”。本案中，孙某所驾网约车虽然是第一次被交通行政执法部门查处，但是根据上述分析可以得出结论，其行为已经构成网约车经营行为。

三、被诉扣押决定的合法性及适当性考量

本案所涉车辆扣押决定属于《行政强制法》第二条规定的对财产实施的行政强制措施。

1. 被诉扣押决定的合法性

根据沪府办发〔2014〕26 号《上海市人民政府办公厅关于印发上海市交通委员会主要职责内设机构和人员编制规定的通知》和《上海市出租汽车管理条例》第四条第一款的规定，市交通委是上海市出租汽车行业的行政主管部门，具有对上海市中心城区出租汽车行业监督检查的法定职权。本案孙某系在上海市静安区被查处，市交通委执法主体适格。

市交通委经立案调查，制作现场检查笔录，询问了孙某和乘客，依法判断采取行政强制措施的必要性，在听取了违法行为人的陈述申辩后，向其开具了扣押决定书并当场送达当事人，执法人员在当场采取强制措施后 24 小时内向行政机关负责人报告，办理了审批手续，符合《行政强制法》第十八条、第十九条的规定，执法程序合法。市交通委在一审中提交的现场检查笔录、乘客书面证明、孙某的询问笔录、孙某及乘客手机安装的“滴滴出行”软件图标照片、孙某及乘客手机显示的驾驶员及车辆信息、行程及车费信息照片等证据，能够证明孙某于 2016 年 12 月 1 日驾驶未办理上海市出租汽车营运证件的牌号为沪 AZG689 的车辆从事出租汽车营运，违反《上海市出租汽车管理条例》第十四条第四款的规定，构成非法营运。市交通委依据《上海市出租汽车管理条例》第四十九条第二款的规定，作出被诉扣押决定，认定事实清楚，适用法律正确。

2. 被诉扣押决定的适当性

行政强制措施是行政主体实施行政活动所必不可少的行政手段，它对于建立和维持良好秩序，保障公民合法权益，维护公共利益均具有重要的意义。本案执法中，被告市交通委依据《上海市出租汽车管理条例》对孙某作出扣押营运车辆三十日的决定，通过扣押涉案车辆及时制止了孙某的违法行为，警示了社会公众从事网约车营运应依法取得相应资质。同时，本次执法亦体现了交通行政执法部门依照法定的权限、范围、条件和程序，贯彻了适用行政强制措施的适当原则，严格遵守标的物有限原则，对违法行为人的违法工具即车辆采取暂时性控制，督促其纠正违法行为。

被告市交通委作为交通行政主管部门，对新兴出行方式也给予了充分关注，积极参与制定了网约车暂行办法的实施细则，并积极为网约车上路运营提供制度上的支持，但是对于不符合运营资质的车辆进行监管，也是交通行政主管部门不可推卸的职责。市交通委对非法客运车辆进行监管和查处，既保障了乘客的出行安全，又维护了公共交通管理秩序，为社会公众获得便捷、舒适、经济的个性化出行服务创造了良好的法治环境。本案一审判决之后，原告孙某没有再提起上诉，充分说明了其对网约车营运的性质和相关法规、规章有了较为充分的认识。市交通委的本次执法取得了良好的法律效果和社会效果。

（作者单位：上海市高级人民法院　上海市浦东新区人民法院）

未及时吊销驾驶证影响相对人权利的司法裁判

崔胜东　宋廷津

【裁判要旨】

交通肇事构成犯罪的，交警部门应当在人民法院判决后及时作出处罚决定。交警部门在收到刑事判决书后，未及时作出吊销机动车驾驶证行政处罚，影响被处罚人重新申办驾驶证期限计算的，人民法院应判决确认被诉行政行为违法，并判令交警部门进行补救。

【案号】

上海铁路运输法院（2017）沪7101行初836号。

【案情】

原告：张永刚。

被告：上海市公安局静安分局交通警察支队（以下简称静安交警支队）。

2014年11月3日，被告静安交警支队受理原告张永刚交通事故致人死亡一案。2015年2月11日，原上海市闸北区人民法院作出（2015）闸刑初字第40号刑事判决，查明2014年11月3日14时16分，张永刚在共和新路中兴路东北约0米发生交通事故致人死亡，经公安机关道路交通事故认定书认定，张永刚负道路交通事故的全部责任，遂判决张永刚犯交通肇事罪，判处有期徒刑一年，缓刑二年。判决后，当事人均未提起上诉，后张永刚返回其原籍接受社区矫正。2015年4月13日，静安交警支队收到前述刑事判决书。2017年8月15日，静安交警支队向张永刚告知了拟对其作出行政处罚决定认定的事实、理由及依据，张永刚既未提出陈述、申辩，也未要求听证，静安交警支队作出静安公交决字（2017）第310106－2800305472号《公安交通管理行政处罚决定》（以下简称被诉行政处罚决定），认定张永刚于2014年11月3日14时16分，在共和新路中兴路东北约0米实施违反道路交通安全法律、法规的规定，发生重大事故，构成犯罪的违法行为，根据《道路交通安全法》第一百零一条第一款的规定，决定对张永刚吊销机动车驾驶证。同日，静安交警支队对张永刚进行了送达。张永刚不服，提起行政诉讼，请求撤销静安交警支队于2017年8月15日作出的被诉行政处罚决定。

审理中，原告张永刚陈述，2017年2月其在原籍查询其驾驶证状态，公安交通管理系统反映原告驾驶证处于事故未处理状态。缓刑期满后，其离开原籍返回上海。2017年3月25日，其到被告处询问驾驶证情况，被告答复其驾驶证将被吊销，自驾驶证被吊销之日起2年内原告不得申领驾驶证。原告对被告自交涉之日起吊销其驾驶证有异议，因与被告协调未果，于2017年8月接受了处理。

被告静安交警支队陈述，吊销驾驶证属行政处罚，按照法律规定，被告在处罚前需履行调查及事先告知义务，原告知晓被告扣押其驾驶证，但未到被告处接受处理，故被告直至2017年8月才作出被诉行政处罚决定。同时，公安交通管理系统上对原告申请驾驶证设定的2年年限限制不是人为设置的，而是该系统根据输入的吊销驾驶证处罚决定时间自动生成的，被告无修改该年限限制的职权。

【审判】

上海铁路运输法院经审理认为：根据《道路交通安全法》第五条第一款及《道路交通安全违法行为处理程序规定》第六条第二款的规定，被告具有作出被诉行政处罚决定的职权。

《道路交通安全法》第一百零一条第一款规定，违反道路交通安全法律、法规的规定，发生重大交通事故，构成犯罪的，依法追究刑事责任，并由公安机关交通管理部门吊销机动车驾驶证。据此，在法院判决原告犯交通肇事罪并被追究刑事责任后，原告的驾驶证即应被吊销。按照《道路交通安全违法行为处理程序规定》第四十九条规定："……处以吊销机动车驾驶证的，应当自违法行为人接受处理或者听证程序结束之日起七日内作出处罚决定，交通肇事构成犯罪的，应当在人民法院判决后及时作出处罚决定。”该条并未对犯交通肇事罪的对象吊销驾驶证的处罚程序作出规定，在行政处罚中，对当事人履行处罚前的告知义务以及听证程序，是为了保证当事人的合法权益不受侵害，可以对行政机关拟认定的违法事实及适用法律提出陈述和申辩，而在法院对当事人犯交通肇事罪作出的刑事判决生效以后，刑事判决书确认的事实即可作为定案依据，且《道路交通安全法》明确规定对犯交通肇事罪并被依法追究刑事责任人处以吊销驾驶证的处罚，因此无需在对犯交通肇事罪并被追究刑事责任人作出吊销驾驶证的处罚之前再履行处罚前的告知义务。综上，本案中，被告对原告作出吊销驾驶证的行政处罚决定是依职权的行政行为，被告应当在收到原上海市闸北区人民法院退还的原告交通肇事罪卷宗所附的刑事判决书后，及时作出吊销驾驶证的处罚决定。本案被告于2015年4月13日收到法院刑事判决书后，直至两年四个月后才作出被诉行政处罚决定，显已超过法定的办案期限，故被告的处罚程序违法。

按照《行政诉讼法》规定，被诉行政行为违反法定程序的，人民法院可以判决撤销。本案中，如因被告程序违法撤销被告作出的被诉行政行为，则将恢复原告被吊销的驾驶证，由此将违反《道路交通安全法》第一百零一条第一款之规定，且在原告未参加考试的情况下直接恢复原告的驾驶证，将给社会交通秩序带来安全隐患，损害国家法律秩序及社会公共利益，故被诉行政处罚决定不宜撤销。公安交通管理系统上对原告申请驾驶证的年限限制是根据被告作出被诉行政处罚决定而自动生成的限制，由于被告比法定办案期限晚了两年多作出被诉行政处罚决定，已超过法律规定的限制原告申请驾驶证的年限，故不应再对原告申请驾驶证设置年限限制。被告虽称其无权修改年限限制，但其有义务对迟延作出吊销行为致原告申请驾驶证的年限限制延长采取补救措施，消除对原告造成的不利影响。据此，依照《行政诉讼法》第七十四条第一款第（一）项、第七十六条，判决：1. 确认被告上海市公安局静安分局交通警察支队于2017年8月15日对原告张永刚作出的静安公交决字（2017）第310106－2800305472号《公安交通管理行政处罚决定》违法。2. 被告上海市公安局静安分局交通警察支队于判决生效之日起十五日内启动撤销公安交通管理系统对原告张永刚申请驾驶证的年限限制的程序。

宣判后，双方当事人均未上诉，判决已生效。

【评析】

本案被诉交警部门在接到原告犯交通肇事罪判决书后未随即启动吊销驾驶证的处罚程序，两年多后原告到被告处反映，被告才作出吊销驾驶证的处罚决定，而根据《机动车驾驶证申领和使用规定》第十三条的规定，吊销驾驶证后两年才可重新申办驾驶证。本案事实较为清楚，结合双方当事人的意见及审理情况，被诉行政行为如何裁处系本案核心争议。具体而言，可从两个方面进行判断：首先，被诉行政行为执法程序如何评价，是否需如被告辩称的应在处罚前履行事先告知义务？其次，被告于两年多后作出吊销驾驶证决定是否影响原告的权利，裁判方式如何选择？

一、事先告知不是吊销犯交通肇事罪相对人驾驶证的程序要件

《行政处罚法》第三十一条规定，行政机关在作出行政处罚决定之前，应当告知当事人作出行政处罚决定的事实、理由及依据，并告知当事人依法享有的权利。行政处罚前告知是保护当事人合法权益的一个重要原则，行政机关经调查认为公民、法人或其他组织有违法行为，依法给予处罚前应向当事人说明违法事实、处罚理由及依据，以及当事人有何权利可保护自己免受违法处罚，具体告知的权利有陈述权和申辩权、听证权、请求救济权等。[①] 吊销驾驶证系行政处罚之一种，从故原则上来说，吊销驾驶证前应当进行事先告知，听取当事人的意见，并根据当事人的意见、违法行为的后果决定处罚结果。

行政处罚前告知除本身所具有的程序价值和意义外，其最重要的目的是保证行政处罚实体正确。但是否所有的行政处罚都必须严格履行处罚前告知？司法裁判是纠纷的终局认定结论，根据《最高人民法院关于行政诉讼证据若干问题的规定》第七十条的规定，生效的人民法院裁判文书或者仲裁机构裁决文书确认的事实，可以作为定案依据。因此，人民法院所作生效裁判具有羁束力，其裁判结论及认定事实可直接作为相关事实根据。本案中，前期已存在刑事判决，已对原告交通肇事违法行为作出刑事处理。故在类似本案这种已存在与案件事实相关的生效裁判时，生效裁判所认定的事实已无需再由

① 李国光主编：《行政处罚法及配套规定新释新解》，人民法院出版社 2006 年版，第 302 页。

行政机关进行其他事实调查及事先告知。

同时，《道路交通安全违法行为处理程序规定》第四十九条规定，处以吊销机动车驾驶证的，应当自违法行为人接受处理或者听证程序结束之日起七日内作出处罚决定，交通肇事构成犯罪的，应当在人民法院判决后及时作出处罚决定。据此，吊销驾驶证行政处罚应区分两种情况：一般情况下，作出吊销机动车驾驶证的，交警部门应当在违法行为人接受处理或者听证程序中告知被处罚人被处罚的事项，听取当事人的陈述、申辩，并在七日内作出处罚决定。而对构成交通肇事罪的，未规定再行调查、听证，仅规定要及时作出处罚。因此，事先告知不是吊销犯交通肇事罪相对人驾驶证的程序要件的结论也符合法律规范的规定。

二、“及时”的理解与程序合法性的判断

原告提起诉讼的一个重要理由是认为被告未及时作出吊销决定，导致后续吊销驾驶证的处罚客观上延长了其重新申办驾照的期限。因此，被告对原告作出吊销机动车驾驶证是否超过规定期限是判断被诉行政行为程序合法性的关键。根据《道路交通安全违法行为处理程序规定》第四十九条规定，交通肇事构成犯罪的，应在收到人民法院判决后及时作出处罚决定。经查询相关道路交通法律规范，均未规定交警部门在接到人民法院交通肇事犯罪裁判文书后多长时间内作出相应吊销决定，所以如何正确理解该规定中的“及时”成为判断被诉行政行为程序合法性的重要指征。

“及时”是一个不确定法律概念，[①] 而不确定法律概念的理解、解释有多种方式，既可以从立法者本意，也可以从其他部门法作体系解释。[②] 前文已述，对因交通肇事犯罪被吊销机动车驾驶证应遵守的期限，相关法律规范并无规定。就“及时”的理解，根据第四十九条上下文的规定，可以的参照标准是前半部分规定中的“七日”。从认定事实的复杂程度来说，对于已构成交通肇事犯罪的，交警部门无需再如一般吊销处罚时要求违法行为人接受处理或进行听证，可在收到法院刑事判决文书后可直接认定事实并作处罚，即

---

① 法律概念按照确定性的程度，可以分为确定性法律概念和不确定法律概念两种。前者是指意思确定、具有一义性的法律概念，通常只有数字、时间等属于此类；而后者则是指意思不确定、具有多义性的法律概念。参见王贵松：《行政法上不确定法律概念的具体化》，载《政治与法律》2016 年第 1 期。

② 蔡琳：《不确定法律概念的法律解释——基于“甘露案”的分析》，载《华东政法大学学报》2014 年第 6 期。

交警部门完全可在七日内作出吊销决定。即使不考虑“七日”的时限，根据《公安机关办理行政案件程序规定》第一百四十一条的规定，公安机关办理治安案件的期限，自受理之日起不得超过30日；案情重大、复杂的，经上一级公安批准，可以延长30日。因此，即使参照前述期限，交警部门一般亦应在30日内作出处罚决定。

本案中，被告在原告受刑事判决后两年四个月后才对原告作出吊销驾驶证的行政处罚，显然已经超过了合理办案期限，执法程序违法。

三、逾期吊销驾驶证影响相对人权利时裁判方式的选择

裁判方式的选择是本案最具价值的争点，对此主要有两种意见。第一种意见认为：被告在收到法院退还的原告交通肇事罪卷宗所附刑事判决书后两年四个月才作出吊销驾驶证的决定，明显未及时作出，程序违法。而原告在处罚决定作出后，需再等两年的时间才能重新申办驾驶证，侵犯了原告的合法权利，故应当撤销被诉处罚决定。第二种意见认为：被诉行政处罚决定程序违法，但判决撤销将造成原告受到刑事处罚但驾驶证未被吊销的情形，将给社会交通秩序带来安全隐患，损害国家法律秩序及社会公共利益，故不宜撤销，而应判决确认违法。对此，笔者观点如下：

首先，逾期吊销驾驶证对相对人的权利是否产生影响的认定。根据《行政诉讼法》第七十四条第一款第（二）项的规定，确定行政行为程序违法的裁判方式时的考量因素是被诉行政行为程序违法程度以及是否实际影响相对人的权利。程序轻微违法，但对相对人权利不产生实际影响的，人民法院判决确认违法，申言之，一般情况下，行政行为程序违法或程序虽轻微违法但已影响到相对人权利的，则应判决撤销或采取其他裁判方式。具体到本案，自法院作出刑事判决后到交警部门再作出吊销驾驶证的行政处罚决定，间隔了两年四个月，根据《机动车驾驶证申领和使用规定》第十三条规定：“有下列情形之一的，不得申请机动车驾驶证……（七）因其他情形依法被吊销机动车驾驶证未满二年的……”，若被告在收到刑事案件退卷后及时启动吊销处罚程序，原告提起诉讼时已经超过两年限制期限，其已可重新申办驾驶证。但原告相当于是在四年四个月后才有资格重新申请驾驶证，已远远超出二年的年限限制，因此，被告逾期作出吊销驾驶证的处罚实际上已经影响了原告的实体权利。

其次，具体裁判方式的选择。本案裁判方式上的争议主要在于，是适用撤销判决，还是适用确认违法判决。就二者关系而言，确认违法判决是人民法院经审查后认为被诉行政行为违法但不适合作出撤销判决等，转而确认被诉行政行为违法的判决形式，其是对被诉行政行为的一种否定性评价，是对撤销判决的修改和补充。[①] 综合本案情况，笔者认为，确认违法并责令补救是本案最恰当的判决方式。其一，判决撤销将损害国家法律秩序及公共利益。本案被诉行政处罚决定程序违法固然可撤销，但撤销该决定将恢复原告原有驾驶证的效力。而《道路交通安全法》第一百零一条规定，违反道路交通安全法律、法规的规定，发生重大交通事故，构成犯罪的，依法追究刑事责任，并由公安机关交通管理部门吊销机动车驾驶证，故判决撤销后原告原有驾驶证效力得到恢复，事实上出现原告交通肇事的违法行为只被追究了刑事责任，未被追究行政处罚责任的情形，这将破坏国家法律秩序，损害社会公共利益。显然，本案不宜判决撤销，应选择确认违法判决。其二，仅仅作出确认违法判决不足以解决案件纠纷。判决确认违法实际上保留了涉案行政处罚的效力，即被告逾期对原告作出的吊销决定仍存在并有效，公安交通管理网络系统显示的吊销时间仍是被告作出时间，原告仍需再等两年才能行使重新申办机动车驾驶证的权利，其合法权益无法得到保护。因此，有必要再根据《行政诉讼法》第七十六条之规定判令被告进行补救。其三，补救措施的表述需科学合理。从审理情况来看，本案被告系基层交通管理部门，对于公安交通管理网络系统无权修改，需要进行上报处理，故不宜直接判令被告修改，应判令被告及时启动修改上报的程序。

总之，综合考虑前述因素，判决确认被诉行政处罚决定违法更为适宜，同时，为实质解决行政争议，避免程序空转，保护行政相对人的合法权益，并考虑到被告无权自行解除申办驾驶证期限的限制，同时应一并判令被告于一定期限内及时启动撤销公安交通管理系统对原告申请驾驶证年限限制的程序。

（作者单位：上海铁路运输法院）

① 江必新、邵长茂：《新行政诉讼法修改条文理解与适用》，中国法制出版社 2015 年版，第 275 页。

调查研究

农村集体土地征收与补偿行政案件中的主要问题

广东省高级人民法院行政庭课题组*

当前，广东农村产业升级、城乡一体化发展进程不断加快。在农村集体土地的规划调整、征收以及房屋拆迁等过程中产生了不少问题，尤其是当地政府及其土地管理部门在对农村集体土地开展征收与补偿时的很多不合法、不合理行政行为，引发了大量的行政纠纷。本调研对近年来广东涉农村集体土地利用、征收与补偿行政案件中反映出的新情况、新问题进行全面梳理，分析产生问题的原因，针对现行土地管理法律有关农村集体土地征收补偿方面规定的缺陷和不足，提出完善农村征地补偿工作的建议和意见，期望能够为行政执法提供可资参照的实体和程序指引，进一步规范行政机关的农村集体土地征收、补偿行为，更好地引导地方政府合法、合理利用农村土地，实现农村土地行政争议的源头治理。同时，根据调研中发现的法律争议问题，结合最高人民法院发布的指导案例和相关权威裁判意见，我们提出了关于进一步审理好农村集体土地征收与补偿行政案件的指导意见。

一、当前农村集体土地征收与补偿行政案件的基本情况和主要特点

（一）基本情况

广东全省法院 2015 年受理农村集体土地征收与补偿一审行政案件 182 件，审结 161 件；2016 年受理 299 件，审结 264 件；2017 年受理 279 件，审

---

* 课题组成员：林秀雄（组长）、林俊盛、刘德敏（执笔人）、戴剑飞、陈桂生。

结 274 件。

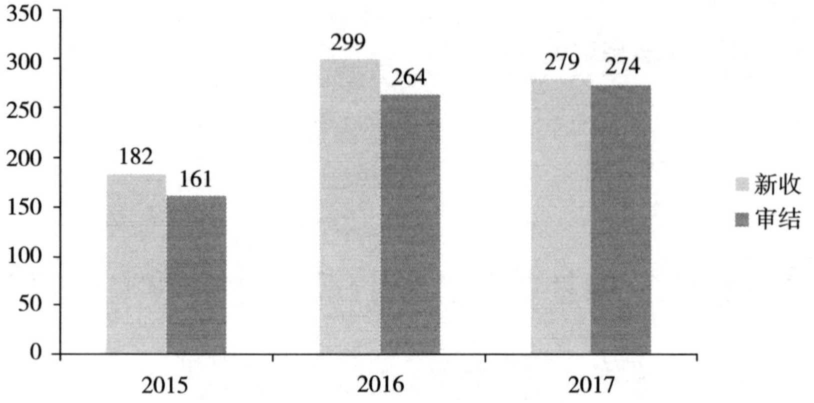

图 1　2015 年至 2017 年广东集体土地征收与补偿案件一审收结案数据图

三年期间一共受理农村集体土地征收与补偿一审行政案件 760 件，占三年受理一审行政案件总数的 1.53%。其中，请求判决撤销征地行为 178 件，请求判决行政机关履行特定法定职责 80 件，请求判决确认征地行为违法 337 件，请求判决确认行政行为无效 69 件，请求判决行政机关予以赔偿 157 件，请求判决行政机关予以补偿 98 件，请求解决行政协议争议 27 件。

三年期间一共审结农村集体土地征收与补偿一审行政案件 699 件。其中，裁定不予受理或驳回起诉 357 件，判决驳回原告诉讼请求 193 件，判决撤销征地行为 20 件，判决行政机关履行特定法定职责 10 件，判决确认征地行为违法 76 件，判决确认行政行为无效 4 件，判决行政机关予以赔偿 15 件，判决行政机关予以补偿 11 件，判决行政机关履行行政协议 0 件。

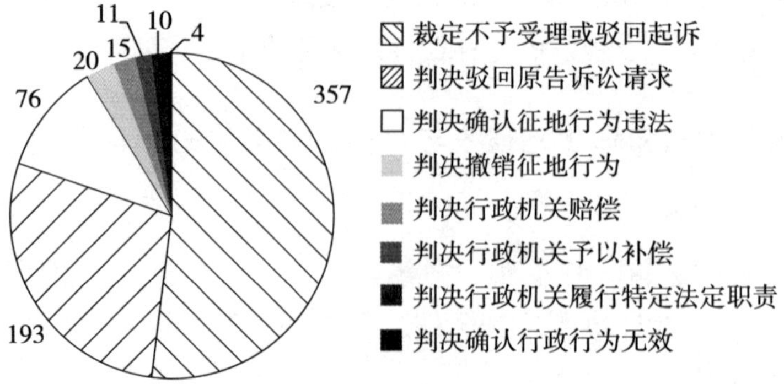

图 2　2015 年至 2017 年广东集体土地征收与补偿案件一审结案方式分布图

在各年审结的案件中，2015 年行政机关的败诉率为 13.66%，2016 年行政机关的败诉率为 24.62%，2017 年行政机关的败诉率为 17.88%。三年间征地案件中行政机关的平均败诉率为 18.72%，高于同期行政机关的总体败诉率。

（二）主要特点

1. 群体性诉讼多，社会影响大

农村集体土地征收是对成片土地的开发和利用，涉及人数众多的利益群体，他们有着相同或相似的利益要求，对土地管理部门作出的征地补偿决定不服，通常都是几十人甚至上百人作为原告起诉。而且，由于土地是村民安身立命的根本，村民对补偿其利益损失的要求十分强烈，且一般在诉讼前已经经过村委会、当地政府等多次协商，在诉求得不到回应和满足后，村民情绪比较激烈，在寻求司法救济的同时，往往会通过各种可能的途径反映其要求，如向党委、人大等部门进行投诉，向新闻媒体发布信息等，造成较大的社会影响，无形中给法院的审判带来了压力。

2. 历史遗留问题和政策性问题多，处理难度大

我国土地管理法及其实施条例自 20 世纪 80 年代以来发生进行了数次修改，其中对于不同层级政府的征地审批权限作了几次调整，在这些调整的过渡阶段会产生执法不统一的问题。为推动地方经济发展，各地政府在土地管理法的框架下，通常都会出台各种试点性和临时性的政策，包括征地权限、征地程序、补偿标准等。这些政策措施往往为追求效率因而较为灵活，有些是当时法律没有规定的，有些甚至与法律规定不符。在试行一段时间后觉得效果不理想或者为适应新的法律往往又加以改变。如 20 世纪 90 年代初我国试行过一段时间的土地统批统征政策，后来又废止了，但土地管理法未规定可以统批统征。法院对各地在改革和探索过程中不断调整的土地征收与补偿规则如何正确评价，如何才能既保障以往政策与法律发展的衔接，又能照顾现实情况，平衡各方当事人的利益，难度不小。

3. “连环诉讼”多，审理工作量大

农村集体土地征收具有过程性、多阶段性的特点，涉及面较广。经常出现的情形是：同一原告同时或分别针对一个征地项目中所涉及的批准、公告、补偿、裁决、强拆及相关房屋拆迁等不同环节行政行为提起诉讼；不同原告

因受同一征地项目而实施的征地行为影响，前后分别起诉，从而形成“连环诉讼”。法院受理案件后，必须考虑各个阶段征地行为对本案被诉行政行为的影响，准确区分不同的法律关系和当事人，合理分配举证责任，保证不同案件法律适用标准和裁判尺度的统一。要达到上述要求，法官需要审核征地各环节的审批文件、相关附图、各类协议及其实施情况等证据材料，需要查找所有案涉征地及其相关审批活动应当适用的法律、法规、规章或规范性文件，需要对原告的诉讼请求进行甄别和释明。审理过程中，还要妥善应对村民的上访，防止矛盾激化，裁判作出后还有解释答疑和维稳的任务。繁重的案内和案外工作，造成了法官较大的审判压力。

二、农村集体土地征收与补偿行政纠纷的主要成因

（一）行政机关违反法律规定实施征地补偿行为

2004 年《土地管理法》第四十三条、第四十四条规定，除兴办乡镇企业和村民建设住宅经依法批准使用本集体经济组织农民集体所有的土地的或者乡（镇）村公共设施和公益事业建设经依法批准使用农民集体所有的土地的外，任何单位和个人进行建设，需要使用土地的，必须依法申请使用国有土地。依法申请的国有土地包括国家所有的土地和国家征收的原属于农民集体所有的土地。建设占用土地，涉及农用地转为建设用地的，应当办理农用地转用审批手续。第四十五条规定，涉及基本农田、基本农田以外的耕地超过35 公顷的，以及其他土地超过 70 公顷的，应当报国务院审批；其他土地，由省、自治区、直辖市人民政府审批，并报国务院备案。征收农用地的，还应当先行办理农用地转用审批。以上规定是开展土地征收活动的基本法律依据，是实施土地征收行为的前提和基础。但是，实践中，有的地方政府为了当地经济发展，以加快推进所谓“重点项目”和“服务大局”为名，置法律红线于不顾，“未批先征”“少批多征（少批多占）”“以租代征”的情况屡屡出现，导致农村集体和村民的强烈不满，引发大量行政纠纷。主要情形有：

1. 未批先征。此类情形引发的征地纠纷数量最多，行政机关因此被判决败诉的情形屡见不鲜。如云浮市新兴县人民政府、新兴县东成镇人民政府在尚未办理完成农用地转用手续和征地审批手续的情况下，发出《公告》称原告村民耕种的土地“已征收”，并要求各村民小组移交所承包的责任田和山

地，告知村民在征地范围内不得再进行耕种，组织有关村民小组签订征地合同和相关补充协议，并以新兴县国土资源局的名义将征地款及安置补助款划给各村民小组，准许中国国际（新兴）信息产业基地项目占用涉案土地进行施工。最终法院判决确认新兴县政府、东成镇政府对原告所承包的土地进行征收的行为违法，责令新兴县政府、东成镇政府立即停止项目施工，并向原告赔偿因违法征地行为造成的损失。

2. 少批多征（少批多占）。有的地方政府，为了获得更多的建设用地，超出征地批准文件允许的征地红线范围实施征地，侵害了被征地村集体和村民合法权益。如清远市人民政府通过下辖清城区石角镇人民政府与石角镇田心村委会雷北村民小组签订《征收土地协议书》，约定被征收的土地面积为894.4725亩，但是经省政府批准征收的土地只有857.313亩，相差37.1595亩。清远市人民政府未能向法院提交多征的37.1595亩土地的征地批准文件，被法院判决确认其在征地范围之外的征地行为违法。此外，有的地方政府向被征地农村集体支付的征地补偿款，所补偿的征地面积明显超过经依法批准征收的土地面积，但是被告政府却对超面积补偿的原因无法说明，在原告指出被告超过征地批复多征土地的范围时，被告表示不认同原告主张，但却以“不清楚”为由拒绝作出合理解释。此类违法情形也较为常见。

3. 以租代征。有的地方政府采取更为隐蔽的方式，与村集体签订长期的土地使用合同，达到实质上征地的目的。如始兴县人民政府在未办理合法的土地征收审批手续和农用地转用审批手续的情况下，与罗坝镇大水村民委员会三洲田村民小组签订《关于征用外三三洲田小组土地的协议》，约定征地补偿标准按年受益方法，山坡地每亩每年8元，旱地每亩每年80元，水田每亩每年400元，共计180.36亩。由始兴县都亨乡人民政府每年12月31日前支付征地款，补偿时间为50年，如开发商中途退出，则补偿至50年。期满后开发商继续征用，则补偿协议重新签订，如不使用，权属归政府，由政府承担补偿给村民小组。同时，被征用土地所负担的农业税在征地后由征用单位减免。此后，始兴县政府直接对涉案土地按国有土地性质进行土地使用权招标出让，并向第三人韶关车八岭投资发展有限公司颁发《国有土地使用证》。诉讼阶段法院查明，涉案土地被违法征收后并未实际大规模开发，仍处于闲置状态，始兴县人民政府虽然后来自行注销了被诉土地登记行为，但是仍然占据土地。最终，二审法院判决确认始兴县人民政府的征地行为以及为韶关车八岭投资发展有限公司颁发的《国有土地使用证》违法，并责令县政府将涉案土地返还给始兴县三洲田村民小组。

（二）补偿标准偏低，补偿安置措施未落实到位

征收补偿标准和方式设定不科学、不合理，补偿款发放不及时、不到位是产生征地行政纠纷的一个重要原因。一是执法方面的问题。农村集体土地对于农民而言，是其生产、居住、就业甚至社会保障的基础，《土地管理法》对征收补偿标准及方式作出了原则性的规定，但有的地方政府为了节约征地成本，确定的补偿标准远远低于被征收人的预期，且单一、有限的货币补偿方式未能体现土地的实际价值，也不足以弥补被征地农民的其他损失。而且，由村集体组织统一发放补偿款的模式容易造成补偿款发放不透明、不及时，农民在交出土地、迁出房屋后，补偿款又未足额到位、安置地点或安置房屋迟迟无法落实，导致被征收人的权益无法得到充分的保障，进而激化矛盾，造成对政府不信任，产生纠纷。有的政府允诺为拆迁村民统一办理安置房的房地产证，但在村民如期迁出房屋并交付土地后，却长年怠于履行办理相关手续的义务，令被拆迁村民心生不满，进而诉至法院。如化州市人民政府在2009年至2014年征收了化州市中垌镇马路头村民委员会环村村民小组集体土地，在五个批次的征地行为中，市政府均发出《城镇建设用地落实留用地安置的说明》，承诺按实际征地面积的10%或15%的比例给被征地农民集体划出留用地作为农民生产发展用地，但直至2016年市政府仍未履行返还留用地的义务，被环村村民小组告上法庭。二是立法方面的问题。目前土地管理法律规定，土地承包人除获得地上附着物和青苗的补偿外，土地补偿款由村集体统一分配。实践中，有的村民在征地后可以由村集体通过土地调整再获得耕种的土地，但是有的村民则无法另行获得土地，对没有再分配到土地的这部分村民，得到的安置补助费用却和另行分配到耕种土地的村民一样，的确不太公平，但是立法上并未规定应该根据不同村民的情况区别标准进行补偿，也是产生纠纷的一个原因。另外，对土地承租人而言，土地管理法律同样仅规定了其可以获得地上附着物和青苗补偿的权利。但实践中，有的承租人已经经营管理被征收土地多年，开发规模和投入非常巨大，如果征地时只能得到地上附着物和青苗补偿，远远不能弥补其经济损失，法律规定对这部分承租人补偿的不充分、不合理也常常引发纠纷。

（三）征地后长期不用，埋下纠纷隐患

有的地方政府在取得征地批准文件后，对已经转为国有的土地多年不进行开发利用，使得村民仍然长期在被征收土地上耕种。随着地价不断上涨，待政府要收回土地正式开始建设时，村集体或实际使用土地的村民面对巨大的土地差价，不满过去的补偿标准而拒绝交出土地并提起诉讼，要求撤销之前的征地行为。如原梅县人民政府在2002年就已经取得了省国土厅的征地批文，并发出了《征用土地公告》，征收原告陈某使用的集体土地。但是直至2017年梅县区国土局才向原告作出《关于责令限期交出被征土地的通知》，而补偿标准却仍采用征地时适用的梅府〔2000〕6号《印发梅县城镇规划区征用土地补偿和其他地面附着物补偿标准暂行办法》进行补偿，引发纠纷。法院经审理后认为被告的补偿标准明显不当，不利于保护原告权益，判决撤销了被诉的《责令交地通知》。

（四）征地程序违法，或选择性执法

一是征地公告不规范，如公告方式不透明、公告内容不完整，剥夺了被征地村民的知情权；二是不依法举行听证。被征用土地的村集体对征用土地补偿、安置方案有不同意见时有权要求进行听证。但在实践中，征地机关为简化程序，减少麻烦，不告知、不愿意听证的现象仍然存在；三是有的地方政府在与土地使用权人达不成补偿安置协议时，不顾当地由于历史原因形成的普遍和相同的情况，采取由城建规划主管部门将拒不签订补偿安置协议的土地使用权人房屋“选择性”地认定为违章建筑的方式，“胁迫”土地使用权人就范，引发土地使用权人的强烈反弹，激化了“官民”矛盾。

此外，有的地方政府在完成征地工作，土地由集体所有转为国有后不久，随意改变土地使用性质和具体用途，导致原出于“公共利益”考虑而同意征地的群众产生不满情绪，引发纠纷；有的政府土地管理部门征地工作不认真、不细致，未能核实被征土地的真正权属人，导致补偿对象错误而产生争议；也有的是由于被征地村集体领导成员更换，新的村集体领导看到土地大幅升值后，出于经济利益的考虑，抱着“搏一搏”的心态，全面否认之前的征地行为，并提起诉讼要求返还土地或给予更多补偿。当然，除上述直接和具体的原因外，征地补偿标准与土地推出交易市场后变现的价值之间差距越来越大，有限货币补偿不足以体现土地的实际价值，不能弥补失地农民的功能性损失，被征地村民难以共享土地增值红利，也是产生征地矛盾和纠纷的一个根本原因。

三、审理农村集体土地征收与补偿行政案件的主要难点和处理意见

（一）事实认定与法律适用问题

1. 受案范围

受案范围问题是行政诉讼的难点，在征地行政案件中，受案范围同样不易把握。征地行为是一个多阶段的行政行为，包括：方案呈报（农用地转用方案、补充耕地方案、征用土地方案）；国务院、省级政府作出征地批复；市、县政府公告征用土地方案；国土部门办理征地补偿登记；国土部门拟定征地补偿、安置方案，并公告、听取意见；市、县政府批准征地补偿、安置方案；国土部门组织实施补偿、安置方案，支付征地补偿费；国土部门实施收地（包括责令交出土地）；对征地补偿标准不服的，政府组织协商、作出裁决。以上九个不同阶段、不同行政机关作出的行为，都属于征地行为的组成部分。实践中经常遇到的情况是，很多原告提出诉讼请求时，只是笼统地请求“撤销征地行为”“确认征地行为违法”这样不明确的诉讼请求，会给法院的审理带来困难。所以，法院立案时首先要确定原告的诉讼意图，其究竟是对哪一个阶段的行政行为不服，想要达到什么样的诉讼目的。这就需要法院多做一些诉讼指导和释明工作，只有固定了原告的诉讼请求，才能准确判断案件是否属于行政诉讼的受案范围。依据行政诉讼法及其司法解释的规定，根据最高人民法院作出的批复和生效裁判，以下征地行为目前不可诉：

一是征地批复，即国务院或省级人民政府作出的征地批准文件。主要依据是《行政复议法》第三十条第二款的规定，根据国务院或者省、自治区、直辖市人民政府对行政区划的勘定、调整或者征收土地的决定，省、自治区、直辖市人民政府确认土地、矿藏、水流、森林、山岭、草原、荒地、滩涂、海域等自然资源的所有权或者使用权的行政复议决定为最终裁决。最高人民法院（2005）行他字23号答复：国务院或者省级人民政府对行政区划的勘定、调整或者征用土地的决定；省级政府据此确认自然资源的所有权或者使用权的行政复议决定，属于《行政复议法》第三十条第二款规定的最终裁决。

需要注意两点：首先，征地批复不可诉的观点存在争议，实践中也有不同做法，需要进一步统一。其次，虽然征地批复不可诉，但是，为了保障被征地村集体和村民的法律救济途径，对征地批复不服可以申请行政复议，如复议机关不受理或受理后从程序上驳回复议申请的，行政相对人可以对行政复议决定提起行政诉讼。当然，对复议机关作出的具有实体处理内容的复议决定，仍是不可诉的。

二是未实际影响村民土地利用权利的预备征地行为。征地机关在征地报批前向被征地集体经济组织和村民告知和确认拟征土地的范围、面积，包括土地丈量、青苗和附着物清点行为等，这些征地的前期准备工作，属于“预征地”行为，只要不影响村民对土地的实际使用，应当认为并未产生对行政相对人权利义务的实际影响，并非成熟、独立的行政行为，因而不可诉。

三是征地补偿安置方案确定的补偿标准。根据《土地管理法实施条例》第二十五条第三款的规定，对补偿标准有争议的，由县级以上地方人民政府协调；协调不成的，由批准征收土地的人民政府裁决。征地补偿、安置争议不影响征用土地方案的实施。因此，对市、县人民政府批准的征地补偿、安置方案不服应当依法申请裁决，不能提起行政诉讼。《国法办关于依法做好征地补偿安置争议行政复议工作的通知》规定，被征地集体经济组织和农民对有关市、县人民政府批准的征地补偿、安置方案不服要求裁决的，应当依照行政复议法律、法规的规定向上一级地方人民政府提出申请。

需要注意的是，经过市、县人民政府批准的征地补偿安置方案，其中除了补偿标准之外，确定被征收土地的补偿费、安置补助费、地上附着物及青苗的补偿费和支付方式等，如直接影响到被征收土地权利人的实体权益，则属于行政诉讼的受案范围。

四是未增设相对人权利义务内容的程序性公告（不作为除外）。发布征地公告和征地补偿安置方案公告是征地程序中必不可少的一环，但是，通常公告仅是重复征地批准文件或已经批准的补偿安置方案中的有关内容，如告知批准征地机关、批准文号、征地用途、范围、面积以及征地补偿标准、农业人员安置办法和办理征地补偿的期限等，即公告只是批准文件的载体，本身没有独立的决定事项，因此，这一程序性行为未对被征地人设定新的权利义务，起诉这类行为没有实质意义。被征地人应当对征地批准文件或经批准的补偿安置方案本身提出异议。

需要注意两点：首先，被征收人以征收公告内容与征地批复批准征收土地的范围、用途、面积、补偿标准等内容不相符为由提起诉讼的，属于受案范围。公告若改变经批准的征地方案或征地补偿安置方案的内容，使得被征收人对文件内容产生认知错误，影响其提出意见并实际侵犯其合法权益的，则有可诉性。其次，对政府不履行发布公告的职责不服起诉的，属于受案范围。征地公告是保证被征地人知情权的法定程序，对被征收人而言，征地知情权具有独立的法益和价值，应当给予司法救济。

2. 原告主体资格

征地案件中原告主体资格的确定主要是审查起诉人与被诉行政行为是否存在利害关系。行政诉讼中有关利害关系的判断，需要考量三个因素：原告是否存在一项值得法律保护的权利；该权利是否属于原告的主观权利；该权利是否受到了被诉行政行为的侵害。三个因素中，第一个和第二个相对较难把握，可以从法律规范是否要求行政机关在作出行政行为时考虑并采取措施保护当事人所诉请救济的权益来进行审查，这就需要结合原告的诉讼请求来进行甄别，可见固定原告的诉讼请求非常重要。征地案件中的原告主要有：作为土地所有权人的村集体，包括达到特定数量的村民以村集体的名义提起的诉讼；土地使用权人和实际使用人，通常为村民个人。实践中，需要注意把握以下几个方面：

一是村集体的原告资格。村集体作为土地所有人和使用权人，在通常情况下无疑与征地行为具有利害关系，具备原告主体资格。但是，如果村集体与政府已经签订了征地协议，领取了征地补偿款，且在村集体提起诉讼之前政府已经取得了征地批准文件，则不宜再赋予村集体原告主体资格。因为征地批准文件作出、土地补偿工作完成，意味着在法律上村集体已经丧失了对土地、青苗、地上房屋及其他附着物的权利，请求权基础消灭，诉权自然丧失。此种情况下不认可村集体原告资格，有利于维护法律关系和社会生产关系的稳定，防止因土地价格上涨，村长更换村民反悔导致的无理诉讼。当然，如果村集体或村民系认为政府没有完全履行与其签订的征地补偿安置协议而提起行政协议之诉的，法院应当受理。

二是过半数村民以集体名义起诉的条件。在村集体因为各种原因不愿起诉的情况下，为了防止村民权益受到损害而无法得到救济，避免引发群体性的上访，有必要赋予具有代表性的村民以集体名义提起诉讼。《最高人民法院关于审理涉及农村集体土地行政案件若干问题的规定》第三条第一款规定："村民委员会或者农村集体经济组织对涉及农村集体土地的行政行为不起诉的，过半数的村民可以以集体经济组织名义提起诉讼。"根据 1998 年《村民委员会组织法》第十七条规定："村民会议由本村十八周岁以上的村民组成。召开村民会议，应当有本村十八周岁以上村民的过半数参加，或者有本村三分之二以上的户的代表参加，所作决定应当经到会人员的过半数通过……"因此，过半数应当是指本村"十八周岁以上村民的过半数"。

三是村民以个人名义起诉的原告资格是土地使用权人与实际使用人。实践中，很多农村集体土地的使用人没有土地权属证书，有的是因为当地从未发放过土地权属证书，有的是因为土地权属证书在征地前期准备过程中上交了，还有的是由于土地权属转移正在办理证书的过程中等。土地实际使用人即使没有权属证书，只要是合法享有土地使用权的，当其土地权益受到侵害时仍应赋予其诉权。对于非法占地的，则不应当受理，或者受理后查明情况，裁定驳回其起诉。

需要注意的是，村民个人起诉时，只能基于其自己享有的权益起诉，如农村土地承包经营权（耕种土地、地上附着物和青苗），农村自有宅基地使用权等，不能对原告承包经营土地以外的被征收土地提出权利诉求。

四是土地承租人的原告资格问题。这里的土地承租人不是指家庭联产承包经营户，而是指通过与具有土地使用权的村集体或农村承包经营户签订土地租赁合同，在一定期限内使用土地的单位或个人。该类土地承租人的土地使用权并非来源于"法定"的权益，而是依据合同获得的，因此其并不是土地管理法范畴中的"土地权利人"。在征地案件中，此类土地承租人的请求权基础限于其所有的地上种植物或附着物，其不能对征地行为中的土地所有权或使用权处分行为提出异议，即其与土地所有权或使用权的处分行为不具有利害关系，没有原告主体资格。

3. 被告主体资格

准确认定征地案件的适格被告，在实践中需要注意两个方面的问题：

一是要厘清授权与委托机关的法律责任。授权是指法律、法规或规章授权，实施被诉征地行为的行政机关或其他组织如辩称其行为系上级政府或有关部门"授权"，则其行为属于受委托实施的行为，应当将委托机关和受委托实施征地行为的单位作为共同被告。如上级政府或有关部门不承认或无证据证明委托关系的存在，就应当以具体实施征地行为的单位为被告。

二是要根据行政诉讼的举证责任分配规则，正确认定被诉征地行为的实施单位，找准责任主体。实践中，存在有的行政机关在与土地被征收人达不成补偿协议的情况下，强制拆除地上附着物或清除青苗树木，但是又不出具任何书面通知或决定的情况。这时，如果要求作为原告的被征收人提出充分证据证明强制行为是征地机关实施的，然后才能认定被告适格和立案，否则就不予受理或驳回起诉，这样的处理对原告而言不公平。因此，从举证能力和有利于保护被征收人诉权的角度考虑，在诉强制拆除或清表行为的案件中，只要原告能够提供初步证据，如市县政府或土地管理部门，乡镇政府或街道办事处与其进行过补偿协商，或发布过限期拆除的通知，或是反映拆除现场有关单位或人员身份的视频、照片等，就应当依法推定强制行为系上述行政单位所为，将其作为适格被告或共同被告，除非被告有相反证据或者生效裁判足以推翻该推定。

4. 起诉期限

征地案件中的起诉期限问题，应当注意以下两点：

一是把握好起诉期限的起算日期。除 20 年或 5 年的最长保护期限外，准确认定知道或应当知道被诉征地行为的时间非常重要。最高人民法院行政庭转发的国务院法制办有关《关于认定被征地农村知道征地决定有关问题的意见》（国法〔2014〕40 号）中对此规定得较为细致：在被征地村、组张贴征地公告（包括征收补偿安置公告）的书面证明或视听资料，被征地农民出具的已张贴公告的证明，其中公告中注明的届满日期为知道征地行为的起算日期，没有注明届满日期的，张贴满 10 个工作日为知道征地行为的起算日期。办理补偿登记、签订补偿协议、领取土地补偿款或收到补偿款等行为均可以相关行为发生之日为知道的起算日期。

二是把握好耽误起诉期限的正当理由。实践中有的行政机关在作出征地行为时，有意误导被征收人走信访途径，或先进行协商，或是错误告知应当复议前置等，导致被征收人耽误了起诉期限，这些都应当属于原告耽误起诉期限的正当理由。

5. 举证责任分配

征地案件中，法院应当重点查明被告的征地范围、征地对象和征地程序，要求被告提供充分证据。

一是证明少批多征的责任。此类情形中，被告多数主张其征地范围都在征地批复限定的范围内，应当让原告提出证据证明被告存在少批多征的问题。这种情况下，法院应当责令被告提供征地红线图，并要求被告对征地批复范围与红线图范围是否一致进行说明。对被告的举证，原告可以提出反驳性证据，如有资质单位出具的测绘报告、现场视频照片或者公证证明等。如原告提出反驳的，法院应当再让被告进行说明，被告无法合理说明的，应当判决其承担败诉的责任。法院不能偏听偏信行政机关的意见，将举证责任施加给原告，更不能回避实际征地范围是否与征地批准文件范围相一致这一重要基础事实，随意驳回原告的诉讼请求。

二是证明征地对象正确的责任。实施征地行为首先要确定被征土地的权利人，包括土地所有权人、使用权人和实际使用人。这些工作应当由实施征地的政府及其国土部门对被征土地所在集体经济组织，如村委会或村民小组等对被征土地的权属凭据和实际使用情况，包括是否有土地所有权或使用权证书，以及是否有土地承包经营权证书和实际的发包情况等进行认真核查。只有在明确被征土地的权属人后，才能依法正确开展征地工作。实践中，有的市、县政府仅根据乡镇政府或土地管理部门的项目呈报说明书来确定涉案土地的权属人，并未实地调查核实被征地权利人的有关权属凭据和土地的实际使用情况，从而导致错误认定补偿安置对象，引起征地补偿纠纷。这种情形下，法院应当要求征地机关提供其确定被征地权利人的充分证据，如征地机关不能举证时，应当认定其作出的征地补偿决定没有事实根据，而不能将举证责任课以原告。

三是证明征地赔偿或补偿标准、数额的责任。征收赔偿与补偿案件中，由于村集体或村民提起诉讼时，征地行为大多已经实施完毕，地形地貌完全改变，即便征地行为被确认违法，如事前没有依法进行清点或公证，青苗和地上附着物损失的情况原告也较难举证。在此情形下，首先可以由双方当事人协商赔偿或补偿数额，无法协商一致的，可以由双方共同选定有相应资质的评估机构，由法院委托进行评估。无法评估或当事人不愿评估的，则应当由被告承担举证责任。被告无法举证证明原告具体的损失情况的，应当由法院根据农村生产、生活经验和自然规律，对原告确定的、直接的经济损失进行酌情认定，判决被告承担赔偿或补偿责任。如在伍伟清等 28 名村民诉新兴县政府、新兴县东成镇政府土地行政征收及行政赔偿案中，法院以省统计局上一年度的稻谷产量和国家最低收购价为依据，计算出原告耕地被占用的经济损失，酌情判决被告向原告支付赔偿金。

6. 裁判方式的选择

一是征地行为被确认违法的，赔偿方式的选择。实践中，未批先征、少批多征被确认违法的情形比较普遍，很多情况下原告提出的赔偿请求包括支付赔偿金和返还土地、恢复原状。对于发生实际损失的，应当判决被告征地机关支付赔偿金。但是，应否一并判决返还土地、恢复原状，应当慎重。如果土地被占用后，实际未开发利用或者开发规模不大，而征地机关在案件审结时仍未取得征地批准文件的，可以判决其将土地返还原告，并且恢复原状。如果土地已经被填平，被告已对土地进行了实际的大规模开发利用，甚至建设了很多地上建筑物，此时再判决返还土地或恢复原状都不妥当，会造成更大的损失。这种情形下，可以在判决确认违法的同时，要求被告采取补救措施，尽快完善用地手续。法院也可以向有关部门提出追究违法征地机关责任的司法建议。

二是征地协议案件裁判方式的选择。土地征收过程中，被征收人与征收管理部门之间签订的征收补偿协议为行政协议，属于行政诉讼受案范围。但需要注意，根据《最高人民法院关于适用〈中华人民共和国行政诉讼法〉的解释》第一百六十二条有关“公民、法人或者其他组织对 2015 年 5 月 1 日之前作出的行政行为提起诉讼，请求确认行政行为无效的，人民法院不予立案。”的规定，如果村集体起诉要求确认新修正的《行政诉讼法》施行之前的行政协议无效的，应当不予立案。在对征地协议合法有效性进行实质审查时，应当对协议内容是否违反法律、法规或规章的效力性强制性规定；签订协议时是否存在欺诈、胁迫、恶意串通损害对方当事人或损害国家、集体社会公共利益的情形进行审查，不存在上述情形的应当认定协议合法有效；在审查协议各方是否履行了协议约定的义务时，重点审查征地补偿费是否已经足额向土地权属人支付，土地管理部门是否落实了留用地返还和村民社保安置措施等，土地管理部门依法履行了协议义务的，应当判决驳回原告的诉讼请求，否则应当判决被告限期履行行政协议确定的义务，造成原告损失的，应当判决被告依法赔偿。

（二）土地管理法律之外的政策把握问题

1. 依法支持处理土地违法历史遗留问题的政策

在20世纪90年代经济建设和改革热潮中，各地都形成了相当规模的突破土地管理法征地程序规定的情况。为了妥善处理这些历史形成的违法用地问题，国土资源部印发了《关于进一步治理整顿土地市场秩序中自查自纠若干问题的处理意见》（国土资发〔2003〕365号），其中规定："未经合法批准用地的行为，属于政府责任的，负有责任的政府领导、国土资源行政主管部门领导要作出深刻检查，在落实耕地占补平衡、做好征地补偿安置工作后，可以依法办理建设用地审批手续；属于用地单位或者个人责任的，经国土资源行政主管部门依法处罚后，可以依法办理建设用地审批手续。县级以上地方政府应于2003年12月31日前将建设用地申请逐级上报到有批准权的政府。"广东省国土资源厅也发布了《关于在治理整顿土地市场秩序中完善历史用地手续问题的通知》（粤国土资（利用）字〔2004〕9号），规定发生在1999年1月1日以前的违法用地，可提交征用土地协议书、违法用地处理（罚）决定书、违法用地单位的用地申请书、建设项目规划许可文件等材料，完善用地手续。上述政策是对处理土地违法行为历史遗留问题作出的政策性规定，也是贯彻落实《土地管理法》的具体表现，符合我国和广东省土地管理的实际情况。因此，依据国土资源部和广东省国土资源行政主管部门发布的政策文件作出的完善历史用地手续的行为，不能认定为违反《土地管理法》的规定。实际中，只要征地机关提供证据证明其依据政策规定的程序，完善了用地手续的，应当予以支持。

2. 依法认定当前征地方式改革措施中政府应承担的法律义务

目前，各地市、县政府及其土地管理部门在具体实施征地时，会根据当地情况，采取一些灵活的方式开展征地活动。比如，土地管理法规定，土地补偿费归农村集体经济组织所有，地上附着物及青苗补偿费归地上附着物及青苗的所有者所有。但在实际操作中，有的土地管理部门将土地补偿费和地上附着物及青苗补偿费一并全部支付给村集体，同时要求村集体自行与地上附着物及青苗的所有者协商解决其补偿问题。另外，有的土地管理部门取得征地批准文件后，与村集体签订协议，约定土地转为国有土地后挂牌出让，土地管理部门并不收取土地拍卖款，而是将拍卖款作为补偿费用，全部返还给村集体。在上述情况下，如果地上附着物及青苗的所有者无法从村集体领取到应有的补偿款，一旦产生纠纷，应当作为民事案件还是行政案件处理，值得探讨。笔者认为，向村民支付地上附着物及青苗补偿费是土地管理部门的法定义务。土地管理部门将本应由自己承担的支付义务转移给村集体，不论采取行政协议的方式还是其他方式，实际上这种行为应当视为委托村集体对村民进行补偿款支付，因此产生的纠纷法律责任仍应由委托机关即土地管理部门承担。拿不到补偿款的村民，可以对土地管理部门提起行政诉讼。

四、预防和化解农村集体土地征收与补偿行政纠纷的司法建议

（一）进一步完善土地管理相关法律规范

1. 明确界定征地的法律基础

土地管理法规定，土地征收的条件是"为公共利益需要"，但究竟什么是"公共利益"？有关土地管理的法律法规等均未进一步细化。不少案件中，村民对政府征地是否具有公共利益的基础提出强烈质疑，但是由于没有明确判断标准，法院对征地行为"合目的性"的审查和裁判说理显得力不从心，很大程度上影响了服判息诉的效果。我们认为，公共利益应当限于为社会成员共同性的利益需求，这一利益结果并不能归于任何特定的利益群体，而且公共利益的结果必须增进社会成员的共同福利。建议在立法上明确对符合"公共利益"标准的各种公共事业建设作出列举式规定，如军事用地；国家政府机关及公益性事业研究单位用地；能源、交通用地；公共设施用地；国家重点工程用地；公益及福利事业用地；水利、环境保护用地；其他经合法程序确认的符合"社会公共利益"需要的用地。

2. 进一步细化被征地人的程序权利保障

土地管理法及其实施条例规定了基本的征地程序，但是在实践中，被征地村集体或村民诉讼中提出对征地行为不知情、补偿涉及的评估程序不合法问题仍然较多。建议立法进一步完善征地公告程序，明确征地公告属有效发布或送达的标准，征收村民小组土地的应当在村小组范围内以适当方式公告，确保实际使用土地的村民及时知晓征地方案和补偿安置方案内容；进一步细化涉及地上附着物或青苗的评估方式、标准和程序，保障评估的公平公正；进一步明确涉及征地补偿的政府信息公开方式和责任主体，畅通信息公开

渠道。

3. 进一步完善征地补偿的各项标准和程序

首先，应当非常具体、明确地规定各项征地补偿款的发放时间、方式、相关义务主体以及违法责任；明确规定政府不履行与村集体签订的征地补偿的法律责任。其次，适时提高征地补偿各项标准，特别对征地后没有再分配到土地的村民，应当规定其可以获得更多的安置补助费用；同时，应当规定对土地承租人除可以获得地上附着物和青苗的补偿外，征地时还应根据承租人对土地的实际投入情况给予适当、合理的土地开发补偿。

4. 切实保障被征地人诉讼外的法律救济权利

目前法律规定对批准征地的行为不服，只能通过行政复议途径寻求救济，对征地补偿标准不服应当首先通过行政裁决的方式进行。上述救济途径均非诉讼方式，但是土地管理法律法规对于上述救济的具体操作方式并无明确规定，由此导致政府有关部门在开展上述工作中做法不一，甚至推诿塞责。建议立法补充完善被征地人对上述征地行为在诉讼外的法律救济机制，明确申请救济的方式、受理机关、处理程序和审查标准，妥善化解此类纠纷。

（二）进一步强化行政机关开展征地工作的法律意识和责任

1. 各地政府应当切实负起征地主体责任

土地是农民赖以生存的基础，在土地征收问题上，当地政府及其土地管理部门要及时切实负起责任，预防和化解征地纠纷。一是要严格遵守土地征收的法律规定，在进行征地的前期准备工作时，不能对村集体或村民实际使用土地的权利进行剥夺或限制，更不能在未取得征地批准文件的情况下破坏土地现状，强行开发土地。二是严格控制征地范围，坚决杜绝“少征多占”侵害村民权益的行为。三是要以农民利益最大化为原则，制定并及时更新征地补偿标准，真正体现被征收土地的价值。四是要落实农村社会保障制度，严格执行留用地返还指标，帮助农民开展其他生产经营活动，使农民在失去土地后，生活水平得到保障和改善而不是相反。

2. 土地管理部门应当增强依法开展征地工作的意识和水平

一是依法签订和履行征地补偿安置协议。直接负责实施各项征地工作的土地管理部门应当联合乡镇或街道，与被征地村集体和群众更多地通过平等协商的方式，依法签订征地补偿安置协议，并诚信履行协议内容，尽量避免使用强制手段实施征地行为。二是在每一个征地行为中都应当及时公布土地征收各项补偿费用的分配方案，提出具体的标准和意见，并确保被征地村集体和群众及时知悉方案内容。三是加强对参与征地工作的村委会的监督，保证征地补偿款得到合理及时地分配，保障农民合法权益。四是在发生征地纠纷时，主动与被征地集体和群众进行协商，或在法院的主持下与村集体积极沟通，避免矛盾升级，及时化解争议。

3. 征地机关应当不断提升依法应诉工作水平

一是要加强对行政诉讼相关法律知识的学习，及时掌握最新的司法解释以及征地案件指导性案例的精神和内容，以不断校正和改进征地执法工作；二是积极应诉答辩，诚信参与诉讼活动。征地案件关系重大，各地政府和土地管理部门应当高度重视应诉工作，依法应诉答辩，如实回答法庭询问。同时，按照行政诉讼法的规定以及广东《关于进一步加强行政机关负责人出庭应诉工作的通知》要求，提高行政机关负责人的出庭应诉率，有效化解征地纠纷。三是及时、完整、准确地履行法院作出的生效裁判文书，保障被征地集体和群众胜诉后应当获得的合法权益，尊重司法权威。

附：《广东省高级人民法院关于审理农村集体土地征收与补偿行政案件的指引》（试拟稿）

广东省高级人民法院
关于审理农村集体土地征收与补偿行政案件的指引
（试拟稿）

为正确审理农村集体土地征收与补偿行政案件，依法维护当事人的合法权益，依照《土地管理法》《行政诉讼法》、《最高人民法院关于适用〈中华人民共和国行政诉讼法〉的解释》等法律、法规及司法解释规定，结合我省实际，形成以下指引，供全省各级法院办案参考。

1. 审理农村集体土地征收与补偿行政案件应当以有利于保护被征收人合法权益，有利于土地资源的合理开发利用，有利于维护社会稳定为原则。

2. 各地法院要充分重视农村集体土地征收与补偿行政案件的立案工作，对符合法定条件的起诉必须依法受理；要加强案件的诉讼指导和释明工作，积极引导当事人合法、合理地进行诉讼，经释明或补正材料后，仍不符合起诉条件的，应当不予受理，已经受理的应当驳回起诉；要依法审查行政机关或法律、法规、规章授权的组织在征地补偿安置工作中的行政行为，为被征收人提供及时、有效、充分的法律救济。

3. 被征收人对国务院、省级人民政府作出的征地批准文件提起诉讼的，不予受理。

被征收人对征地批准文件不服申请行政复议，复议机关决定不受理复议申请或受理后未经实体审理决定驳回复议申请的，被征收人可以对上述行政复议决定提起行政诉讼。

被征收人对征地批准文件不服申请行政复议，复议机关经复议作出具有实体处理内容的复议决定，被征收人不服提起诉讼的，不予受理。

4. 被征收人对征地机关在上报征地申请前进行的告知被征收人拟征土地的范围、面积，土地丈量、青苗和地上附着物情况清点等不影响村民对土地实际使用的征地前期准备行为不服提起诉讼的，法院不予受理。

5. 被征收人对市、县人民政府批准的征地补偿、安置方案中确定的补偿标准不服提起诉讼的，不予受理。

被征收人对征地补偿安置方案中除补偿标准外，确定被征收土地的补偿费、安置补助费、地上附着物及青苗的补偿费和支付方式等行为不服提起诉讼，如上述行为内容对被征收人权利义务造成实际影响的，应予受理。

6. 被征收人对重复征地批准文件或征地补偿安置方案内容的征地公告或补偿安置方案公告提起诉讼的，不予受理。但是，征地公告或补偿安置方案公告改变经批准的征地方案或征收补偿安置方案的内容，实际侵犯被征收人合法权益的，应当受理。

被征收人认为征地机关不履行征地公告或补偿安置方案公告职责提起诉讼的，应当受理。

7. 被征收人在提起诉讼之前已经与征地机关签订了征地协议，领取了征地补偿款，且在被征收人提起诉讼时，征地机关已经取得了征地批准文件，在此情况下被征收人提起诉讼请求撤销征地协议或主张协议违法或无效的，不予受理。但是，被征收人起诉要求征地机关依法履行征地协议的，应当受理。

8. 被征收人以个人名义提起诉讼的，受案法院应当审查起诉人是否为征地行为所涉土地、青苗或地上附着物的权属人或实际使用人。被征收人对征地行为所涉土地、青苗或地上附着物没有权属，也非实际使用人的，对其起诉不予受理。

9. 土地承租人对征地机关作出的有关土地所有权或使用权的处分行为提起诉讼的，不予受理。受案法院可以告知起诉人依据土地租赁合同以民事法律途径解决纠纷。

10. 征地机关委托有关单位或组织实施征地行为的，征地机关为被告；法院可以视情况将委托征地的行政机关和受委托的单位或组织列为共同被告。

实施征地行为的单位或组织主张其与征地机关存在委托征地关系，但是无证据证明委托关系成立的，实施征地行为的单位或组织为被告。

11. 被征收人对在征地过程中实施的强制拆除、强制清表等行政强制行为不服提起诉讼的，只要能够提供初步证据证明被诉强制行为系征地机关或是其他行政机关或组织实施的，法院应当受理，受案法院可以根据起诉人提交的证据，依法将征地机关或其他行政机关或组织作为被告。但是，被告有充分证据证明其并未实施被诉行政强制行为的除外。

12. 征地机关提供了在被征地集体经济组织所在地张贴过征地公告或征地补偿安置公告的书面证明或视听资料，或者被征地集体经济组织出具了已张贴征地公告或征地补偿安置公告的证明，有关公告中注明的公告届满日期为原告知道公告所述征地行为的起算日期。公告没有注明届满日期的，张贴满 10 个工作日为原告知道征地行为的起算日期。

征收村民小组集体所有土地的，征地机关仅提供在该村民小组所属的村民委员会所在地张贴征地公告或征地补偿安置公告证明的，不能认定被征地村民小组自公告届满之日知道公告所述征地行为的起算日期。

被征收人办理过补偿登记或签订过补偿协议，领取过土地补偿款或收到过补偿款等行为，相关行为发生之日为被征收人知道征地行为的起算日期。

13. 征地机关在作出征地行为时，错误告知被征收人先申请行政复议才能提起诉讼、故意引导被征收人走信访途径解决法律纠纷，或存在其他影响被征收人提起诉讼的行为，导致被征收人未能及时行使诉权的，属于被征收人耽误起诉期限的正当理由。

14. 被征收人主张征地机关超过征地批准文件范围征收土地的，由征地机关对其是否存在超出征地批准文件范围征收土地的行为承担举证责任。征地机关不能完成举证责任的，应当承担败诉的责任。

15. 被征收人主张征地机关将征地补偿款错误发放给其他集体经济组织或个人的，征地机关应当举证证明接受征地补偿款的集体经济组织或个人为被征土地或青苗、地上附着物的权属人。征地机关不能完成举证责任的，应当承担败诉的责任。

16. 在征地行为违法引起的行政赔偿或补偿案件中，被征收人和征地机关可以就赔偿或补偿方式及数额进行协商，协商无法达成一致意见的，可以由双方共同选定有法定资质的评估机构对损失数额进行评估。

无法评估或任一方当事人不愿评估的，被征收人应当提供证据证明其所主张的损失。但是，因征地机关原因导致被征收人无法举证证明其损失的，应由征地机关承担举证责任。

征地机关无法举证证明被征收人具体的损失情况的，法院应当根据农村生产、生活经验和自然规律，对被征收人的确定的、直接的经济损失进行酌情认定，判决征地机关承担赔偿或补偿责任。

17. 法院经审理，认定征地机关实际征收了土地但在案件审结时仍未取得征地批准文件的，如果被征土地尚未开发或者开发规模不大，对被征收人提出返还土地，恢复原状的诉讼请求应予支持。如果被征收土地已经被大规模开发利用，应当判决确认征地行为违法，并责令征地机关采取补救措施，对被征收人提出的返还土地，恢复原状的诉讼请求不予支持。受案法院可以向有关部门提出司法建议。

18. 被征收人与征地机关签订的征地协议属于行政协议。被征收人与征地机关因履行征地协议发生争议，被征收人提起诉讼的，属于行政诉讼受案范围。但被征收人起诉请求确认 2015 年 5 月 1 日之前签订的征地协议无效的，法院可以向被征收人进行释明，要求其变更诉讼请求，被征收人拒绝变更的，对其起诉应不予受理，已经受理的应当驳回起诉。

19. 法院在审理征地协议案件时，应当对征地协议的合法性、有效性作出认定。征地协议内容违反法律、法规或规章的强制性规定，或签订征地协议时一方当事人存在欺诈、胁迫行为，或各方当事人存在恶意串通损害国家、集体或社会公共利益的行为，应当认定征地协议违法、无效。

20. 法院在审理征地协议案件时，应当对各方当事人履行协议义务的情况进行审查。

征地机关未履行或未完全履行征地协议内容的，应当判决征地机关限期履行行政协议约定的义务。造成被征收人损失的，根据被征收人的诉讼请求，可以判决征地机关依法承担赔偿责任。

征地机关不存在被征收人起诉所主张的未履行或未完全履行征地协议内容的情形，应当判决驳回原告的诉讼请求。

21. 法院在审理农村集体土地征收与补偿行政案件中，对于法律、法规或规章未明确规定，征地机关依据具有改革、试验性质的相关政策作出的，未损害被征收人合法权益的征地行为，不应视为没有法律法规或规章的依据。

（注：本指引中的征地机关，包括组织实施征地工作的各级地方人民政府及其土地管理部门，法律、法规或规章授权的组织；被征收人包括被征地农村集体经济组织、农村村民和其他权利人。）

（作者单位：广东省高级人民法院）

关于行政机关负责人出庭应诉情况的调研报告

黑龙江省高级人民法院行政庭

【摘要】自2016年以来，黑龙江省各级人民法院一直采取多项措施落实负责人出庭工作，并与政府磋商推动了地方立法跟进，在全省法院积极推动和相关部门的配合下，全省被诉行政机关负责人应诉率由2016年的11.55%上升为2017年的96.88%。因我省在此项工作中的优良做法，2018年初，最高人民法院委托黑龙江高级人民法院起草行政机关负责人出庭应诉专项司法解释，同时要求呈送调研报告。本调研报告是以2017年黑龙江全省法院一、二审开庭审理的行政诉讼案件为数据样本，总结近两年的经验做法，对行政机关负责人应诉制度在司法实践中出现的问题进行梳理，并深刻剖析问题产生的原因。同时，为使该项制度在推进行政争议有效化解上进一步发挥功能，提出相应的对策和建议。

【摘要】行政机关负责人　应诉制度　负责人出庭

2015年5月1日实施的《行政诉讼法》第三条第三款规定："被诉行政机关负责人应当出庭应诉。不能出庭的，应当委托行政机关相应的工作人员出庭。"至此，行政机关负责人出庭应诉制度已成为我国行政诉讼的基本制度之一，该制度在有效化解行政争议、促进行政机关依法行政等方面发挥了重要作用。但其立法规定的原则性及实际运行中存在的诸多问题，导致其作用不能有效发挥。

一、基本情况

2014年至2015年，黑龙江省一审行政案件被诉行政机关负责人出庭应诉率分别为0.6%和7%。2016年虽达到11.55%，但在全省法院一审行政案件中，被诉行政机关为政府的有785件，负责人出庭应诉比例仅为1.73%；被诉行政机关为政府部门的有 3643 件，政府部门负责人出庭应诉比例仅为 9. 82%。另外，被诉行政机关负责人“出庭不出声”“出庭不出力”等应付诉讼、走过场的现象也较为突出，不能真正体现行政机关负责人出庭应诉的预期效果。

2017 年，黑龙江省法院共计开庭审理一、二审行政诉讼案件 2112 件，行政机关负责人出庭应诉 2046 件，出庭应诉率 96. 88%。其中，一审行政诉讼案件 1645 件，负责人出庭应诉 1581 件，出庭应诉率 96. 11%。二审行政诉讼案件 467 件，负责人出庭应诉 465 件，出庭应诉率 99. 57%。以政府为被告的 428 件中，负责人出庭 394 件，出庭应诉率 92. 06%，正职出庭 11 件，占 2. 79%，副职出庭 383 件，占 97. 21%。以政府部门为被告的 1684 件中，负责人出庭 1652 件，出庭应诉率 98. 10%，正职出庭 169 件，占 10. 23%，副职出庭 1483 件，占 89. 77%。涉及重大公共利益、社会高度关注、可能引发群体事件及法院书面建议四类案件共计 209 件，负责人出庭 206 件，出庭应诉率 98. 56%。

出庭负责人在一审案件中发表意见 427 件次，占出庭总数的 27%；二审案件中发表意见 98 件次，占出庭总数的 21%。在已审结的行政机关负责人出庭应诉案件中，一审撤诉或调解 212 件，占出庭总数的 13. 4%；二审撤诉或调解 19 件，占出庭总数的 4%。

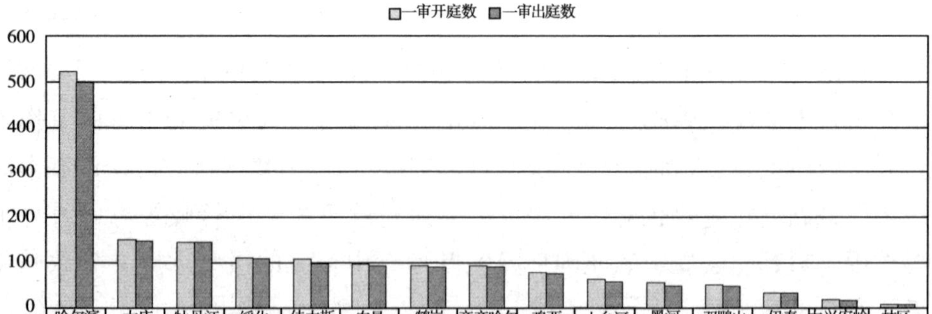

	哈尔滨	大庆	牡丹江	绥化	佳木斯	农垦	鹤岗	齐齐哈尔	鸡西	七台河	黑河	双鸭山	伊春	大兴安岭	林区
一审开庭数	523	152	148	112	110	96	95	95	79	63	57	52	35	19	9
二审开庭数	500	150	148	109	101	94	92	91	77	58	50	50	35	17	9

图 1 黑龙江省法院一审行政案件负责人出庭应诉情况统计图

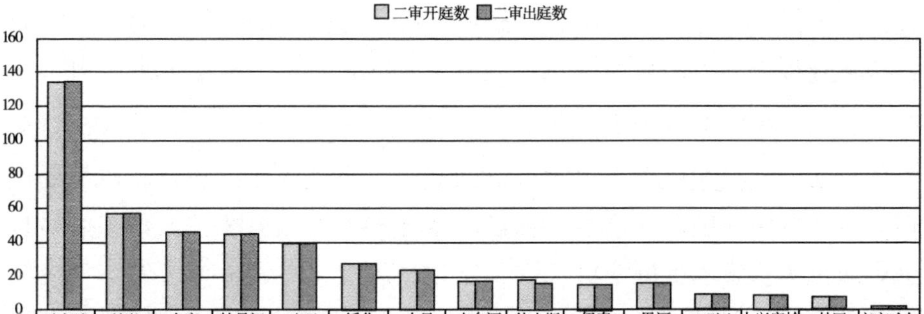

	哈尔滨	鹤岗	大庆	牡丹江	鸡西	绥化	农垦	七台河	佳木斯	伊春	黑河	双鸭山	大兴安岭	林区	齐齐哈尔
二审开庭数	134	57	46	45	39	28	24	18	18	15	15	9	9	8	2
二审出庭数	134	57	46	45	39	28	24	18	16	15	15	9	9	8	2

图 2　黑龙江省法院二审行政案件负责人出庭应诉情况统计图

二、推进行政机关负责人出庭应诉采取的主要措施

（一）领导高度重视

2016 年黑龙江高级人民法院向省委、省人大、省政府主要领导报送了《2015 年全省行政案件司法审查报告》，汇报了黑龙江省行政案件审判情况，对被诉行政机关负责人出庭应诉率偏低的问题提出了建议。时任省委书记王宪魁，省委副书记、省长陆昊，省人大常委会党组书记、副主任符凤春等领导分别作出批示。省政府办公厅还下发了《关于 2015 年全省依法行政存在主要问题情况的通报》，省长陆昊在通报上批示，要求省直各部门和各地市、区县政府组织学习、督促整改。2017 年 4 月 18 日，省委常委、政法委书记甘荣坤在全省解决执行难问题推进会上强调，要下大力改变黑龙江省行政机关负责人出庭应诉率不高的状况，被诉行政机关负责人必须认真履行出庭应诉的法定义务，以实际行动促进法治政府建设。2017 年 4 月 28 日，黑龙江省高级人民法院党组向省委、省政府主要领导呈送了《关于全省被诉行政机关负责人出庭应诉情况的报告》，省委书记张庆伟、省委副书记、省长陆昊对此高度重视并作出重要批示。张庆伟批示："请陆省长阅，省政府研究。"陆昊批示："请法制办依据有关法规、国家要求和我省实际提出意见。"5 月 7 日，省委书记张庆伟到黑龙江省高级人民法院进行调研，在听取了黑龙江省高级人民法院党组工作汇报后，特别针对被诉行政机关负责人出庭应诉工作作出指示，明确任务要求。5 月 8 日，省政府召开第 85 次常务会议，邀请黑龙江

省高级人民法院党组副书记、常务副院长专门就《2016年黑龙江省行政案件司法审查报告》及行政机关负责人出庭应诉的相关问题进行讲解说明。

（二）地方立法跟进

落实行政机关负责人出庭应诉的规定，是人民法院和行政机关的共同责任。全省各级法院高度重视，积极推动地方人大出台相关文件或者制度，促进行政机关负责人出庭应诉工作制度化、规范化。2016年8月，黑龙江省人大常委会听取并审议了黑龙江省法院《关于行政审判工作情况的报告》，作出了《黑龙江省人大常委会关于进一步加强行政审判工作的决定》，在全国率先以地方立法的形式，明确了各级行政机关负责人积极履行出庭应诉的法定义务，并对行政机关负责人的范围、负责人必须出庭的案件类型进行了详细规定。同时规定对于应当出庭应诉而不出庭应诉的被诉行政机关负责人，人民法院将在裁判文书中载明并予以公告，同时，建议任免机关、监察机关或者上一级行政机关对相关责任人严肃处理。

（三）法院全力推动

2017年初，黑龙江省高级人民法院将被诉行政机关负责人出庭应诉工作确定为全省法院的一项重要工作，在石时态院长的亲自部署下，决定在全省法院建立被诉行政机关负责人出庭应诉情况通报制度。院长亲自抓推进、抓落实，主动与省政府法制办沟通协调，在征求省政府法制办意见的基础上，于2017年4月5日下发了《黑龙江省高级人民法院关于对被诉行政机关负责人出庭应诉情况进行通报的通知》（以下简称《通知》）。《通知》下发后，全省各中级、基层人民法院院长第一时间联系当地党委、人大、政府主要领导，通过召开新闻发布会、工作推进会、联合发文等形式，全面贯彻《通知》要求。全省各地市（县）主要领导针对此项工作批示批阅177件次，各地党委、人大、政府以正式文件形式转发《通知》83件次，对辖区行政机关提出明确要求。各级法院与行政机关联合发文14件，政府单独发文14件。法院与政府联合召开推进会19场，召开新闻发布会10场。在黑龙江省高级人民法院积极推动和相关部门的支持配合下，截至2017年末，黑龙江省被诉行政机关负责人出庭应诉率平均为96.9%，同比上升85.3%。

（四）政府发文部署

2016年7月，黑龙江省政府办公厅下发了《关于加强和改进行政应诉工作的意见》，要求全省各级行政机关负责人要依法参加行政诉讼，直接倾听公民、法人和其他组织的呼声，及时发现和纠正行政执法中存在的问题，维护法律尊严与权威，提高政府公信力。2017 年 6 月 19 日，经黑龙江省高级人民法院与黑龙江省政府法制办多次研究磋商，黑龙江省政府办公厅下发了《关于印发〈黑龙江省行政机关负责人出庭应诉规定〉的通知》。该规定共计 16 条，完全吸收了黑龙江省法院所提意见，分别对行政机关负责人范围、必须出庭应诉的案件范围、应诉的准备及不出庭应诉的行政责任进行了详细规定。该文件的制发，对全省各级行政机关负责人出庭应诉工作起到强有力的促进作用。

（五）制度机制保障

一是建立目标考评制度。省法院积极推动省政府将被诉行政机关负责人出庭应诉情况作为重要内容纳入《黑龙江省法治政府建设考核方案》和社会治安综合治理考评体系，单独设定考核分值，实现行政机关负责人出庭应诉工作的制度化、常态化。各地市也积极推动，如双鸭山市人民政府出台《双鸭山市行政机关负责人出庭应诉工作暂行规定》，将行政机关负责人出庭应诉工作纳入行政管理目标考评；林区中级人民法院推动森工总局制定了《黑龙江省森工系统行政机关负责人出庭应诉暂行规定》，将负责人出庭应诉情况纳入年终目标管理考评。

二是建立庭审观摩制度。2016 年 6 月，黑龙江省法院与牡丹江市委研究决定，以领导干部旁听观摩行政案件庭审的形式，推进行政诉讼和依法行政工作。案件由牡丹江市中级人民法院公开开庭审理，林口县县长出庭应诉，牡丹江市委组织市、县两级领导干部 160 余人旁听，省法院通过视频形式组织全省三级人民法院观摩。由此，开创了通过庭审观摩对行政机关负责人出庭应诉进行指导的新模式。

三是建立培训辅导制度。黑龙江省高级人民法院主管行政审判的副院长、行政庭庭长及审判法官多次深入各级政府和政府部门为其讲授行政机关负责人出庭应诉工作实务，帮助其提升应诉能力和出庭效果。

四是建立月通报制度。根据《黑龙江省高级人民法院关于对被诉行政机关负责人出庭应诉情况进行通报的通知》要求，黑龙江省高级人民法院坚持每月对全省开庭审理案件中的负责人出庭情况进行统计，凡被诉行政机关负责人未出庭的行政案件，一律通报审理法院院长及被诉行政机关。

五是发挥司法建议作用。各级人民法院通过黑龙江省高级人民法院搭建的信息汇总反馈平台，及时将每月的负责人出庭应诉情况反馈到各级政府机关，通过排序、通报等方式倒逼行政机关充分重视落实该项制度。对于落实情况不好的行政机关，及时发出司法建议，督促改进。

三、行政机关负责人出庭应诉产生的效果及典型事例

（一）有利于化解官民矛盾，实质解决行政争议

行政机关负责人出庭应诉，体现了对行政相对人法律地位的尊重和对其合法权益的重视。在诉讼中，许多行政相对人觉得自己与行政机关“一把手”平起平坐，实现了诉讼地位的平等性，在心理上得到极大满足，从而大大缓和了与行政机关的对立情绪，有利于行政纠纷的解决。例如，哈尔滨中级人民法院行政二庭审理的张某等人诉依兰县政府行政赔偿等六起案件。由于修建哈佳铁路，依兰县人民政府在未能与张某等人达成征收补偿协议的情况下，违法砍伐张某等人林地上的林木，引发争议。庭审中，依兰县政府常务副县长出庭应诉，主动做原告的工作，根据实际损失情况，提出了合理的赔偿方案，并主动落实了赔偿款，案件最后在庭外达成了和解，张某等人撤诉。

又如，齐齐哈尔讷河市人民法院审理的苏某诉讷河市地税局不履行法定职责一案，讷河市地税局负责人出庭应诉，在庭审过程中，行政机关负责人积极参与调解，经讷河市人民法院协调，双方当事人当庭自愿达成协议：被告讷河市地税局给付原告苏某抚恤金 3 万元，此款当即付清。案件终结原告息诉罢访，多年信访案件得到解决。

（二）有利于为行政机关工作人员树立执法典范，推动行政机关工作作风的改进

实践中，行政机关负责人出庭应诉时，通常本机关工作人员参加旁听的人数较多，对执法人员规范执法行为，促进执法公正，提高执法水平都会产生积极的影响。行政机关负责人在法庭上直面行政相对人，平等地据理力争，据法力辩，也能更直接、更有力地促动工作人员改进工作，进而加快本机关工作作风的好转。例如，哈尔滨平房区人民法院审理的鞠某某诉平房区平盛

街道办事处信息公开一案。原告起诉的心理动因就是因为在办理相关行政事务中，平盛街道办事处的工作人员态度不好。在庭审中，平盛街道办事处主任作为机关负责人出庭应诉，对于原告的异议耐心解释，积极沟通，对于本机关存在的不足之处虚心改正，化解了当事人的对立情绪和怨气。原告鞠某某当庭撤诉。

（三）有利于增强行政机关领导人的法律意识，提高依法行政水平

我国现行的行政首长负责制，决定了行政首长对本部门的依法行政工作负总责。“一把手”出庭应诉，要求行政机关负责人对本行政机关作出的具体行政行为在事实、法律和程序方面进行全面的掌握和考量。通过出庭应诉，可以促使其认真学习法律知识，深化依法行政意识，强化依法行政的责任感，从而进一步提高决策水平。例如，黑龙江农垦中级人民法院审理徐某诉农垦总局司法局、省司法厅行政不作为一案，被告农垦总局司法局正职负责人、省司法厅副职负责人均出庭应诉，并在庭审过程中和庭后协调过程中，发言发声，态度诚恳，当场解决实际问题，避免了在解决问题过程中原告抵触，被告层层汇报的负面效应，使一起多年上访案件得到了妥善化解。

（四）有利于法治政府形象的展示

以积极的态度出庭应诉，既是对群众和法律的尊重，也是法治政府良好形象的展示。行政首长作为被告出庭在社会上会产生了一种积极效应，表率作用明显。例如，鹤岗市中级人民法院审理的鹤岗市德政小区居民诉鹤岗市采煤深陷区综合治理办公室确认行政行为违法及行政赔偿案，上诉人的人数众多，多数人都有过上访告状的经历，情绪大多较为激动，在开庭审理过程中，被上诉人的主管副主任出庭应诉，对当时的相关政策作出细致的解答，并且认真回答上诉人的质疑，缓解了上诉人的对立情绪，树立了良好的政府形象。

四、行政机关负责人出庭应诉工作中存在的问题

（一）以政府为被告的案件负责人出庭率较低，且理由说明不具体

在负责人未出庭的案件中，以区县以上政府为被告的案件占多数。经抽样调取部分以政府为被告的案件了解负责人未出庭原因，多为“参加重要会议”“有重要公务活动”等内容。但没有详细说明参加什么活动或者出席什

么重要会议，以及何故未委托其他副职负责人出庭，有的甚至不提交书面说明，只是在法庭上予以口头说明。如此做法往往容易引起原告的不满，直接影响庭审效果。

（二）行政机关负责人出庭存在“两高两低”现象

一是行政机关级别越高出庭率越低。区县及以下政府或者政府部门负责人出庭率明显高于市以上政府负责人出庭率。二是副职负责人出庭率高而正职出庭率低。尤其是行政机关的级别越高，正职出庭率就越低。

（三）负责人普遍存在“出庭不出声”的问题

出庭负责人在庭审中发表意见的共计 525 件次，占出庭总数的 25. 66%，其中，在一审案件中发表意见 427 件次，占出庭总数的 27%；二审案件中发表意见 98 件次，占出庭总数的 21%。发表意见的比例都很低。因出庭应诉的多数是副职负责人，其对行政纠纷有时不敢或不能当庭表态下决定，加之缺乏相应的法律知识和应诉技能，在庭审中基本不发言或发言较少，大部分都交由委托代理人进行答辩，未能充分利用庭审平台与相对人积极沟通。行政机关负责人只是形式上参与庭审，难以充分发挥实质解决行政争议的作用。

（四）负责人出庭应诉率与调撤率没有明显关联

在已审结的行政机关负责人出庭应诉案件中，一审撤诉或调解 212 件，占出庭总数的 13. 4；二审撤诉或调解 19 件，占出庭总数的 4%。可见，在负责人出庭应诉的案件中，行政争议能够有效化解的比例并不高。行政机关负责人出庭应诉制度的设计初衷之一是让行政机关发现自身问题，便于开展调解工作，有利于高效解决行政争议。但是目前并未见负责人出庭应诉率和开庭审理案件的调撤率上涨，这两项数据有着明显的正关联关系。调撤率并未随负责人出庭应诉率的升高而升高。

五、出庭应诉工作存在问题的原因分析

行政机关负责人出庭应诉工作中存在的问题，既有制度原因，也有认识原因。主要有以下几个方面：

（一）法律规定不完善导致实际操作有偏差

一是应当出庭应诉案件范围不明确。尽管司法解释及相关文件对出庭应

诉案件范围作出了规定，但由于必须出庭应诉的案件范围规定过于原则，实践中难以具体操作。尤其是有的地方政府或部门认为案件简单，不需要负责人出庭，导致规定在执行中大打折扣。二是对“正当理由”的理解有偏差。根据法律及司法解释规定，负责人应当出庭应诉，不能出庭的应具有“正当理由”，并负有向法院提交情况说明的义务，由法院判断未出庭是否属于“正当理由”，但法律对“正当理由”未进行细化规定，致使行政机关负责人以各种所谓的“正当理由”（如开会）规避出庭应诉。三是复议案件负责人是否出庭。从原告角度分析，原告都希望复议机关负责人出庭，因为复议机关一般都是作出原行政行为单位的上级单位，原告认为上级单位负责人出庭，争议问题能得到实质解决，所以开庭时原告会当庭强烈要求复议机关负责人出庭。但实际案件中复议机关负责人很少出庭甚至不出庭。从法律规定的角度理解，复议机关负责人应当出庭。但复议机关维持原行政行为的案件，原告主要针对的是原行政行为，矛盾焦点也集中在原行政行为，复议维持决定并没有对当事人产生新的权利义务，复议机关不出庭具有合理性，但法律未明确规定，给实践操作带来了障碍。

（二）不出庭应诉缺乏惩戒机制

一是不出庭应诉无明确法律后果。对于不履行应诉义务的负责人，法律未规定其承担相应责任。《最高人民法院关于行政诉讼应诉若干问题的通知》第三条规定的惩戒措施也只停留在“可以依照”的程度，即行政机关负责人不出庭应诉的，人民法院应当记录在案并在裁判文书中载明，可以依照《行政诉讼法》第六十六条第二款的规定予以公告，建议任免机关、监察机关或者上一级行政机关对相关责任人员严肃处理。法院为了避免增加政治负担，不会轻易采取“公告”的形式给予监督，而司法建议只能起到“不痛不痒”的作用。二是对不出庭的负责人，相对人无救济途径。行政相对人希望负责人出庭，但负责人不出庭，相对人并无具有强制约束力的救济办法。三是行政机关内部监督缺乏强制力。目前，虽然有些地方政府将行政机关负责人出庭应诉制度规定纳入政绩考核，因未具体采取有效的监督措施，使考核多流于形式。由于行政机关的内部监督属于同一系统，使其在履行监督职责时持有多重心态，导致这种内部考核在一定程度上缺乏强制力和长效性。

（三）行政机关负责人缺乏出庭应诉的主动性、积极性

一是官本位思想作祟，不愿出庭。行政诉讼制度是对我国数千年来官本

位传统的巨大颠覆，而行政诉讼中又经常强调“告官要见官”，会使行政机关负责人有抵触情绪。加之有部分领导干部缺乏法律知识，未真正认识到负责人出庭应诉是法律规定的义务，而把它误化为对自身的一种制约，认为出庭应诉丢了“面子”及“形象”，不愿与民对簿公堂。因部分行政机关对该项制度的贯彻落实持消极心态，地方人民法院只能迫于上级人民法院的压力，主动牵头作协助工作，主动与地方制度联合下发文件，以规范行政机关出庭应诉制度，而不是行政机关负责人主动履行出庭义务。二是行政执法活动存在问题，不想出庭。有些地方和部门行政执法不够规范，对执法程序不够重视，导致行政行为存在这样或那样的问题。因行政行为本身的合法性存在问题，行政机关负责人担心如果出庭应诉，会导致相对人将矛头指向自己。三是出庭应诉能力不强，不会出庭。部分行政机关负责人出庭应诉准备不足、应诉能力不强。有的行政机关负责人将工作重心都放在领导和管理上，对行政案件关注较少，对案情了解不够，同时因不具备较强的法律专业背景，对自己的庭审应诉能力和临场处理能力心存顾虑，缺乏出庭应诉的基本自信，即使出庭应诉，往往也是“出庭不出声”，使出庭应诉工作达不到预期效果。

六、进一步落实行政机关负责人出庭应诉规定的对策与建议

行政机关负责人出庭应诉制度在实践中取得了良好的积极效果，要继续坚持并保持制度自信，更要不断完善相关的配套制度措施。

（一）立法层面：出台专项司法解释，细化法律规定

一是明确必须出庭应诉的具体情形。除《最高人民法院关于适用〈中华人民共和国行政诉讼法〉的解释》第一百二十九条规定的四类案件外，负责人应当出庭的案件还应包括：（1）对公民、法人或者其他组织的合法权益产生重大影响的案件。重大权益主要包括重大人身权和重大财产权等。此外，由于行政赔偿涉及国家财政资金支出，且适用调解时需要负责人对赔偿数额作出决断，因此，对于行政赔偿数额巨大的案件，负责人也应当出庭。（2）对行政机关行政管理活动可能产生重大影响的案件。主要包括行政机关反复发生的同类案件，因存在制度漏洞或管理漏洞而引发的案件，政策性强且可能涉及政策调整的案件，可能涉及被诉行政机关制定的规范性文件撤销、修改或废止的案件，具有普遍法律适用意义的案件等，详见表 1。

表 1 行政机关负责人应当出庭的案件范围

案件范围	具体案件类型
涉及重大公共利益	国有土地上房屋征收行为、集体土地征收行为、行政公益诉讼等。
人数众多或可能引发群体性事件	当事人一方 3 人以上的案件。
社会关注度高	新闻媒体关注度高，舆论讨论较多，可能对执法标准带来挑战的案件等。
影响公民、法人和其他组织重大利益	房屋征收补偿决定、数额较大罚款、限期拆除建筑物等。
涉及公民重大人身权、财产权	涉及行政赔偿、补偿数额巨大等。
影响行政机关行政管理活动	反复发生的同类案件，制度漏洞，可能涉及规范性文件撤销、修改或废止的案件。

二是细化不出庭的“正当理由”。目前，行政诉讼法及司法解释未对“正当理由”进行界定及细化。为了避免出现对“正当理由”理解和认识不统一的问题，应对“正当理由”的类型和种类进行明确。一是“正当理由”的类型。司法解释应明确规定“正当理由”包括两类，即不可抗力和法律上认为行政机关负责人自身不能克服的障碍。二是“正当理由”的种类。不可抗力包括自然灾害、社会异常事件，如台风、洪水、冰雹、战争、动乱等。负责人自身不能克服的障碍包括突发事件，如突发疾病、航班延误等。遇到以上正当理由，行政机关负责人需要向法院提交相应的证据予以证明。

三是明确复议机关负责人是否出庭。在复议机关维持原行政行为的案件中，行政机关负责人针对原告只诉原行政行为案件，复议机关负责人出庭没有实际意义，因为原告针对原行政行为有争议，并且法院审查也针对原行政行为进行审查。司法解释可以直接规定复议维持原行政行为的案件，行政机关负责人可以不出庭应诉。

四是明确行政机关为共同被告的问题。实践中，很多行政案件，被诉行政机关涉及多个部门，要求所有被告负责人均出庭应诉，会增加大量的行政成本，因此，对于行政机关作共同被告的，可以由其中一个或多个行政机关负责人出庭应诉。

（二）实践层面：完善规章制度，健全出庭保障机制

为了充分实现负责人出庭的法治功能，应当确立对副职负责人的特别授权、诉讼中改变违法行政行为、诉讼后落实司法建议等机制予以充分保障。

一是对副职负责人的特别授权。从行政诉讼角度来看，行政首长负责制意味着行政机关的诉讼行为应当以其行政首长的意思表示为准。因此，对于负责人必须出庭的案件，因其涉诉事项重大且需要负责人行使决策权，副职负责人如果无权承认诉讼请求、依法改变违法行政行为或进行调解，而是事事请示汇报正职负责人，那么副职负责人出庭的意义和效果将大打折扣。据此，对于委派副职负责人出庭的，行政机关应当进行特别授权。

二是改变违法行政行为。在诉讼中，如果发现行政行为违法，行政机关负责人要及时予以纠正，法院也可以建议行政机关负责人予以纠正。在行政机关负责人已经纠正违法行政行为的基础上，法院可以协调原告进行撤诉，而非在维持行政行为违法效力状态的基础上“和稀泥”，以充分发挥行政诉讼的监督功能和负责人出庭的法治功能。

三是司法建议及其落实。诉讼后，对于案件中反映出的行政机关存在的普遍性问题或者制度漏洞、管理漏洞以及涉及政策调整、规范性文件立改废等问题的，法院应当向行政机关发送司法建议，行政机关应当认真研究整改或落实，并及时将处理情况书面告知法院。

（三）程序层面：完善配套措施，健全问责惩戒机制

图3展示了从程序上建立一套配套机制，可以有效促进行政机关负责人出庭应诉制度在实践中发挥其化解及解决行政争议的功能。

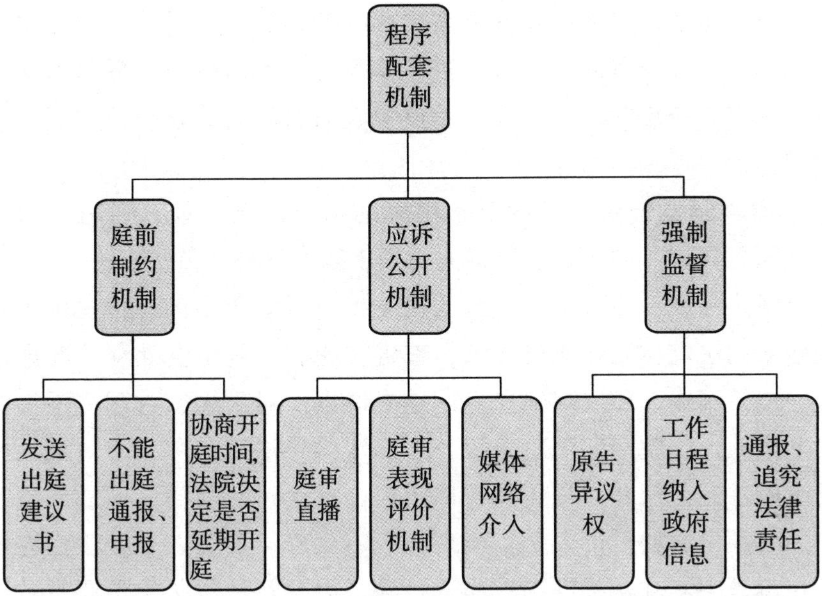

图3　应诉配套机制示意图

1. 建立庭前制约机制。对于重大行政诉讼案件，法院在向行政机关送达开庭传票时应一并送达行政机关负责人出庭应诉建议书。建议书上应当说明负责人必须出庭的理由，即本案所符合的负责人必须出庭的案件范围的具体情形，并说明负责人不出庭所承担的不利法律后果。如果行政机关负责人具有不能出庭的正当理由，其他应诉人员应及时向本部门法制部门、同级政府法制部门以及审理案件的人民法院进行申报、通报。方便法院及时对案件开庭工作进行调整和行政机关再次指派负责人出庭应诉。

2. 建立应诉公开机制。一是法院借助司法公开的体系建立公开信息平台，将行政机关负责人出庭应诉案件通过网络、微博、微信、庭审直播等形式向社会公开，通过外界影响力提高行政机关负责人对出庭应诉的重视。二是建立庭审表现评价机制，将行政机关负责人出庭应诉按照评审指标（如是否按时出庭，当庭是否发表意见，是仅仅宣读辩护词还是作为负责人有更加符合其身份的发言，是否有助于调解的达成，是否能够通过应诉工作进而倒逼本机关行政行为的规范化）记录在案件卷宗，法院定期对评审指标进行汇总并以正式文件形式抄送相应行政机关，作为行政机关考核的主要依据，以弥补目前行政机关出台的考核办法仅限于完成出庭次数，可以提高负责人出庭的实效性。法院应严格扎紧庭审表现评查的口袋，从行政机关负责人在应诉中对争议的解决及辩论情况入手进行实质性评审。例如，适时引导行政机关负责人庭审答辩制度，让行政机关负责人对行政行为合法性进行阐述，防止其“只出庭，不出声”。

3. 建立强制监督机制。针对不出庭的情况，建立具有强制性的监督机制。一是原告异议。如果属于负责人必须出庭的案件，负责人未出庭应诉的，原告有权提出异议。原告异议或行政机关拒绝说明理由的，不发生阻止案件审理的效果。法院应当将原告异议、被告说明和法院审查处理情况记录在案以备查。二是高级人民法院建立定期通报制度。对于无正当理由不出庭的负责人由基层人民法院定期汇总上报各省高级人民法院，由各省高级人民法院抄送省政府法制部门并通过新闻媒体定期向社会进行通报。三是严格追究法律责任。必须出庭的负责人无正当理由拒不到庭、负责人未经法庭许可中途退庭、在诉讼中实施妨害诉讼秩序的行为，以及行政机关拒不履行裁判、调解书的，法院可以依照或者参照《行政诉讼法》第六十六条、第五十九条、第九十六条的相关规定，追究其法律责任。

（作者单位：黑龙江省高级人民法院）

优秀文书

信赖利益保护原则在行政裁判中的运用

张成武　侯　勇

【案例索引】

山东省高级人民法院（2017）鲁行终1591号。

山东广和规划测绘研究开发有限公司诉无棣县人民政府、无棣县国土资源局土地开发整理行政补偿案。

【裁判要旨】

政府鼓励社会资金以市场化运作的方式参与土地开发整理，并确立了“谁投资、谁受益”的基本原则，利用社会资金参与土地整治活动的，其合法权益应当受法律保护。按照信赖利益保护原则的要求，行政相对人基于对公权力的信任而作出一定的行为，此种行为所产生的正当利益应当予以保护。本案中当事人之间的权利义务虽未通过协议的方式进行约定，但在当事人实际投资实施了涉案土地开发整理项目，且县政府、县国土局从涉案土地开发整理项目新增耕地指标中获取了收益的情况下，当事人应当享有新增耕地指标及转让的收益权利。

【裁判文书】

山东省高级人民法院
行政判决书

（2017）鲁行终1591号

上诉人（原审原告）山东广和规划测绘研究开发有限公司，住所地济南市历下区经一路南侧明湖天地A座401室。

法定代表人马良斌，总经理。

委托代理人魏永振，山东睿扬律师事务所律师。

委托代理人李贞，山东睿扬律师事务所实习律师。

被上诉人（原审被告）无棣县人民政府，住所地无棣县海丰十六路政务中心。

法定代表人姜凌刚，县长。

行政机关出庭负责人张恩传，副县长。

委托代理人徐英杰，无棣县人民政府工作人员。

委托代理人王永刚，山东黄河律师事务所律师。

被上诉人（原审被告）无棣县国土资源局，住所地无棣县棣州大街西首路北办公大楼。

法定代表人李玉涛，局长。

行政机关出庭负责人孟隆重，副局长。

委托代理人宋树莹，无棣县国土资源局工作人员。

委托代理人王永刚，山东黄河律师事务所律师。

山东广和规划测绘研究开发有限公司（以下简称广和规划公司）因诉无棣县人民政府（以下简称县政府）、无棣县国土资源局（以下简称县国土局）土地开发整理行政补偿一案，不服滨州市中级人民法院于2017年5月16日作出的（2017）鲁16行初16号行政判决，向本院提起上诉。本院受理后，依法由审判员张成武、审判员黄明春、审判员侯勇组成合议庭，于2018年5月10日公开开庭审理了本案。上诉人的委托代理人魏永振，被上诉人县政府的出庭负责人张恩传及委托代理人徐英杰、王永刚，被上诉人县国土局的出庭负责人孟隆重及委托代理人宋树莹、王永刚到庭参加诉讼。本案现已审理终结。

本案行政争议由来如下：2016 年 10 月 24 日，原告广和规划公司分别向被告县政府、县国土局邮寄了《无棣县柳堡乡（今柳堡镇）土地开发项目新增耕地指标使用申请书》，申请县政府、县国土局配合广和规划公司办理 802 亩新增耕地指标的转移使用手续。县政府、县国土局分别于 2016 年 10 月 25 日、10 月 26 日签收，在广和规划公司起诉之前未作出处理决定。广和规划公司提起本案诉讼，请求判令县政府、县国土局为其办理 802 亩新增耕地指标的转移使用手续，判令县政府、县国土局将已转让的 1000 亩新增耕地指标转让价款给付原告。

原审法院经审理查明：2009 年 3 月 21 日，县国土局向滨州市国土资源局提出《关于无棣县柳堡乡冯王村等 2 村土地开发项目的立项申请》。2009 年 5 月 20 日，滨州市国土资源局作出《关于无棣县柳堡乡冯王村等 2 村土地开发项目立项的批复》予以批准。山东广和建设项目管理有限公司（以下简称广和建设公司，广和规划公司系广和建设公司变更后的名称）投入资金对该项目实施土地整理。2010 年 11 月 8 日，滨州市国土资源局作出滨国土耕字（2010）2 号《关于博兴县乔庄镇、无棣县埕口镇柳堡乡等土地开发整理项目验收意见》，验收结果为柳堡乡冯王村等两村项目新增耕地 120.12 公顷。2013 年 3 月 12 日，广和建设公司向县国土局提出《关于拨付开发未利用地资金的申请》。2013 年 6 月 5 日，县国土局向县政府提出《关于对未利用地开发项目施工工程费清算的请示》。2013 年 6 月 9 日，县政府予以阅办并批示无棣县财政局安排好审计并根据审计结果提报意见。2014 年 5 月 30 日，滨州正兴有限责任公司会计师事务所出具《工程结算审核报告》，审核结果为涉案项目施工费为 2884049.39 元。2014 年 6 月 5 日，无棣县财政局作出棣财综审字（2014）87 号《财政局关于县国土资源局〈关于对未利用地开发项目施工工程费清算的请示〉的意见》，建议拨付县国土局施工工程款项。2014 年 11 月 12 日，县国土局作出《关于对无棣县柳堡乡冯王村土地开发项目工程施工费拨付的意见》，同意将广和建设公司实施的涉案项目工程施工费 2884049.39 元直接拨付给广和建设公司。根据广和建设公司和滨州大通市政工程有限公司签订的《工程施工及代收款协议书》，无棣县财政局于 2014 年 11 月 14 日将涉案项目工程施工费 2884049.39 元拨付给了滨州大通市政工程有限公司。2016年2月19日，广和建设公司变更名称为广和规划公司。

另查明，2014年10月23日，县国土局与济南市国土资源局签订《易地补充耕地协议书》，同意将涉案项目新增耕地指标中的1000亩调入济南市国土资源局占补平衡系统。涉案项目剩余新增耕地指标业已使用。

原审法院认为：涉案项目系经县国土局申请立项，广和建设公司投资施工，滨州市国土资源局出具验收意见，无棣县财政局向广和建设公司的代收款单位滨州大通市政工程有限公司拨付施工款项。山东省人民政府办公厅鲁政办发〔2004〕24号《关于进一步加强土地开发整理复垦工作的通知》[以下简称鲁政办发〔2004〕24号文]中关于“调动社会各方面参与土地开发整理复垦工作的积极性，对企事业单位和个人自筹资金进行规模土地开发整理复垦的，新增加的耕地指标和折抵、置换的建设用地指标，经复核认定后，可归投资者所有，实行有偿转让”的规定，只是规范性文件中的倡导性意见，不具有强制性。况且新增加的耕地指标和折抵、置换的建设用地指标如何分配，需要双方作出明确约定。本案中，原告广和规划公司与被告县政府、县国土局未就涉案项目达成行政协议，约定双方的权利义务。被告县政府、县国土局依约、依法均没有为原告广和规划公司办理802亩新增耕地指标转移使用手续及对其支付已转让的1000亩新增耕地指标转让价款的义务或职责。原告广和规划公司的诉讼请求不能成立，不予支持。依据《中华人民共和国行政诉讼法》第六十九条之规定，判决驳回广和规划公司的诉讼请求。

广和规划公司不服原审法院判决提起上诉，以原审法院在已认定上诉人投资进行土地整理的情况下，对相关法律政策的理解与适用错误，判决结果有违公平原则为由，请求撤销原审法院判决并依法改判。主要理由如下：1. 根据《中华人民共和国土地管理法》、国土资源部国土资发〔2008〕176号《关于进一步加强土地整理复垦开发工作的通知》[以下简称国土资发〔2008〕176号文]、鲁政办发〔2004〕24号文等法律政策的要求，政府鼓励社会资金参与土地整理复垦，如果不能保障投资方的基本利益则有违政策的基本要求。2. 既有的政策虽然未对社会资本方的相关权益作出强制性规定，但更未指出由社会投资的土地开发项目所产生的指标全部归地方政府所有，必须由政府处置和获取全部收益。国家有谁投资谁受益的基本政策原则，即便从最朴素的道理和公平原则来看，上诉人也有权从投资中获得收益。如果付出资金和劳务的上诉人无权获得收益，甚至连成本也无法收回，反而由没有进行投资、没有付出劳务的被上诉人坐享其成，明显违反公平原则。3. 本案存在以下既定事实，上诉人完成了对涉案项目的投资开发并产生了新增耕地指标，被上诉人已将上述部分指标有偿转让并获取了巨额收益，被上诉人已根据审计结果向上诉人拨付部分投资成本即工程施工费。根据上述事实可知，被上诉人同样在无政策法规明确规定的情况下，单方面完成了对上诉人所投资土地开发项目产生耕地指标的处置并获取了巨额收益，而上诉人的投资并非仅限于施工环节，被上诉人仅向上诉人支付部分投资成本显然是不合理的。4. 根据有法律依据法律，无法律依据政策，无政策依据法理的法律适用原则，本案在尚无明确法律规定的情况下，需要以政策的制定宗旨为出发点，根据谁投资谁受益的政策原则作为判案依据。5. 原审法院以既有的各级政府关于社会投资土地开发整理项目的政策规定只是指导性意见，不具有强制性为由，认定上诉人不具有对涉案项目所产生指标的所有权和收益权，并驳回上诉人的诉讼请求，是违背法律精神和国家政策的。6. 上诉人与被上诉人虽然未达成书面协议，但已通过事实行为形成协议关系，并非无行政协议。不能仅因为没有签订书面协议，就剥夺上诉人获得收益的权利。原审法院认定双方未达成书面协议，据此驳回上诉人的诉讼请求是错误的。7. 在国家鼓励社会资本投资参与土地整理的政策背景下，各地有类似的土地整理项目，均是以谁投资谁受益作为基本原则进行处理。如在安徽世和土地复垦投资有限公司与微山县国土资源局、微山县人民政府土地开发复垦整理项目合作协议中，投资方对新增耕地指标享有收益，由投资方与政府按照各50%的比例对收益进行分配。

被上诉人县政府答辩称，原审法院判决认定事实清楚，适用法律正确，请求驳回上诉，维持原判。主要理由如下：1. 原审法院判决认定事实清楚，涉案项目的投资主体是县国土局，上诉人仅是工程施工主体，两者之间的权利义务只能依据双方协议或者法律规定来确定。2. 原审法院认定鲁政办发〔2004〕24号文的规定只是规范性文件中的倡导性意见，不具有强制性。新增加的耕地指标和折抵、置换的建设用地指标如何分配需要双方作出明确约定，由于双方未就此达成协议，原审法院据此驳回了上诉人的诉讼请求，符合法律规定的基本原则。3. 根据上诉人提出的《关于拨付开发未利用地资金的申请》，上诉人所主张的只是其投入的1131.06万元，而经过审计机构的审计，上诉人在涉案项目上的实际投资金额（工程施工费）只有2884049.39

元，上诉人在涉案项目上的投资已经得到了相应的回报，符合“谁投资，谁受益”的原则。4. 上诉人的投资收益已经通过工程施工费获得，上诉人所主张的土地指标及转让的巨大收益主要是国家土地相关政策所致，是由政府主导的耕地总量异地占补平衡所决定的，这项工作是给地方政府耕地保护工作的一种补偿，并非市场经济行为，与上诉人的投资并无直接关系，所以上诉人不应获得该收益。

被上诉人县国土局的答辩意见同县政府答辩意见：

上诉人在二审中称对涉案土地开发整理项目剩余802亩耕地指标目前的具体使用情况不知情，被上诉人县政府、县国土局在原审庭审中称剩余指标已使用，但未提供证据证明该部分指标使用的客观情况，书面申请本院调查取证。本院于开庭前向被上诉人送达了《举证通知书》，被上诉人县政府和县国土局在庭审中提交了《关于无棣县柳堡乡冯王村等2村土地开发项目占补平衡指标使用情况的说明》及《无棣县柳堡乡冯王村等2村土地开发项目耕地占补平衡指标使用情况明细表》等证据一宗，以证明涉案各批次占补平衡指标的使用经市国土资源局审查通过后报山东省国土资源厅审批，最终由山东省人民政府批复通过。经庭审质证，上诉人主张该宗证据的真实性不能确定，但同时表示如果802亩耕地指标已经使用，要求被上诉人对该802亩新增耕地指标的收益参照转让给济南市国土资源局的标准支付其相应款项。因上诉人已经变更其诉讼请求，被上诉人提供的该宗证据符合证据的基本要求，本院认定该宗证据可以证明涉案土地开发整理项目剩余802亩耕地指标业已使用及在各批次占补平衡指标使用中的缴纳耕地开垦费情况。

上诉人在二审中主张本案应参照其他地区土地整理项目的分成比例处理指标收益，并向法院提交了以下证据：1. 广和规划公司与新泰市国土资源局签订的《政府采购合同》。用于证明广和规划公司投资实施土地整治项目，双方约定对于整治项目形成新增耕地指标中的57%由政府无偿使用，剩余指标由上诉人使用。2. 济南润土工程建设开发有限公司与新泰市国土资源局签订的《政府采购合同》。用于证明在该土地整治项目中，双方约定新增耕地指标的58%由政府无偿使用，剩余指标由该公司使用。3. 济南金大地农业工程有限公司与新泰市国土资源局签订的《政府采购合同》。用于证明在该土地整治项目中，双方约定新增耕地指标的57%由政府无偿使用，剩余指标由该公司使用。经庭审质证，被上诉人县政府和县国土局认为上述三份证据与本案不具有关联性，上诉人主张参照其他地方的政府采购协议分配利益没有法律和事实依据。本院认为，上诉人提交的上述三份证据与本案不具有关联性，不作为本案有效证据使用，但相关协议内容可以作为司法裁量的参考。

原审期间各方当事人提交的证据材料已随案卷移送本院，上述证据在原审中已经质证。经审查，当事人对原审法院认定的程序性事实没有异议，本院同意原审法院查明的相关程序性事实。

根据庭审质证情况，结合原审中各方当事人提供的证据，本院另查明以下事实：2014 年 10 月 23 日，县国土局与济南市国土资源局签订《易地补充耕地协议书》，将涉案项目新增耕地指标中的 1000 亩调入济南市国土资源局占补平衡系统，济南市国土资源局支付给县国土局土地开发整理补助经费每亩 55000 元，计 5500 万元。涉案项目剩余新增耕地指标 802 亩业已使用，县政府和县国土局在各批次建设用地项目中收缴耕地开垦费的标准分别为 22.5 万元/公顷（2014 年、2015 年）、90 万元/公顷（2016 年）。各批次建设用地收缴耕地开垦费分别为 2014 年 257.8185 万元（11.4586 公顷）、2015 年 561.34125 万元（24.9485 公顷）、2016 年 1533.942 万元（17.0438 公顷），共 2353.10175 万元。县政府和县国土局在涉案项目新增耕地指标中的收益共计 7853.10175 万元。

本院认为：随着我国城镇化进程的加快，土地资源供需矛盾突出，坚守 18 亿亩耕地红线面临严峻挑战。《中华人民共和国土地管理法》确立了国家实行耕地“占补平衡”制度，即非农建设经批准占用耕地要按照“占多少，补多少”的原则，补充数量和质量相当的耕地，以确保耕地总量不减少。政府鼓励社会资金以市场化运作的方式参与土地开发整理，出台了相关政策并确立了“谁投资，谁受益”的基本原则。本案诉争即系当事人之间对相关法律和政策的不同理解而形成。根据各方当事人的诉辩意见，本案的主要争议焦点集中在以下方面：本案中当事人之间是否形成有“土地开发整理合作协议”的问题；上诉人广和规划公司是否是涉案土地开发整理项目的投资主体问题；上诉人广和规划公司是否应当享有涉案新增耕地指标及转让收益权利的问题；涉案土地开发整理项目剩余 802 亩耕地指标目前的使用状况以及上诉人请求判令被上诉人县政府、县国土局为其办理 802 亩新增耕地指标的转移使用手续是否应予支持的问题。

一、关于本案中当事人之间是否形成有“土地开发整理合作协议”的问题

上诉人广和规划公司主张其与被上诉人县政府和县国土局虽然未就涉案土地开发整理项目达成书面协议，但已通过与县国土局事实上的合作行为形成协议关系，并非无行政协议。被上诉人县政府和县国土局则主张双方未就此达成协议。

本院认为，《中华人民共和国合同法》（以下简称《合同法》）第十条规定：“当事人订立合同，有书面形式、口头形式和其他形式。法律、行政法规规定采用书面形式的，应当采用书面形式。当事人约定采用书面形式的，应当采用书面形式。”由于社会资金投资土地整治项目具有较强的政策性，涉案土地开发整理项目实施时相关法律法规尚不完善，当事人之间应当通过协议的形式明确双方的权利义务并进行相关合作，但由于当事人不能提供证据证明当事人之间签订了有关书面协议，因此本案中当事人之间并未签订书面土地开发整理项目合作协议系客观事实。而书面形式并非合同的唯一形式，根据当事人为实施涉案土地开发整理项目进行的一系列行为及日常生活经验法则综合推断，本案当事人之间应当进行了涉案土地开发整理项目合作的口头洽谈，已经形成事实上的土地开发整理合作关系，并已实际履行。被上诉人县政府、县国土局在庭审中述称的“据我方了解，实际是上诉人与冯王村和郭义村先行联系，申请纳入政策开发项目，政府进行立项并确定由上诉人作为施工人进行开发，之后政府组织验收”也可以验证这一问题。但鉴于当事人之间并未形成有关土地开发整理项目合作的书面协议，当事人也未提供有效证据证明当事人之间是否有具体权利义务的口头约定，因此相关权利义务关系亦无法全部依据协议来进行判断，需要人民法院参照《合同法》等相关法律法规规定及政策精神进行裁量。

二、关于上诉人广和规划公司是不是涉案土地开发整理项目的投资主体问题

上诉人广和规划公司主张其对涉案土地开发整理项目投资实施了土地整理，系涉案土地开发整理项目的投资主体。被上诉人县政府和县国土局则主张涉案项目的投资主体是县国土局，上诉人仅是工程施工主体。

本院认为，按照广和建设公司与滨州大通市政工程有限公司签订的《工程施工及代收款协议书》，广和建设公司委托滨州大通市政工程有限公司负责

无棣县柳堡乡冯王等2村土地开发项目的工程施工，并由滨州大通市政工程有限公司代广和建设公司从财政局领取工程款。由此可见，广和建设公司应当是涉案土地开发整理复垦项目的投资方，滨州大通市政工程有限公司负责工程施工。根据日常生活经验法则推断，如果涉案项目的投资主体是县国土局，则县国土局完全可以直接出资委托相关企业进行土地开发整理项目的工程施工，而无需再行由广和建设公司出资委托滨州大通市政工程有限公司负责无棣县柳堡乡冯王等2村土地开发项目的工程施工。被上诉人县国土局于2013年6月5日呈送被上诉人县政府的《关于对未利用地开发项目施工工程费清算的请示》中亦载明："广和建设公司和山东海城生态科技集团为响应山东省人民政府《关于加强全省土地开发整理工作的意见》的要求，于2009年分别投资实施了无棣县柳堡乡冯王村土地开发项目和无棣县埕口镇孟家庄子村未利用地开发项目……我们认为可依据2007年11月1日山东省人民政府《关于加强全省土地开发整理工作的意见》的文件精神，土地开发整理工作由单纯依靠政府主导，向政府引导、市场运作、社会参与转变，按照'谁投资，谁受益'的原则，对其工程投资给予清算补偿。"根据县国土局的上述请示意见，结合本案相关证据，说明被上诉人县国土局已经认可上诉人投资实施了无棣县柳堡乡冯王村土地开发项目，县国土局亦未提供证据证明其投资实施了无棣县柳堡乡冯王村土地开发项目，因此可以认定上诉人广和规划公司是涉案土地开发整理项目的投资主体。2010年7月28日《土地开发整理复垦补充耕地项目竣工验收表》虽载明无棣县柳堡乡冯王等2村土地开发项目的项目实施单位为县国土局，但该实施单位的认定与涉案土地开发整理项目投资主体的认定并不矛盾。被上诉人县政府、县国土局在庭审中虽辩称"涉案项目主要是上诉人以项目工程施工这一形式来进行的，政府文件中的投资和施工是混用的"，但明显不符合常理，亦无证据支持，本院不予采信。

三、关于上诉人广和规划公司是否应当享有涉案新增耕地指标及转让收益权利的问题

被上诉人县政府、县国土局主张涉案土地指标及转让的收益主要是国家土地相关政策所致，是对地方政府耕地保护工作的一种补偿，与上诉人的投资并无直接关系，上诉人不应获得该收益。且被上诉人已经向上诉人支付了工程施工费2884049.39元，上诉人在涉案项目上的投资已经得到了相应的收益回报。上诉人广和规划公司则认为根据国土资发〔2008〕176号文、鲁政

办发（2004）24 号文等法律政策的要求，政府鼓励社会资金参与土地开发整理复垦，被上诉人拒绝向其支付新增耕地指标收益明显违反公平原则。上诉人为实施涉案项目进行了可行性研究、勘测、规划设计、村民补偿等环节后才进行了施工，上诉人实际投入了1100 多万元，被上诉人所称的工程施工费仅是其投资成本中的一项，而并非收益。

本院认为，被上诉人县政府、县国土局向上诉人广和规划公司支付的2884049.39 元为工程施工费，并非涉案土地开发整理项目的新增耕地指标收益，至于上诉人在涉案土地开发整理项目中的实际投资数额，并非本案审查的范围。国土资发（2008）176 号文要求："积极探索市场化运作模式，引导公司、企业等社会资金参与土地整理复垦开发项目。增加的耕地可在省级国土资源部门统筹安排下有偿使用……"鲁政办发（2004）24 号文要求。"（一）通过土地开发新增加的耕地可以归投资者使用，并减免相关税费。按照'谁投资，谁受益'的原则，对企事业单位和个人投资开发未确定使用权且符合开垦条件的荒山、荒地、荒滩新增加的耕地，经验收合格后，可归其使用，使用期不少于30 年，在承包或租赁期内，可继承和有偿转让；从事粮食、林果业、养殖业生产的，3 年内免征农业税。（二）对企事业单位和个人自筹资金进行规模土地开发整理复垦的实行'三个优先'，即国土资源部门根据年度计划，优先安排土地开发整理复垦项目，新增加的耕地指标和折抵、置换的建设用地指标，经复核认定后，可归投资者所有，实行有偿转让；在安排建设用地项目占补平衡时，优先使用该指标；补充耕地指标资金按合同优先兑付。"《山东省土地整治条例》（2016 年1 月1 日起施行）第七条亦规定："县级以上人民政府应当按照谁投资、谁受益的原则，鼓励、引导单位和个人利用社会资金参与土地整治活动。利用社会资金参与土地整治活动的，其合法权益受法律保护。"参考上述政策要求及相关法律法规规定，政府鼓励社会资金以市场化运作的方式参与土地开发整理，并确立了"谁投资，谁受益"的基本原则，利用社会资金参与土地整治活动的，其合法权益应当受法律保护。原审法院认为鲁政办发〔2004〕24 号文的规定只是规范性文件中的倡导性意见，不具有强制性。本院认为该认定系对相关政策要求及法律法规规定的误读，有失偏颇，应当予以纠正。行政机关因其权威性而为行政相对人所信赖，行政相对人因信赖行政机关而根据其政策指引或行政指导作出一定的行为，行政机关应当珍视并保护行政相对人对其的信赖，这便是信赖利益保护原则的价值。特别是在行政相对人实施的行为涉及国家土地基本政策落实的情况下，地方人民政府和行政机关更加应当从确保落实国家土地基本政策的角度慎重对待。因此，从监督行政权、保护行政相对人合法权益、维护国家政策和相关法律规定精神能够全面贯彻落实的需要以及信赖利益保护原则的要求考量，行政相对人基于对公权力的信任而作出一定的行为，此种行为所产生的正当利益应当予以保护。虽然本案中当事人之间的权利义务未通过协议的方式进行约定，但在上诉人实际投资实施了涉案土地开发整理项目，且被上诉人县政府、县国土局从涉案土地开发整理项目新增耕地指标中获取了收益的情况下，上诉人应当享有新增耕地指标及转让的收益权利。被上诉人县政府、县国土局认为新增耕地指标及转让的收益与上诉人的投资并无直接关系，拒绝向上诉人支付新增耕地指标收益明显不当，不应予以支持。

四、关于涉案土地开发整理项目剩余802亩耕地指标目前的使用状况以及上诉人请求判令被上诉人县政府、县国土局为其办理802亩新增耕地指标的转移使用手续是否应予支持的问题

本案证据表明，涉案土地开发整理项目新增耕地1802亩，根据县国土局与济南市国土资源局签订的《易地补充耕地协议书》显示，其已经将涉案项目新增耕地指标中的1000亩调入济南市国土资源局占补平衡系统，且剩余新增耕地指标县政府、县国土局业已使用。因此，上诉人的该项诉讼请求事实上已经不能支持，故上诉人在庭审中变更诉讼请求为要求被上诉人对该802亩新增耕地指标的收益参照转让给济南市国土资源局的标准支付其相应款项。本院认为，上诉人在涉案项目剩余新增耕地指标已经被县政府、县国土局使用的情况下变更其诉讼请求，符合法律规定，应当予以准许。

五、关于被上诉人县政府、县国土局应当向上诉人广和规划公司补偿的收益数额问题

《山东省土地整治条例》第二十五条第二款虽然规定了："社会资金投资土地整治项目的，应当由县级人民政府与投资主体签订合同，明确双方权利、义务，并依照本条例规定进行耕地质量等级评定和竣工验收。"但本案土地开发整理项目实施时，《山东省土地整治条例》尚未施行。由于本案当事人之间并未形成有关土地开发整理项目合作的书面协议，相关权利义务关系也就无法全部依据协议来进行判断。本案有效证据表明，县政府和县国土局在涉案项目新增耕地指标中的收益共计7853.10175万元。上诉人在庭审中的诉讼

请求是参照其他类似项目的收益分配比例，要求被上诉人向其支付涉案项目新增耕地指标收益的42%。如果将涉案新增耕地指标收益的42%补偿给上诉人，缺乏协议约定之前提。但如果按照被上诉人所辩称，其向上诉人支付了工程施工费，上诉人在涉案项目上的投资已经得到了相应的回报，显然不符合社会资金参与土地整治活动“谁投资，谁受益”的基本原则，且在上诉人实际投资实施涉案土地开发整理项目的情况下，仅向其支付工程施工款，未免显失公平。

本院认为，上诉人在未与被上诉人县政府、县国土局签订土地开发整理项目合作协议或未有被上诉人书面承诺的情况下，即投资实施涉案土地开发整理项目，上诉人应当为此承担一定的投资风险预判不足和举证不能的法律后果。在本案当事人已经形成事实上的土地开发整理合作关系，且已实际履行的情况下，如何确定被上诉人县政府、县国土局应当向上诉人补偿的收益数额，本应由被上诉人在自由裁量的基础上合理确定，但由于被上诉人在工程施工费2884049.39元之外，拒绝向上诉人支付其他新增耕地指标收益，本院应当参考《合同法》等相关法律法规规定及政策精神，在自由裁量的基础上合理确定被上诉人向上诉人补偿的收益数额，以既符合社会资金参与土地整治活动“谁投资，谁受益”的基本原则，又符合行政法上的比例原则。关于合同约定不明情况下的补救问题，《合同法》第六十一条规定：“合同生效后，当事人就质量、价款或者报酬、履行地点等内容没有约定或者约定不明确的，可以协议补充；不能达成补充协议的，按照合同有关条款或者交易习惯确定。”第六十二条规定：“当事人就有关合同内容约定不明确，依照本法第六十一条的规定仍不能确定的，适用下列规定……（二）价款或者报酬不明确的，按照订立合同时履行地的市场价格履行；依法应当执行政府定价或者政府指导价的，按照规定履行……”参考上述有关法律规定及政策精神，合理确定被上诉人应当向上诉人补偿的收益数额还需要考量以下因素：1. 上诉人在涉案土地开发整理项目中的投资成本；2. 不同地质环境下土地开发整理的难易程度；3. 上诉人提供的其他类似土地开发整理项目中有关新增耕地指标按比例分成约定的交易习惯；4. 当地经济社会发展状况；5. 土地开发整理形成的补充耕地指标和建设用地指标有偿调剂使用取得收益的政策属性。综合考量上述因素，本院认为上诉人应当在涉案新增耕地指标或转让收益中占有20%左右为宜，按照县政府、县国土局在涉案项目新增耕地指标中的收益7853.10175万元计算，被上诉人县政府、县国土局向上诉人广和规划公司补偿涉案土地开发整理项目新增耕地指标收益价款7853.10175万元的20%（即1570.62035万元）比较合理，但应当扣除被上诉人已经向上诉人支付的工程施工费2884049.39元，即被上诉人县政府、县国土局应当向上诉人广和规划公司补偿人民币12822154.11元。

综上，实行和改进耕地“占补平衡”制度是坚守18亿亩耕地红线的重要举措，也是中央实施乡村振兴战略，强化乡村振兴制度性供给的重要保障。按照社会资金参与土地整治活动“谁投资，谁受益”的基本原则，利用社会资金参与土地整治活动的，其合法权益应当受到法律的保护。原审法院判决认定事实基本清楚，但在法律适用和相关政策的理解方面有所不当，应当予以纠正。上诉人的上诉理由部分成立，应当予以支持。依据《中华人民共和国行政诉讼法》第七十三条、第八十九条第一款第（二）项，《最高人民法院关于适用〈中华人民共和国行政诉讼法〉的解释》第九十二条之规定，判决如下：

一、撤销滨州市中级人民法院（2017）鲁16行初16号行政判决；

二、判令无棣县人民政府、无棣县国土资源局于接到本判决书之日起两个月内向山东广和规划测绘研究开发有限公司支付涉案土地开发整理项目新增耕地指标收益补偿款人民币12822154.11元；

三、驳回山东广和规划测绘研究开发有限公司其他诉讼请求。

一、二审案件受理费各人民币50元，均由被上诉人无棣县人民政府、无棣县国土资源局负担。

本判决为终审判决。

审 判 长 张成武
审 判 员 黄明春
审 判 员 侯 勇
二〇一八年五月三十一日
书 记 员 李 倩

【评析】

随着我国城镇化进程的加快，土地资源供需矛盾突出，坚守18亿亩耕地红线面临严峻挑战。《土地管理法》确立了国家实行耕地“占补平衡”制度，即非农建设经批准占用耕地要按照“占多少，补多少”的原则，补充数量和质量相当的耕地，以确保耕地总量不减少。政府鼓励社会资金以市场化运作的方式参与土地开发整理，出台了相关政策并确立了“谁投资，谁受益”的基本原则。该案诉争系当事人之间对相关法律和政策的不同理解而形成。由于该案行政争议的产生具有较强的政策性，有关法律规定尚不完善，当事人之间并未签订书面土地开发整理项目合作协议系客观事实，而当事人之间已经形成事实上的土地开发整理合作关系，并已实际履行，相关争议的解决则需要按照有关行政法学基本原理，并参考有关法律规定及政策的要求来进行判断。

1. 该案运用了信赖利益保护原则。所谓行政法上的信赖利益，是指私人因信赖行政主体的授益性行为、承诺或规则而产生或可产生的利益。从理论上来说，在存在信赖基础（主要是授益性的行政决定），且私人基于信赖而做出一定的信赖表现后，信赖利益随之产生。信赖利益可能是基于合法的行政决定而产生，也可能是基于违法的行政决定而产生。如果信赖是恶意的，其信赖利益就不值得保护；如果信赖是善意的，其信赖利益就可能要予以保护。① 本案涉及的国家政策要求及相关法律法规规定，政府鼓励社会资金以市场化运作的方式参与土地开发整理，并确立了“谁投资，谁受益”的基本原则，利用社会资金参与土地整治活动的，其合法权益应当受法律保护。二审法院认为，行政机关因其权威性而为行政相对人所信赖，行政相对人因信赖行政机关而根据其政策指引或行政指导作出一定的行为，行政机关应当珍视并保护行政相对人对其的信赖，这便是信赖利益保护原则的价值。特别是在行政相对人实施的行为涉及国家土地基本政策落实的情况下，地方人民政府和行政机关更应当从确保落实国家土地基本政策的角度慎重对待。因此，从监督行政权、保护行政相对人合法权益、维护国家政策和相关法律规定精

---

① 王贵松：《依法行政原则对信赖利益的保护——益民公司诉河南省周口市政府等行政行为违法案分析》，载《交大法学》2015年第1期。

神能够全面贯彻落实的需要以及信赖利益保护原则的要求考量，行政相对人基于对公权力的信任而作出一定的行为，此种行为所产生的正当利益应当予以保护。虽然本案中当事人之间的权利义务未通过协议的方式进行约定，但在当事人实际投资实施了涉案土地开发整理项目，且县政府、县国土局从涉案土地开发整理项目新增耕地指标中获取了收益的情况下，当事人应当享有新增耕地指标及转让的收益权利。

2. 该案运用了利益衡量方法。如何确定被上诉人县政府、县国土局应当向上诉人补偿的收益数额，应当参考《合同法》等相关法律法规规定及政策精神，在自由裁量的基础上合理确定被上诉人向上诉人补偿的收益数额。由于各方当事人之间意见相左，这就涉及利益衡量方法在行政裁判中具体运用问题。利益衡量方法，实际上是先有结论后找法律条文根据，以便使结论正当化或合理化，追求的是让法律条文为结论服务而不是从法律条文中引出结论。法院的最后判决依据的不是法律条文，而是利益衡量的初步结论加找到的经过解释的法律条文。[①] 本案中司法裁判的利益衡量主要运用了以下两种方式。一是解释法律条文。本案中当事人之间并未形成有关土地开发整理项目合作的书面协议，当事人也未提供有效证据证明当事人之间是否有具体权利义务的口头约定，因此相关权利义务关系亦无法全部依据协议来进行判断，需要人民法院参照《合同法》等相关法律法规规定及政策精神进行裁量。关于在合同约定不明的情况下的补救问题，《合同法》第六十一条规定："合同生效后，当事人就质量、价款或者报酬、履行地点等内容没有约定或者约定不明确的，可以协议补充；不能达成补充协议的，按照合同有关条款或者交易习惯确定。"第六十二条规定："当事人就有关合同内容约定不明确，依照本法第六十一条的规定仍不能确定的，适用下列规定……（二）价款或者报酬不明确的，按照订立合同时履行地的市场价格履行；依法应当执行政府定价或者政府指导价的，按照规定履行……"因此，本案中可以参考当事人提供的其他类似土地开发整理项目中有关新增耕地指标按比例分成约定的交易习惯来确定。二是框定个案的具体案情。利益衡量的基础离不开个案的具体案情。由于当事人在未与县政府、县国土局签订土地开发整理项目合作协议或未有政府机关书面承诺的情况下，即投资实施涉案土地开发整理项目，当

① 梁上上：《利益的层次结构与利益衡量的展开》，载《法学研究》2002 年第 3 期。

事人应当为此承担一定的投资风险预判不足和举证不能的法律后果。但在当事人应当享有新增耕地指标及转让收益权利的结论下，合理确定县政府、县国土局应当向当事人补偿的收益数额还需要考量以下因素：1. 上诉人在涉案土地开发整理项目中的投资成本；2. 不同地质环境下土地开发整理的难易程度；3. 上诉人提供的其他类似土地开发整理项目中有关新增耕地指标按比例分成约定的交易习惯；4. 当地经济社会发展状况；5. 土地开发整理形成的补充耕地指标和建设用地指标有偿调剂使用取得收益的政策属性。综合考量上述因素，二审法院认为当事人应当在涉案新增耕地指标或转让收益中占有20%左右为宜，并据此判决县政府、县国土局应当向广和规划公司补偿人民币12822154.11元。

（作者单位：山东省高级人民法院）

行政机关对建筑物组织实施抗震加固行为的合法性审查

陈良刚

【案例索引】

北京市第四中级人民法院（2017）京04行初908号。
原告苏平诉被告北京市西城区人民政府建筑物抗震加固案。

【裁判要旨】

公民、法人或者其他组织认为行政机关组织实施对既有建筑物进行抗震加固的行为侵害其合法权益的，有权依法提起行政诉讼。因被诉行政行为既具有一定的侵益性，又具有明显的授益性，人民法院应当在坚持全面合法性审查原则的前提下，采取恰当的审查标准和强度，实现公共利益和个人利益的兼顾与平衡。

【裁判文书】

北京市第四中级人民法院
行政判决书

（2017）京04行初908号

原告苏平，男，1962年11月20日出生，汉族，住所地北京市西城区黑窑厂西里4号楼4单元303号。

委托代理人孙文红（原告苏平之妻），1964年5月27日出生，汉族，住所地北京市西城区黑窑厂西里4号楼4单元303号。

委托代理人张翔，北京市惠诚律师事务所律师。

被告北京市西城区人民政府，住所地北京市西城区二龙路27号。

法定代表人王少峰，男，区长。

委托代理人王健，女，北京市西城区人民政府工作人员。

委托代理人王学涛，男，北京市西城区住房和城乡建设委员会工作人员。

第三人北京宣房投资管理集团有限公司，住所地北京市西城区右安门内大街15号。

法定代表人任伟，男，董事长。

委托代理人王钺，男，北京宣房投资管理集团有限公司职员。

原告苏平因不服被告北京市西城区人民政府（以下简称西城区政府）所属的西城区重大项目建设指挥部办公室（以下简称西城区重大办）在《关于明确我区2015年老旧小区综合整治任务的函》（以下简称《综合整治函》）中将北京市西城区黑窑厂西里4号楼（以下简称黑窑厂西里4号楼）4、5单元列为抗震加固综合改造对象的行政行为，于2016年7月以西城区政府为被告向本院提起行政诉讼。本院于2017年1月18日作出（2016）京04行初1444号行政判决，判决驳回原告苏平的诉讼请求。原告苏平不服，向北京市高级人民法院提起上诉。2017年7月24日，北京市高级人民法院作出（2017）京行终2181号行政裁定，以本院所作（2016）京04行初1444号行政判决对黑窑厂西里4号楼原产权单位和产权性质认定事实不清为由，裁定撤销本院作出的（2016）京04行初1444号行政判决，发回本院重审。本院据此另行组成合议庭进行了重新审理。因北京宣房投资管理集团有限公司（原北京宣房投资管理公司，2016年6月30日变更为现名称，以下简称宣房公司）与本案具有利害关系，本院依法通知其作为第三人参加诉讼。本院于2017年11月27日公开开庭审理了本案，原告苏平的委托代理人张翔、孙文红，被告西城区政府的委托代理人王健、王学涛，第三人宣房公司的委托代理人王钺到庭参加了诉讼。本案现已审理终结。

2015年11月15日，西城区重大办向包括第三人宣房公司在内的相关单位作出《综合整治函》，主要内容为："老旧小区综合整治是北京市2015年为群众办实事的重要内容，按照市重大办的要求，结合实际，2015年我区老旧小区综合整治计划开展62.58万平方米抗震加固综合改造。最后任务量以实际开展为准。现将我区2015年老旧小区综合整治计划的具体明细附后，请抓好工作落实。”该综合整治函的附件《2015年西城区抗震加固工程任务表》中载明，黑窑厂西里4号楼系抗震加固综合改造对象，该楼竣工时间为“20世纪80年代”，建筑面积为“4282.66平方米”，产权单位为“北京市宣武区房屋土地管理局”，管理单位为“北京宣武房屋经营公司”，建筑性质为“住宅楼房”，所属街道为“陶然亭街道”。

原告苏平诉称：其在黑窑厂西里4号楼4单元102号、303号有私有房屋两套。在北京市西城区人民法院的相关民事诉讼案件中，其收到被告西城区政府以西城区重大办名义作出的《综合整治函》，要求对其私有房屋进行抗震加固改造，并由有关单位提起诉讼要求其腾房。其认为被告西城区政府的抗震加固行为违法并侵害了其合法权利。第一，被告西城区政府认定事实错误。黑窑厂西里4号楼1、2、3单元建造于1981年，系“20世纪80年代”所建，但该楼4、5单元是1999年建成的，4、5单元原来叫新建四平园小区9号楼，2004年才将4、5单元与1、2、3单元合称黑窑厂西里4号楼，四平园小区9号楼名称被撤销。因此，被告西城区政府将1999年建造的4、5单元房屋视为“20世纪80年代”所建，明显认定事实错误。第二，被告西城区政府适用法律错误。依据北京市人民政府制定的《关于印发北京市房屋建筑抗震节能综合改造工作实施意见的通知》（京政发〔2011〕32号，以下简称《抗震节能综合改造实施意见》）和《关于印发北京市老旧小区综合整治工作实施意见的通知》（京政发〔2012〕3号，以下简称《老旧小区综合整治实施意见》）的规定，抗震加固的对象是1980年以前建成的房屋，其所在的黑窑厂西里4号楼4、5单元不属于抗震加固的对象，被告西城区政府适用法律错误。第三，被告西城区政府浪费财力，滥用职权。综上，请求撤销西城区重大办作出的《综合整治函》中对黑窑厂西里4号楼4、5单元进行抗震加固的行政行为，诉讼费用由被告西城区政府负担。

原告苏平在法定举证期限内向本院提交了以下证据：1.《综合整治函》及其附件；2. 京房权证优宣私字第99605号房屋所有权证和京房权证优宣私字第94099号房屋所有权证；上述证据1、2用以证明被告西城区政府将其所有的房屋列入了整治范围，其与被诉行政行为具有利害关系；3.《社员购买房屋合同书》；4. 协议书；5. 准住证；6. 北京市宣武区陶然亭住宅合作社（以下简称陶然亭合作社）于2005年6月21日出具的书面证明；7. 北京市城市住宅房屋拆迁安置补助协议书；8. 工程质量竣工核定证书；9. 编号为97－

规建字－1149的《建设工程规划许可证》及附件；10. 中华人民共和国国土资源部作出的国土资复议〔2016〕1798号行政复议决定书；11. 陶然亭合作社于2005年10月20日出具的书面说明；12. 宣房公司出具的书面证明；13. 京房权证宣集字第43822号房屋所有权证；上述证据3－13用以证明黑窑厂西里4号楼4、5单元建成于2000年4月，并非建成于20世纪80年代，更非建成于1980年之前；14. 民事起诉状，用以证明宣房公司以执行涉案《综合整治函》为由提起诉讼要求其搬迁；15.《致居民的一封信》，用以证明抗震加固综合整治应当针对1980年以前建成的楼房；16. 北京市社会团体统一收款收据和社员证，用以证明其父亲于1993年成为陶然亭合作社的社员，于1997年交纳了购房集资款，黑窑厂西里4号楼4、5单元房屋与宣房公司没有任何关系；17. 编号为00005911的房屋权属登记档案材料，用以证明黑窑厂西里4号楼1、2、3单元的房屋权属登记情况，并证明该房屋与其无关；18. 编号为00005925的房屋权属登记档案材料，用以证明原来的黑窑厂西里锅炉房的权属登记情况，该房屋原系宣武区房管局的公房，后被拆除；19. 北京市宣武区国土资源和房屋管理局对黑窑厂西里4号楼4、5单元的权属登记档案材料，用以证明该房屋的产权人是陶然亭合作社，与宣房公司无关；20. 编号为10011249的房屋权属登记档案材料，用以证明黑窑厂西里4号楼4、5单元的产权原属于陶然亭合作社，现部分房屋已转为其私有房屋。

被告西城区政府辩称：老旧小区综合整治是为群众办实事的惠民工程。为落实《抗震节能综合改造实施意见》和《老旧小区综合整治实施意见》的精神，宣房公司委托北京筑福建筑事务有限责任公司（以下简称筑福公司）对黑窑厂西里4号楼整体进行房屋建筑安全与抗震鉴定，结论为该建筑安全鉴定评级为B级，不满足建筑抗震鉴定要求，建议对该建筑采取整体加固措施。据此，西城区重大办于2014年7月2日向北京市重大项目建设指挥部办公室（以下简称市重大办）上报《关于将西城区黑窑厂西里1－4号楼列入抗震加固范围的请示》。2014年8月21日，北京市房屋建筑抗震节能综合改造工作领导小组办公室（以下简称市抗震节能改造办）同意将黑窑厂西里4号楼列为抗震节能综合改造项目。西城区重大办据此于2015年11月15日作出《综合整治函》，将黑窑厂西里4号楼列为2015年西城区老旧小区综合整治计划的抗震加固综合改造项目，且已办理了规划许可和施工许可手续。黑窑厂西里4号楼的几十户居民中，绝大多数已签订了同意抗震加固综合改造的协议并搬离了现场。此外，筑福公司是对黑窑厂西里4号楼的整体进行了鉴定，包含了该楼4、5单元，鉴定结论表明该楼4、5单元也需要进行抗震加固综合改造。请求驳回原告苏平的诉讼请求。

被告西城区政府在法定举证期限内向本院提交了以下证据：1.《北京地区房屋建筑安全与抗震鉴定报告（京筑鉴－13122）》（以下简称《抗震鉴定报告》），用以证明黑窑厂西里4号楼整体不满足抗震鉴定要求，建议整体加固；2. 西城区重大办向市重大办报送的《关于将西城区黑窑厂西里1－4号楼列入抗震加固范围的请示》，用以证明西城区重大办向市重大办请示的情况；3. 京抗震综改办函〔2014〕15号《关于确认西城区房屋建筑抗震节能综合改造项目的函》，用以证明黑窑厂西里4号楼经批准被列为抗震节能综合改造项目；4.《综合整治函》及其附件，用以证明黑窑厂西里4号楼被列入2015年西城区老旧小区综合整治范围；5. 北京市规划委员会西城分局《关于老旧小区综合整治项目规划文件的接收函》，用以证明对黑窑厂西里4号楼的综合整治系经规划部门批准；6.《建筑工程施工许可证》，用以证明对黑窑厂西里4号楼的综合整治工程取得了施工许可证；7.《抗震节能综合改造实施意见》；8.《老旧小区综合整治实施意见》。

第三人宣房公司述称：2013年12月15日，筑福公司对黑窑厂西里4号楼进行了建筑安全与抗震鉴定，得出该建筑不满足建筑抗震鉴定要求，建议采取整体加固措施的鉴定结论。2015年11月15日，西城区重大办明确西城区2015年老旧小区综合整治任务，其中黑窑厂西里4号楼属于抗震加固综合改造对象，该综合改造工程取得了《建筑工程施工许可证》。黑窑厂西里4号楼共有5个单元，其中1、2、3单元是其管理的直管公房，4、5单元的产权单位是陶然亭合作社，经沟通，其取得了陶然亭合作社的授权委托书。其召开全体居民见面会对抗震加固政策进行了讲解，并发放了入户调查表和周转协议书。黑窑厂西里4号楼1、2、3单元共有45户居民，已全部签订了周转协议书并完成了搬迁；4、5单元共有25户居民，目前已有21户签订了周转协议书并完成了搬迁。对黑窑厂西里4号楼进行抗震加固是政府为群众办实事、为民造福的民心工程，该楼居民是受益人。原告拒绝搬出已严重影响抗震加固综合改造工程的推进，危及整栋楼房的安全。请求驳回原告苏平的诉讼请求。

第三人宣房公司在法定举证期限内向本院提交了下列证据：1.《抗震鉴

定报告》；2. 鉴定机构和鉴定人员的资质证书，包括工程设计资质证书、北京市房屋安全鉴定机构备案证书、营业执照、建设工程质量检测机构资质证书、检验检测机构资质认定证书及中华人民共和国一级注册结构工程师注册证书等；3. 入户调查表5份和《抗震节能综合改造房屋周转协议书》66份；4. 京抗震综改办函〔2014〕15号《关于确认西城区房屋建筑抗震节能综合改造项目的函》；5.《北京市宣武区直管公房经营管理授权委托书》；6.《关于老旧小区改造抗震加固工作产权方手续委托函》；7. 黑窑厂西里4号楼部分居民的请愿书；8. 名称变更通知。第三人宣房公司以上述证据证明被告西城区政府对黑窑厂西里4号楼进行抗震加固综合改造符合规定。

经庭审质证，对于原告苏平、被告西城区政府和第三人宣房公司提交的上述证据材料的真实性，各方当事人均表示不持异议。在庭审中，对黑窑厂西里4号楼进行检测、安全鉴定和抗震鉴定的相关单位依本院通知派员出庭接受询问并就相关专业性问题作出了说明。对于上述证据材料，本院认为：原告苏平提交的证据1和被告西城区政府提交的证据4均系涉案的《综合整治函》及其附件，该书证系本案被诉行政行为的载体，其本身不能用以证明被诉行政行为的合法性，但可以证明被告西城区政府作出被诉行政行为的事实以及被诉行政行为的具体内容，本院对该证据予以采信；至于被诉行政行为的合法性，本院须根据查明的事实并依据法律法规的规定作出评判。被告西城区政府提交的证据7、8，即《抗震节能综合改造实施意见》和《老旧小区综合整治实施意见》，实为其组织实施涉案抗震加固综合改造所依据的规范性文件，属于被诉行政行为的依据，不作为证据予以评价。原告苏平、被告西城区政府提交的其他证据以及第三人宣房公司提交的证据具有证据的真实性，取得合法，与本案被诉行政行为的合法性和本案需要查明的其他相关事实具有关联性，本院均予以采信。除上述证据材料外，原告苏平在庭审中出示了西城区重大办2016年7月11日作出的信访事项答复意见书，并出示了其自行拍摄的视频资料（原告苏平称该视频的内容为2014年5月23日会议情况）。本院认为，原告苏平在本院组织各方当事人进行证据交换时未提交该两份材料，亦未在此之前提交，已超过法定举证期限，本院依法不予接纳。同时，该两份材料亦不具有推翻被告西城区政府和第三人宣房公司所提交的证据的证明力。此外，被告西城区政府在本院组织证据交换时提交了北京市老旧小区综合整治办公室的一份会议纪要，用以表明1980年以后建成的住宅楼房可以被纳入抗震加固综合改造范围，原告苏平和第三人宣房公司对该会议纪要的真实性不持异议。本院认为，被告西城区政府提交该会议纪要的目的在于表明其对黑窑厂西里4号楼进行抗震加固综合改造具有政策依据，从内容来看，该会议纪要实际上具有依据的属性，本院不作为证据予以评价。

根据上述合法有效的证据以及当事人无争议之陈述，本院查明如下事实：

黑窑厂西里4号楼原有3个单元（即现在黑窑厂西里4号楼的1、2、3单元），产权人原为北京市宣武区房地产管理局（以下简称原宣武区房地局）。1988年5月9日，原宣武区房地局申请办理该楼房的所有权登记，并于1991年取得房屋所有权证。据房屋权属登记档案材料记载，此时的黑窑厂西里4号楼系混合结构，建筑年代为20世纪80年代，建筑面积为2413平方米。2001年6月15日，北京市宣武区公有资产管理委员会出具《北京市宣武区直管公房经营管理授权委托书》，授权宣房公司自2001年1月1日起行使原宣武区房地局管理直管公房的全部公房经营管理权。

1988年5月21日，原宣武区房地局申请办理黑窑厂西里锅炉房的所有权登记，并于1990年取得房屋所有权证。此后，该锅炉房被拆除，改建为居民住宅楼。陶然亭合作社于1997年8月27日取得了该居民住宅楼建设项目的《建设工程规划许可证》，该证记载的建设位置为“宣武区四平园”，建设项目名称为“9#住宅”。另据《工程质量竣工核定证书》记载，该建设项目的竣工时间为“2000年4月9日”，结构类型为“砖混”。2005年10月，陶然亭合作社申请办理该楼房的所有权登记，提交了产权登记申请书、公安机关出具的地名通知书等申请材料。同年11月，陶然亭合作社取得了该楼房的房屋所有权证，该证记载的房屋坐落为“黑窑厂西里4号楼4、5门”，产别为“集体所有产”，建筑面积为1736.75平方米。另据《北京市房屋登记表》记载，该楼房系混合结构，建成年代为20世纪90年代。至此，黑窑厂西里4号楼由原来的3个单元增加到5个单元，这5个单元的房屋共同构成了现在的黑窑厂西里4号楼。

2013年12月15日，筑福公司受宣房公司委托出具《抗震鉴定报告》，报告中记载黑窑厂西里4号楼的竣工时间为“20世纪80年代”，建筑面积为“4282.66平方米”，鉴定内容为“对黑窑厂西里4号楼，依据检测报告及现场踏勘测绘图纸等资料，通过现场调查、分析计算等方式进行安全鉴定与抗震鉴定”，鉴定结论为黑窑厂西里4号楼“不满足建筑抗震鉴定要求，建议采取整体加固措施”。2014年7月2日，西城区重大办向市重大办报送《关于将西城区黑窑厂西里1－4号楼列入抗震加固范围的请示》。2014年8月21日，市抗震节能改造办向西城区重大办出具《关于确认西城区房屋建筑抗震节能综合改造项目的函》，同意将黑窑厂西里4号楼列为抗震节能综合改造项目。宣房公司就黑窑厂西里4号楼抗震节能综合改造项目进行了入户调查，制作了入户调查表，并与该楼部分居民分别签订了《抗震节能综合改造房屋周转协议书》。2015年11月5日，北京市西城区住房和城乡建设委员会向宣房公司颁发“2013年西城区（南）既有建筑抗震加固工程（黑窑厂西里1－4号楼)”的《建筑工程施工许可证》。2015年11月15日，西城区重大办作出《综合整治函》。

原告苏平通过房改售房于2006年取得黑窑厂西里4号楼4单元102号房屋的所有权证，据《北京市房屋登记表》记载，该房屋的建成年代为20世纪90年代。2008年，苏平又取得了黑窑厂西里4号楼4单元303号房屋的所有权证。2016年6月，宣房公司以苏平之妻孙文红为被告向北京市西城区人民法院提起民事诉讼，以孙文红拒绝腾退房屋，导致其不能对黑窑厂西里4号楼进行整体抗震加固等为由，请求人民法院判令孙文红将黑窑厂西里4号楼4单元102号和303号房屋“腾退至抗震加固工程完成时，并搬离房屋内除固有附属物外的其他物品”。此后，原告苏平提起本案行政诉讼。

在本案诉讼中，第三人宣房公司述称，黑窑厂西里4号楼1、2、3单元共45套房屋，已有42套房屋出售，其余3套仍为宣房公司的直管公房；4、5单元共25套房屋，已有17套房屋出售，其余8套仍为陶然亭合作社的产权房屋；现黑窑厂西里4号楼仅有4、5单元的4户居民未搬离，其余居民已签订《抗震节能综合改造房屋周转协议书》并已搬离。原告苏平和被告西城区政府对此不持异议。第三人宣房公司在诉讼中提交了其与居民签订的《抗震节能综合改造房屋周转协议书》，该协议约定由宣房公司向居民支付搬离和搬回的搬家费用、周转期间的周转补助金以及空调拆装费。另，第三人宣房公司在诉讼中提交了陶然亭合作社于2015年出具的《关于老旧小区改造抗震加固工作产权方手续委托函》，载明陶然亭合作社委托宣房公司代表其办理黑窑厂西里4号楼4、5单元抗震加固改造工程的产权方手续。

本院认为：本案系因被告西城区政府对原告苏平所有的房屋所在的黑窑厂西里4号楼进行抗震加固综合改造引发的行政诉讼案件。本院根据查明的事实，依据相关法律法规的规定，重点围绕各方当事人的争议焦点，就相关问题分别阐述如下：

一、关于原告起诉条件、本案涉及的主要法律规范以及各方当事人的争议焦点

第一，关于起诉条件。公民、法人或者其他组织认为行政机关和行政机关工作人员的行政行为侵犯其合法权益，有权依法向人民法院提起行政诉讼。《中华人民共和国行政诉讼法》对公民、法人或者其他组织提起行政诉讼应当具备的条件作出了明确规定。公民、法人或者其他组织提起行政诉讼不符合法定条件，已经立案的，人民法院应当裁定驳回起诉；符合法定条件的，人民法院应当对被诉行政行为是否合法进行审查并依法作出相应判决。本案中，西城区重大办于2015年11月15日作出《综合整治函》，将黑窑厂西里4号楼列为抗震加固综合改造对象，原告苏平针对该抗震加固综合改造行为中涉及黑窑厂西里4号楼4、5单元的部分，于2016年7月向本院提起行政诉讼。西城区重大办系被告西城区政府设立的机构，其所作《综合整治函》将黑窑厂西里4号楼列为抗震加固综合改造对象，原告苏平所有的房屋在黑窑厂西里4号楼之内。据此，西城区重大办作出《综合整治函》的行为对原告苏平的权益产生实际影响，系可诉的行政行为，原告苏平具有提起诉讼的原告资格，西城区政府系适格被告，原告苏平提起诉讼亦未超过法定期限。综上，本院认定原告苏平的起诉符合法定条件。在诉讼中，被告西城区政府和第三人宣房公司亦未提出原告苏平提起诉讼不符合法定条件的主张。

第二，关于本案涉及的主要法律规范。本案系行政诉讼案件，应当适用《中华人民共和国行政诉讼法》及相关司法解释的规定。同时，被诉行政行为系抗震加固综合改造行为，对被诉行政行为是否合法的审查须同时依据防震减灾的相关法律规范。为了防御和减轻地震灾害，保护人民生命和财产安全，促进经济社会的可持续发展，1997年12月29日第八届全国人民代表大会常务委员会第二十九次会议通过了《中华人民共和国防震减灾法》，2008年12月27日第十一届全国人民代表大会常务委员会第六次会议对该法予以修订，修订后的《中华人民共和国防震减灾法》已自2009年5月1日起施行。该法就防震减灾规划、地震监测预报、地震灾害预防、地震应急救援、地震灾后过渡性安置和恢复重建等作出全面规定，其中对已经建成的建设工程的抗震加固问题作出了明确规定。2006年1月27日，中华人民共和国建设

部颁布《房屋建筑工程抗震设防管理规定》（建设部令148号）。该规章对已建成的房屋建筑工程的抗震鉴定和抗震加固等问题作出了更加具体的规定。为了实施《中华人民共和国防震减灾法》，北京市人民代表大会常务委员会结合北京市的实际情况，颁布了《北京市实施〈中华人民共和国防震减灾法〉办法》，自2002年1月1日起施行。2010年6月9日，国务院制定了《关于进一步加强防震减灾工作的意见》（国发〔2010〕18号），就进一步加强防震减灾工作提出明确要求。北京市人民政府据此于2011年6月20日印发了《抗震节能综合改造实施意见》，又于2012年印发了《老旧小区综合整治实施意见》。2013年7月26日，北京市第十四届人民代表大会常务委员会第五次会议通过《北京市实施〈中华人民共和国防震减灾法〉规定》，自2014年1月1日起施行，《北京市实施〈中华人民共和国防震减灾法〉办法》同时废止。根据《中华人民共和国行政诉讼法》及相关司法解释的规定，人民法院审理行政案件，以法律和行政法规、地方性法规为依据，参照规章，并可以参照合法有效的规范性文件。据此，对本案被诉行政行为是否合法的审查，应当依据被诉行政行为作出时有效的法律、法规，并参照被诉行政行为作出时有效的规章以及合法有效的规范性文件。

第三，关于本案的争议焦点。结合本案各方当事人的诉辩意见及本院庭审调查情况，本案争议焦点为：一是黑窑厂西里4号楼4、5单元应否被纳入抗震加固综合改造范围；二是涉案《抗震鉴定报告》能否作为被诉行政行为的有效根据；三是将黑窑厂西里4号楼4、5单元列入抗震加固综合改造范围是否符合相关程序规定；四是被告是否滥用了职权和被诉行政行为是否侵害了原告的合法权益。

二、关于黑窑厂西里4号楼4、5单元应否被纳入抗震加固综合改造范围问题

原告苏平在诉讼中提出，根据北京市人民政府制定的《抗震节能综合改造实施意见》和《老旧小区综合整治实施意见》的规定，抗震加固的对象是1980年以前建成的房屋，而黑窑厂西里4号楼4、5单元建成于1999年（原告在起诉状中提出的主张）或2000年（原告在庭审中提出的主张），不属于抗震加固对象。针对该诉讼意见，本案既需要确定黑窑厂西里4号楼4、5单元的建成时间，又需要确定本市抗震加固综合改造对象的具体范围。

第一，关于黑窑厂西里4号楼4、5单元的建成时间。根据本案查明的事

实，黑窑厂西里4号楼原有3个单元，即现在黑窑厂西里4号楼的1、2、3单元，根据当时房屋权属登记档案材料记载，这3个单元建成于20世纪80年代。而现在黑窑厂西里4号楼4、5单元的建设单位是陶然亭合作社，陶然亭合作社于1997年方取得《建设工程规划许可证》，该建设项目的《工程质量竣工核定证书》显示竣工时间为“2000年4月9日”，而房屋权属登记档案材料中的《北京市房屋登记表》又显示建成年代为20世纪90年代。尽管两份材料记载的具体时间不尽一致，但足可认定黑窑厂西里4号楼4、5单元并非建成于20世纪80年代，更非1980年之前，而是在20世纪90年代或者2000年才建成的。

第二，关于本市抗震加固综合改造对象的具体范围。北京市人民政府于2011年6月20日发布《抗震节能综合改造实施意见》，将3类建设工程明确列为“排查鉴定对象”，即“1. 1980年以前建成的城镇房屋建筑。2. 规划保留村庄的农村住宅。3. 1980年至2002年期间建成的学校、幼儿园、医院、体育场馆、博物馆、文化馆、图书馆、影剧院、商场、交通枢纽等人员密集的公共服务设施。”也就是说，黑窑厂西里4号楼4、5单元不在该3类建设工程之列，但却不能据此得出黑窑厂西里4号楼4、5单元必须被排除于抗震加固综合改造范围之外的结论。一方面，《抗震节能综合改造实施意见》列明的上述3类建设工程系“排查鉴定”的对象，该文件并未明确禁止依法对其他建设工程进行抗震鉴定并依据鉴定结果进行抗震加固综合改造。被告西城区政府在诉讼中提供的2012年北京市老旧小区综合整治办公室会议纪要也可以表明1980年以后建成的房屋建筑并未被一概排除于抗震加固综合改造范围之外，该会议纪要的相关内容为：“对1980年以后建成且住户居民有强烈意愿进行改造的住宅楼房，由各区县负责先行进行抗震检测，如确实需要进行抗震加固改造，专题报市老旧小区综合整治办公室。”另一方面，本市行政区划范围内对既有建设工程进行抗震加固综合改造，不仅要遵循《抗震节能综合改造实施意见》的规定，同时也要遵循相关法律、法规、规章的规定。《中华人民共和国防震减灾法》第三十九条规定，对于已经建成的重大建设工程，可能发生严重次生灾害的建设工程，具有重大历史、科学、艺术价值或者重要纪念意义的建设工程，学校、医院等人员密集场所的建设工程，以及地震重点监视防御区内的建设工程，未采取抗震设防措施或者抗震设防措施未达到抗震设防要求的，应当按照国家有关规定进行抗震性能鉴定，并采取必要的抗震加固措施。自2002年1月1日起施行的《北京市实施〈中华人民共和国防震减灾法〉办法》第十九条第一款规定，已建成的建筑物、构筑物，未采取抗震设防措施或者未达到抗震设计标准的，建筑物、构筑物所有权人或者管理使用单位应当按照国家有关规定进行抗震性能鉴定，并采取必要的抗震加固措施。自2014年1月1日起施行的《北京市实施〈中华人民共和国防震减灾法〉规定》第十二条第一款和第十三条规定，已经建成的建设工程具有“达到设计使用年限需要继续使用”“进行结构改造或者改变使用用途可能影响抗震性能”“未采取抗震设防措施或者达不到现行抗震设防要求”等情形之一的，应当委托相关单位进行抗震鉴定，对不符合抗震设防标准且具有加固价值的房屋建筑采取抗震加固措施。根据上述法律和地方性法规的规定，应当进行抗震鉴定并采取抗震加固措施的既有房屋建筑并不局限于20世纪80年代及以前建成的房屋建筑，而是可以涵盖20世纪90年代甚至21世纪建成的房屋建筑；对某一房屋建筑是否需要采取抗震加固措施，核心标准在于该房屋建筑是否符合抗震设防要求并具有加固价值。因此，尽管黑窑厂西里4号楼4、5单元建成于20世纪90年代或2000年，但如果该房屋建筑经抗震鉴定的确不符合抗震设防要求且具有加固价值，对该房屋建筑进行抗震加固综合改造显然不违背上述法律、法规的规定。

综上，黑窑厂西里4号楼4、5单元不应当仅仅因为建成于20世纪90年代或2000年而被排除于抗震加固综合改造范围之外。同时，黑窑厂西里4号楼4、5单元尽管与该楼的1、2、3单元建成于不同年代，但已共同构成现在的黑窑厂西里4号楼，在抗震加固综合改造工作中对该楼进行整体考虑并无不当。当然，应否对黑窑厂西里4号楼采取抗震加固措施，关键在于该楼能否达到抗震设防要求，这正是下一个争议焦点涉及的核心问题。

三、关于涉案《抗震鉴定报告》能否作为被诉行政行为的有效根据问题

既有房屋建筑能否达到抗震设防要求，涉及专业性、技术性判断，通常应当通过抗震鉴定得出结论。本案中，筑福公司就黑窑厂西里4号楼进行了抗震鉴定并出具了《抗震鉴定报告》，结论为黑窑厂西里4号楼“不满足建筑抗震鉴定要求”，建议采取“整体加固”措施。在诉讼中，被告西城区政府和第三人宣房公司均提交该《抗震鉴定报告》作为其主张被诉行政行为合法的证据，原告苏平则对该《抗震鉴定报告》提出质疑并在庭审中发表了质证意见，本院亦依法通知鉴定机构派员出庭接受询问并就鉴定报告的相关内

容作出了说明。根据各方当事人的诉辩意见和质证意见，本案中对该《抗震鉴定报告》是否合法有效的审查主要涉及抗震鉴定的委托主体是否适格、鉴定机构的选定是否合法、鉴定报告内容是否准确等方面的问题。

第一，关于委托抗震鉴定的适格主体。本案中，抗震鉴定的时间是2013年，委托抗震鉴定的单位是宣房公司。在具体由谁委托鉴定机构对既有房屋建筑进行抗震鉴定这一问题上，1997年通过并经2008年修订的《中华人民共和国防震减灾法》未作明确规定。中华人民共和国建设部2006年颁布的规章《房屋建筑工程抗震设防管理规定》第十二条第一款虽规定对3类已建成但未采取抗震设防措施且未列入近期拆除改造计划的房屋建筑工程应当委托具有相应设计资质的单位按现行抗震鉴定标准进行抗震鉴定，但并未明确规定抗震鉴定的委托主体；第二款则作出了“鼓励其他未采取抗震设防措施且未列入近期拆除改造计划的房屋建筑工程产权人，委托具有相应设计资质的单位按现行抗震鉴定标准进行抗震鉴定”的规定，虽对委托主体的规定更加明确，但仅为“鼓励”委托抗震鉴定。自2002年1月1日起施行并在本案涉及的抗震鉴定进行时仍有效的《北京市实施〈中华人民共和国防震减灾法〉办法》第十九条则明确规定由“建筑物、构筑物所有权人或者管理使用单位”对已建成但未采取抗震设防措施或者未达到抗震设计标准的建筑物、构筑物进行抗震性能鉴定并采取必要的抗震加固措施，同时规定“城市住房制度改革中出售的房屋的抗震加固，由市人民政府另行规定”。北京市人民政府制定的《抗震节能综合改造实施意见》规定，由区县政府组织实施责任主体进行房屋建筑抗震节能综合改造工作，对于直管公房、单位自管公房、已售公有住宅、其他私有房屋建筑进行抗震节能综合改造，相应的实施责任主体分别为房屋建筑管理单位、房屋建筑产权单位、原售房单位和房屋建筑所有权人。本案中，黑窑厂西里4号楼的1、2、3单元原为宣房公司经营管理的直管公房，后部分房屋出售，部分房屋仍为宣房公司经营管理的直管公房；4、5单元原为陶然亭合作社的集体所有房产，后部分房屋出售，部分房屋仍为陶然亭合作社所有。从房屋的套数来看，黑窑厂西里4号楼共有70套房屋，其中45套房屋原为宣房公司经营管理的直管公房。从实际情况来看，由宣房公司委托鉴定机构对黑窑厂西里4号楼进行抗震鉴定，具有可行性和合理性，且并不为法律、法规、规章所禁止。另外，委托鉴定机构对既有房屋建筑进行抗震鉴定，目的在于确定既有房屋建筑是否符合抗震设防要求，进而排除安全隐患和风险，对于维护房屋所有权人和使用人的生命财产安全是有利的。本案中，宣房公司委托鉴定机构对黑窑厂西里4号楼进行抗震鉴定，并未要求原告或该楼内其他居民负担鉴定费用，对原告或该楼内其他居民的合法权益并未造成侵害。此外，宣房公司在诉讼中提交的证据显示，陶然亭合作社于2015年向宣房公司出具了委托书，委托宣房公司代表其办理黑窑厂西里4、5单元抗震加固改造工程的产权方手续。据此，本院认为，涉案《抗震鉴定报告》不因委托鉴定单位系宣房公司而失去合法性和有效性。

第二，关于抗震鉴定机构的选定。本案中，筑福公司出具了《抗震鉴定报告》，该公司持有中华人民共和国住房和城乡建设部核发的工程设计资质证书。依据中华人民共和国建设部2006年颁布的规章《房屋建筑工程抗震设防管理规定》第十二条的规定，抗震鉴定应当由具有相应设计资质的单位进行。北京市人民政府制定的《抗震节能综合改造实施意见》第五条第（二）项规定："实行合格承包人名录制度。为保证综合改造工程质量，参与综合改造的检测、房屋安全鉴定、设计、施工、监理单位实行合格承包人名录制度。市、区县政府出资并依法应当招标的项目，各实施责任主体应当在合格承包人名录中依法选定工程参与单位。"2012年3月，北京市住房和城乡建设委员会、北京市规划委员会、北京市财政局共同印发《北京市房屋建筑抗震节能综合改造工程设计单位合格承包人名册管理办法》和《北京市房屋建筑抗震节能综合改造工程设计单位合格承包人名册》，筑福公司列入北京市房屋建筑抗震节能综合改造工程设计单位合格承包人名册之内。据此，由具有相应设计资质并被列入上述合格承包人名册的筑福公司对黑窑厂西里4号楼进行抗震鉴定，并不违法。

第三，关于鉴定报告内容的准确性。筑福公司出具的《抗震鉴定报告》载明了黑窑厂西里4号楼的产权单位、管理单位、竣工时间、结构类型、平面形式、地基基础形式、楼盖形式、屋盖形式等多方面信息，列明了鉴定内容、鉴定依据等相关内容，得出了该建筑"不满足建筑抗震鉴定要求，建议采取整体加固措施"的鉴定结论。从本案查明的事实来看，黑窑厂西里4号楼的1、2、3单元建成于20世纪80年代，4、5单元建成于20世纪90年代或2000年，《抗震鉴定报告》将黑窑厂西里4号楼的竣工时间统一记载为"20世纪80年代"，并不准确。黑窑厂西里4号楼的1、2、3单元原为宣房公司经营管理的直管公房，后部分房屋已出售；4、5单元原为陶然亭合作社的集体所有房产，后部分房屋也已出售。《抗震鉴定报告》将黑窑厂西里4号楼的产权单位统一记载为西城区政府和陶然亭合作社，没有体现出部分房屋已出售的情况，亦不准确。不过，筑福公司对黑窑厂西里4号楼进行抗震鉴定，目的在于确定该楼是否符合抗震设防要求，形成的也是有关黑窑厂西里4号楼不符合抗震设防要求并建议采取整体加固措施的鉴定结论。筑福公司进行抗震鉴定并出具《抗震鉴定报告》，目的显然不在于确定黑窑厂西里4号楼的竣工时间、产权单位，也不具有改变该楼竣工时间和产权单位的效力。需要注意的问题在于，《抗震鉴定报告》对竣工时间和产权单位的记载是否会对鉴定结论产生实质性影响。首先，房屋建筑的抗震性能如何，与该房屋建筑的产权人或产权单位是谁，二者并无必然关联。涉案《抗震鉴定报告》有关产权单位的记载虽不准确，但有关抗震性能的鉴定结论并不因此受到影响。其次，关于竣工时间是否影响抗震鉴定结论一节，经鉴定机构派工作人员出庭就此作出说明，本院尚无法得出涉案《抗震鉴定报告》所载鉴定结论会因该报告有关竣工时间的记载不准确而被动摇或推翻的结论。最后，原告苏平在庭审中还对《抗震鉴定报告》记载的黑窑厂西里4号楼的结构类型、地基基础形式等提出质疑，鉴定机构派工作人员出庭作出说明，这些事项涉及专业性、技术性问题，原告苏平并未提供证据支持其主张，更不足以推翻涉案的鉴定结论。此外，经询问原告是否申请重新鉴定，原告苏平在庭审中明确表示其不申请重新鉴定。有鉴于此，本院认为，涉案《抗震鉴定报告》虽存在部分内容不够准确的情形，但不足以动摇或推翻鉴定结论，亦不足以导致《抗震鉴定报告》丧失合法性、有效性。

综上，涉案《抗震鉴定报告》是由具有工程设计资质的筑福公司经鉴定后出具的，且没有证据证明存在鉴定程序严重违法、鉴定结论明显依据不足或者足以导致鉴定结论不成立的其他情形，故该《抗震鉴定报告》的合法性和有效性应当得到认可。既然鉴定机构出具的抗震鉴定报告能够表明黑窑厂西里4号楼不满足抗震设防要求并需要采取抗震加固措施，被告西城区政府据此组织实施责任单位对该楼进行抗震加固综合改造，具有相应的事实基础。当然，黑窑厂西里4号楼经鉴定不满足抗震设防要求，只是为被告西城区政府针对该楼组织实施抗震加固综合改造提供了前提条件，被告西城区政府在组织实施过程中还应当遵循相关程序要求，而这正是下一个争议焦点涉及的核心问题。

四、关于将黑窑厂西里4号楼4、5单元列入抗震加固综合改造范围是否符合相关程序规定问题

本案中，在筑福公司出具《抗震鉴定报告》后，西城区重大办向市重大办报送了将黑窑厂西里4号楼列入抗震加固范围的请示，市抗震节能改造办向西城区重大办出具了将黑窑厂西里4号楼列入抗震节能综合改造项目的确认函，宣房公司进行了入户调查，黑窑厂西里4号楼抗震加固工程也取得了《建筑工程施工许可证》。可见，被告西城区政府在作出本案被诉行政行为之前，履行了一定的程序。结合各方当事人的诉辩意见，就被诉行政行为是否符合法定程序的问题，尚需重点审查两个方面，一是实施责任主体的确定是否符合规定；二是提出综合改造申请前是否履行了组织业主共同决定的程序要求。

第一，实施责任主体的确定。北京市人民政府制定的《抗震节能综合改造实施意见》第二条对抗震加固综合改造工作实施责任主体作出了具体规定，即："（一）直管公房，房屋建筑管理单位是综合改造工程的实施责任主体。（二）单位自管公房，房屋建筑产权单位是综合改造工程的实施责任主体。（三）已售公有住宅，原售房单位是综合改造工程的实施责任主体；原售房单位灭失的，现接管单位是综合改造工程的实施责任主体；无接管单位的，由房屋所在地区县政府负责组织实施。（四）其他私有房屋建筑，房屋建筑所有权人是综合改造工程的实施责任主体；房屋建筑所有权人下落不明或者权属不明的，实际占有人是综合改造工程的实施责任主体……"本案中，根据黑窑厂西里4号楼的权属状况，尤其是该楼70套房屋中1、2、3单元的45套房屋原为宣房公司经营管理的直管公房且至今仍有部分房屋系宣房公司直管公房，4、5单元的25套房屋原为陶然亭合作社的集体所有房产且陶然亭合作社于2015年向宣房公司出具了委托手续等实际情况，由宣房公司作为黑窑厂西里4号楼抗震加固综合改造工作的实施责任主体并无不当，原告苏平的合法权益亦未因实施责任主体确定为宣房公司而受到侵害。

第二，关于业主共同决定程序。北京市人民政府制定的《抗震节能综合改造实施意见》第四条规定，实施责任主体应当根据鉴定、评估结果，及时向区县政府提出综合改造申请；属于已售公有住宅的，实施责任主体应当依法组织业主共同决定，经专有部分占建筑物总面积三分之二以上的业主且占总人数三分之二以上的业主同意后，方可提出综合改造申请。本案中，宣房

公司在诉讼中提交的入户调查表和《抗震节能综合改造房屋周转协议书》能够表明宣房公司履行了征求业主意见的程序，并且抗震加固综合改造工作已得到黑窑厂西里4号楼超过三分之二的业主的同意。实际上，原告在诉讼中亦认可黑窑厂西里4号楼的70户居民中，目前仅有4户居民未签订《抗震节能综合改造房屋周转协议书》。据此，本院认为，被告西城区政府将黑窑厂西里4号楼列入抗震加固综合改造范围，并不违背《抗震节能综合改造实施意见》中有关业主共同决定程序的规定。

综上，被告西城区政府作出被诉行政行为前履行了必要的行政程序，不存在因违反法定程序而应当认定被诉行政行为违法的情形。

五、关于被告是否滥用了职权和被诉行政行为是否侵害了原告的合法权益问题

行政机关实施行政行为，不仅应当符合其法定职权范围，具有相应的事实根据和法律依据，遵循法定程序，而且不能存在滥用职权或明显不当的情形，亦不能违法侵害行政相对人或利害关系人的合法权益。本案中，原告苏平提出，被告西城区政府浪费财力，滥用职权，对不应被纳入抗震加固综合改造范围的黑窑厂西里4号楼4、5单元进行抗震加固综合改造侵害了其合法权益。本院认为，原告苏平的这一主张缺乏相应的事实根据和法律依据。

第一，防震减灾事关人民生命财产安全和经济社会发展全局，由于地震具有巨大破坏力，精准预测又有一定难度，因此对地震的预防至关重要，通过抗震加固综合改造提高城乡建筑物的抗震能力正是地震灾害预防的关键环节之一。为此，《中华人民共和国防震减灾法》不仅明确规定了防震减灾工作实行预防为主、防御与救助相结合的原则，也明确规定了地方人民政府做好本行政区域内防震减灾工作的职责以及单位和个人依法参加防震减灾活动的义务，还专门设置“地震灾害预防”一章就相关事项作出具体规定。国务院于2010年发布《关于进一步加强防震减灾工作的意见》，重申要把人民群众的生命安全放在首位，坚持预防为主、防御与救助相结合，并明确提出要充分考虑潜在的地震风险，切实提高建筑物抗震能力，到2015年基本完成抗震能力不足的重要建设工程的加固改造。北京市对防震减灾工作高度重视，先后制定了《北京市实施〈中华人民共和国防震减灾法〉办法》《北京市实施〈中华人民共和国防震减灾法〉规定》等地方性法规，也出台了一系列规范性文件落实法律法规的要求。本案中，被告西城区政府依据法律、法规、

规章和规范性文件中有关对既有房屋建筑进行抗震鉴定和采取抗震加固措施的规定，在黑窑厂西里4号楼经鉴定不满足抗震设防要求的情况下，经履行相关程序，将该楼列为抗震加固综合改造对象。该行为系被告西城区政府履行其法定职责的行为，具有相应的事实根据和法律依据，且有利于提高黑窑厂西里4号楼防御潜在地震风险的能力，有利于保护人民群众的生命财产安全。原告苏平认为被告西城区政府滥用职权的意见缺乏依据，本院不予采纳。

第二，对既有房屋建筑采取抗震加固措施，可能会给该房屋建筑的使用人带来不便，如在必要时需要使用人在施工期间搬出；也可能会给房屋建筑所有权人带来影响，如实施加固后房屋建筑的结构、面积等可能有所变化。不过，必要的抗震加固所带来的不便和造成的影响显然不能等同于对房屋所有权人和使用人合法权益的侵害，毋宁说是为了保障所有权人和使用人的合法权益，尤其是其生命财产安全，而应当在一定限度内予以容忍的不便和影响。实际上，房屋建筑的抗震能力不足，不仅对该房屋建筑的所有权人和使用人的生命财产安全构成潜在威胁，也会对相邻房屋建筑的安全和不特定公众的安全构成潜在威胁。为此，在《中华人民共和国防震减灾法》第八条明确规定："任何单位和个人都有依法参加防震减灾活动的义务。"相关法律规范对房屋建筑的所有权人和使用人设定了更加明确的义务。例如，中华人民共和国建设部颁布的《房屋建筑工程抗震设防管理规定》第十四条第一款规定，对经鉴定需抗震加固的房屋建筑工程，产权人应当委托具有相应资质的设计、施工单位进行抗震加固设计与施工。第十五条进一步规定，房屋建筑工程的抗震鉴定、抗震加固费用，由产权人承担。《北京市实施〈中华人民共和国防震减灾法〉规定》第十二条、第十三条也就房屋建筑所有权人委托抗震鉴定和采取抗震加固措施的义务作出规定，第十五条又规定了房屋建筑所有权人及使用人在一定条件下停止使用并搬出危险部位的义务。本案中，宣房公司是黑窑厂西里4号楼抗震加固综合改造的实施责任主体，包括原告苏平在内的购买该楼内房屋的业主并未被要求负担综合改造费用，宣房公司与业主签订的《抗震节能综合改造房屋周转协议书》还明确约定由宣房公司向业主支付搬离和搬回的搬家费用、周转期间的周转补助金等费用。更加重要的是，抗震加固综合改造有利于提升房屋建筑的抗震能力，对该楼内房屋所有权人和使用人的生命财产安全提供了更加充分的保障。综上，本案中显然不能得出被诉行政行为违法侵害原告合法权益的结论。

六、关于对被诉行政行为合法性的评价及本案应当采取的判决方式

保护人民生命和财产安全，是人民政府及其相关部门开展防震减灾工作应当追求和实现的首要目标。对于人民政府及其相关部门为防御和减轻地震灾害而依法对既有房屋建筑采取的合法抗震加固行为，人民法院应当依法予以支持。本案中，根据《中华人民共和国防震减灾法》以及北京市地方性法规的规定，被告西城区政府负有组织有关部门采取措施做好本行政区域的防震救灾工作的法定职责。黑窑厂西里4号楼经鉴定不满足抗震设防要求，被告西城区政府将黑窑厂西里4号楼列为抗震加固综合改造对象，具有相应的事实根据和法律依据，也履行了相关的行政程序。对黑窑厂西里4号楼进行抗震加固综合改造，有利于提高该楼的抗震能力，对包括原告苏平在内的房屋所有权人和使用人而言，被诉行政行为具有明显的授益性。原告苏平认为被告西城区政府将黑窑厂西里4号楼4、5单元列入抗震加固综合改造范围的行政行为违法并侵害其合法权益的意见，缺乏相应的事实根据和法律依据，本院对其要求撤销该行政行为的诉讼请求不予支持。

需要指出的是，涉案的抗震加固综合改造工作存在不严谨的情形。在《综合整治函》的附件中，黑窑厂西里4号楼的竣工时间被记载为“20世纪80年代”，产权单位被记载为“北京市宣武区房屋土地管理局”，管理单位被记载为“北京宣武房屋经营公司”，这些均存在以偏概全的错误，不能准确反映该楼1、2、3单元和4、5单元分别建成于不同年代、房屋产权属于不同单位和个人所有的实际情况。此外，该楼1、2、3单元房屋产权原登记在原宣武区房地局名下，4、5单元房屋产权原登记在陶然亭合作社名下，建筑面积分别为2413平方米和1736.75平方米。涉案《综合整治函》的附件将黑窑厂西里4号楼的建筑面积记载为“4282.66平方米”，虽与《抗震鉴定报告》记载的建筑面积一致，但与该楼1、2、3单元原房屋权属登记材料记载的建筑面积和4、5单元原房屋权属登记材料记载的建筑面积之和不尽一致。

鉴于西城区重大办作出《综合整治函》的目的和效果在于确定抗震加固综合改造的对象，其在该《综合整治函》的附件中对黑窑厂西里4号楼竣工时间、产权单位、管理单位、建筑面积的记载虽不准确，但并不产生改变黑窑厂西里4号楼实际竣工时间、产权单位、管理单位或建筑面积的法律效果，原告苏平的合法权益亦不会因此受到侵害，不足以影响西城区重大办通过作出《综合整治函》将黑窑厂西里4号楼列为抗震加固综合改造对象这一行政

行为的合法性。不过，对于本院指出的上述问题，被告西城区政府及其所属的西城区重大办应当予以重视，并应采取有效措施避免在今后工作中出现疏漏。

另需指出的是，自古以来，地震这一自然灾害给人类带来了巨大的生命和财产损失。即便在科学技术日新月异、地震监测水平不断提升的今天，地震的潜在风险和威胁也远未消除。为了保护人民的生命和财产安全，人民政府及其相关部门自当肩负起职责使命，依法做好各项防震减灾工作。同时，对于人民政府及其相关部门依法采取的防震减灾措施，任何单位和个人理应予以支持、配合，并负有依法参加防震减灾活动的义务。在此，本院希望全社会更加关注并积极参与防震减灾工作，为地震监测预报水平的提高、城乡建设和基础设施抗震能力的增强、应急救援机制的完善以及更加科学高效的防震减灾工作格局的形成作出努力和贡献。

综上，对于原告苏平提出的要求撤销西城区重大办在《综合整治函》中对黑窑厂西里4号楼4、5单元进行抗震加固的行政行为的诉讼请求，依法应予驳回。依照《中华人民共和国行政诉讼法》第六十九条的规定，判决如下：

驳回原告苏平的诉讼请求。

案件受理费50元，由原告苏平负担（已交纳）。

如不服本判决，可在判决书送达之日起十五日内，向本院递交上诉状，并按对方当事人的人数提出副本，预交上诉案件受理费人民币50元，上诉于北京市高级人民法院。上诉人在上诉期限内未预交上诉案件受理费，又不提出缓交申请的，按自动撤回上诉处理。

审 判 长　陈良刚
审 判 员　张　岩
审 判 员　程　娜
二〇一八年二月九日
法官助理　李晓飞
书 记 员　李乔伊
书 记 员　门　蕊

【评析】

该案属于新类型案件，被诉行政行为系行政机关对既有建筑物组织实施抗震加固的行为。对于该类行政行为是否属于行政诉讼受案范围问题，审理中曾有过不同认识。结合该案的具体情况，行政机关对建筑物组织实施抗震加固期间，房屋使用人须搬出，物权的占有、使用、收益权受到限制。抗震加固之后，建筑物的结构、面积等物理特性也会发生一些变化。由此，行政机关对建筑物组织实施抗震加固的行为对公民、法人或者其他组织的合法权益能够产生实际影响，应当纳入人民法院行政诉讼的受案范围，并应当认可受到实际影响的公民、法人或者其他组织提起行政诉讼的原告资格。除房屋所有权人外，公房承租人也应当具有原告资格。不过，如果只是普通的房屋承租人，尽管其占有、使用房屋的权利往往也会受到实际影响，但笔者认为，其基于租赁关系而获得的这种权益不属于行政机关在对建筑物组织实施抗震加固时应当保护或考虑的权益，故其不具有提起行政诉讼的原告资格，其可以基于租赁关系通过民事诉讼等途径获得救济。

行政机关对建筑物组织实施抗震加固的行为虽具有一定的侵益性，但同时具有明显的授益性。它能够提升建筑物的抗震性能，不仅有助于切实降低建筑物受损、灭失的风险，从而实现物权人对建筑物更长久的占有、使用、收益，又有助于增强对建筑物使用人、不特定社会公众生命财产安全的保障水平，从而更好地维护社会公共利益。基于该类行政行为的特点，人民法院在审理由此引发的行政案件时，既要坚持行政诉讼法确立的全面合法性审查的原则，又要体现对公共利益和个人利益的权衡与兼顾，采取恰当的审查标准与强度。本案判决在对原告的起诉条件、案件涉及的主要法律规范、各方当事人争议焦点进行阐述和归纳的基础上，分别针对涉案建筑物应否被纳入抗震加固综合改造范围，涉案抗震鉴定报告能否作为被诉行政行为的有效根据，将涉案建筑物列入抗震加固综合改造范围是否符合相关程序规定，以及被告是否滥用了职权和被诉行政行为，是否侵害了原告合法权益等焦点问题进行了较为充分的分析论证，最后得出被诉行政行为合法、原告诉讼请求应予驳回的结论。该判决借助篇幅长达 1.1 万余字的说理，努力全面回应当事人的诉讼意见和主张，努力实现事理、法理与情理的融合，努力提升司法裁判的说服力和可接受度。该案一审判决后，原告提起上诉，二审法院最终作出了维持一审判决的终审判决。

（作者单位：北京市第四中级人民法院）

在政府采购评标结束后，财政部门发现有应予废标的处理

王少琨　李　健

【案例索引】

辽宁省大连市中级人民法院（2017）辽02行终588号。

大连曦然实业发展有限公司诉大连市财政局、大连市人民政府财政处理决定及行政复议一案，因不服辽宁省大连经济技术开发区人民法院（2017）辽0291行初47号行政判决，向辽宁省大连市中级人民法院提起上诉。

【裁判要旨】

在政府采购活动中，财政部门作为法定监督机关，依法具有对政府采购活动的整个过程进行监管的职责，有权依照政府采购法等相关法律规定纠正参加政府采购活动的采购人、采购代理机构和供应商的违法行为。因此，在相关法律规定不明确的情况下，财政部门基于其法定监督权，在政府采购评标结束后对发现的应予废标情形，有权直接予以废标。

【裁判文书】

辽宁省大连市中级人民法院
行政判决书

（2017）辽02行终588号

上诉人（原审原告）大连曦然实业发展有限公司，住所地大连市金州区站前街道（丘号43－339－2号）。

法定代表人李印斗，执行董事。

委托代理人夏东霞，北京市金杜律师事务所律师。

委托代理人杨婷，北京市金杜律师事务所律师。

被上诉人（原审被告）大连市财政局，住所地大连市中山区长江路138号。

负责人李莉，局长。

委托代理人娄新洁，该局法制处副处长。

委托代理人蒋玉青，辽宁瑾宸律师事务所律师。

被上诉人（原审被告）大连市人民政府，住所地大连市西岗区人民广场1号。

负责人谭成旭，市长。

委托代理人李梅，该政府法制办公室工作人员。

委托代理人黄楠，辽宁本道律师事务所律师。

原审第三人大连市城市建设管理局，住所地大连市西岗区高尔基路16号。

负责人刘爱博，局长。

委托代理人杨远宁，该局法制处处长。

委托代理人刘颖，辽宁华夏律师事务所律师。

原审第三人天津泰达环保有限公司，住所地天津开发区第三大街16号。

法定代表人马剑，董事长。

委托代理人段崇阳，女，1990年9月9日出生，汉族，该公司法务人员，住址天津市南开区卫津路94号。

委托代理人邓懿，北京万贝律师事务所律师。

上诉人大连曦然实业发展有限公司（以下简称曦然公司）因诉大连市财政局、大连市人民政府财政处理决定及行政复议一案，不服大连经济技术开发区人民法院（2017）辽0291行初47号行政判决，向本院提起上诉。本院受理后依法组成合议庭，于2018年1月11日公开开庭审理了本案。上诉人曦然公司的法定代表人李印斗，委托代理人夏东霞、杨婷，被上诉人大连市财政局（以下简称财政局）的委托代理人娄新洁、蒋玉青，被上诉人大连市人民政府（以下简称市政府）的委托代理人李梅、黄楠，原审第三人大连市城市建设管理局（以下简称城建局）的委托代理人杨远宁、刘颖，原审第三人天津泰达环保有限公司（以下简称泰达公司）的委托代理人段崇阳、邓懿到庭参加诉讼。本案经辽宁省高级人民法院批准，延长审理期限三个月。本案现已审理终结。

原审法院认定，大连市政府采购项目“大连市中心城区生活垃圾焚烧处理发电二期BOT项目”，招标人为城建局，招标代理机构为大连理工招标代理有限公司。2016年6月21日，项目发布资格预审公告，7月26日进行资格预审，共有6家联合体投标人通过资格预审，其牵头人分别为原告曦然公司和泰达公司以及重庆三峰环境产业集团有限公司、中国环境保护集团有限公司、协鑫智慧能源（苏州）有限公司、中国光大国际有限公司。招标公告发布后，除中国光大国际有限公司外的5家投标单位参与投标。经采用综合评分法评审，综合得分第一名为泰达公司，第二名为原告。2016年9月28日，预中标结果在大连市政府采购网发布公示，宣布泰达公司为预中标人。预中标结果公示后，原告于2016年9月29日向招标人递交《政府采购质疑书》，质疑评委会对其投标文件的商务部分评分。招标人和采购代理机构受理质疑后，于10月8日组织原评委会针对质疑提出的相关问题进行复查，评委会复查后修正了对原告的评分，原告综合得分由第二名变为第一名。

2016年10月28日，泰达公司对复查修正向招标人提出质疑，招标人于2016年11月7日进行了书面答复，因对答复有异议，泰达公司于2016年11月28日向财政局提出投诉。财政局受理投诉并经审查、调查后于2016年12月27日作出大财采诉（2016）10号《政府采购投诉处理决定书》，驳回泰达公司的投诉。《政府采购投诉处理决定书》除上述驳回泰达公司投诉内容外，另载明：“因本项目各联合体投标人被发现存在着有成员被法院强制执行及参加本项目前三年受到过较大数额罚款的行政处罚情况，不符合《招标文件》对投标人资格的相关要求及《中华人民共和国政府采购法》（以下简称《政府采购法》）第二十二条第一款第五项、《中华人民共和国政府采购法实施条例》（以下简称《政府采购法实施条例》）第十九条第一款关于供应商的资格要求。本项目对招标文件作实质响应的供应商不足三家，根据《政府采购法》第三十六条第一款第一项规定，本局决定本项目废标。”

原告对废标处理决定不服，于2017年2月22日向市政府申请行政复议。市政府受理后，向财政局进行了送达，财政局在法定期限内提交了作出行政行为的证据、依据及相关材料。因对行政行为依据理解和适用存在较大争议，市政府履行了听证程序。2017年4月21日，市政府作出大政行复字（2017）5号《行政复议决定书》，对双方提供的证据进行了认证，对复议所涉的事实和争议进行了认定和评述，以财政局的行政行为认定事实清楚，适用依据正确，程序合法为由，依据《中华人民共和国行政复议法》第二十八条第一款第（一）项之规定，维持财政局作出的废标处理决定。

另查，案涉项目《招标文件》的第一部分投标人须知及前附表第一章总则3. 合格的投标人3.7法律要求，投标人必须声明并保证第3.7.3项规定："投标人不是无力清偿债务者，没有处于受司法机关的审查、调查或者监管状态，没有破产、停业整顿或清算，其资产、业务没有处于被法院查封、冻结或采取其他强制措施的状态，其经营活动没有被中止，并且没有因上述事件而成为被任何第三方申请执行司法强制措施的对象。"

财政局在处理泰达公司的投诉过程中，对参与此次投标的五家联合体的资格进行了审核。经在最高人民法院网"全国法院被执行人信息查询平台"查询，发现除协鑫智慧能源（苏州）有限公司外的其他四家联合体投标人在本次投标前均有成员被法院强制执行的情形。原告联合体成员湖南省工业设备安装有限公司有6件执行案件，立案时间为2013年1月至2016年10月；泰达公司联合体成员中国能源建设集团东北电力第一工程有限公司有4件执行案件，立案时间为2016年4月至2016年10月；重庆三峰环境产业集团有限公司联合体成员重庆钢铁集团建设工程有限公司有5件执行案件，立案时间为2013年4月至2016年8月；中国环境保护集团有限公司联合体成员山西省工业设备安装有限公司有多件执行案件，立案时间为2014年10月至2016年8月。财政局据此认定四家联合体均不符合招标文件规定的"合格投标人"条件。

财政局经查询全国企业信用信息公示系统湖北省板块，发现该系统明确记载投标人协鑫智慧能源（苏州）有限公司的联合体成员中建三局集团有限公司在2015年及2016年分别受到两起各罚款1万元的行政处罚；另经向大连市环境保护局调查，获悉该局曾于2014年5月8日作出《大连市环境保护局行政处罚决定书》[大环罚决字（2014）060032号]，对中建三局集团有限公司处以责令改正及罚款5万元的行政处罚。财政局据此认定协鑫智慧能源（苏州）有限公司联合体不符合政府采购法规定的供应商条件。

原审法院认为，财政局作为大连市人民政府财政部门，具有对本辖区政府采购行使监督管理的法定行政职权。市政府作为财政局的同级人民政府，依法具有对财政局的行政行为进行行政复议的法定职权。

本案争议的焦点有二项，一是财政局是否具有废标权以及能否在处理投诉过程中废标，二是财政局作出行政行为的事实依据是否充分。

一、关于废标权

《政府采购法》第三十六条对法定废标情形作出了规定，但未明确行使废标权的主体。《政府采购货物和服务招标投标管理办法》（财政部第18号令，下同）第五十七条规定，在招标采购中，有政府采购法第三十六条第一款第（二）项至第（四）项情形的，招标采购单位应予以废标。相关法律法规均未明确财政部门有权依据《政府采购法》第三十六条的规定行使废标权。因此，对《政府采购法》第三十六条的不同理解，导致对财政部门依据该法律行使废标权，是否超越职权争议较大。

《政府采购货物和服务招标投标管理办法》第四十三条规定，在投标截止时间结束后参加投标的供应商不足三家，或在评标期间出现符合专业条件的供应商或者对招标文件作出实质性响应的供应商不足三家，采购人应报告相关财政部门，财政部门认为招标文件存在不合理条款、招标公告时间及程序不符合规定的，应予废标。该法规规定了财政部门的废标权，但前提是参加投标的供应商不足三家，或符合专业条件的供应商不足三家，以及对招标文件作出实质性响应的供应商不足三家，且以招标文件存在不合理条款、招标公告时间及程序不符合规定为要件。依据《政府采购法实施条例》第二十一条及《政府采购货物和服务招标投标管理办法》第五十四条的规定，供应商的资格可以通过预审或评标中的资格性检查确定，供应商是否作出实质性响应通过评标过程中符合性检查确定。无论资格性预审还是评标，均属于采购活动的范围。若监督管理部门发现评标委员会成员未按招标文件规定的评标方法和标准进行评标，可依据《政府采购货物和服务招标投标管理办法》第七十七条、《政府采购法实施条例》第七十五条等法律法规的规定，通过责令改正、处以行政处罚等方式履行监督管理职责。对投标人的资格或投标不属于实质性响应是否有权直接进行审核确定，法律法规无相关规定。《政府采购供应商投诉处理办法》（财政部第20号令，下同）第十九条规定，财政部门经审查，认定采购文件、采购过程影响或者可能影响中标、成交结果的，或者中标、成交结果的产生过程存在违法行为的，分别处理。其中第（一）

项为：采购合同未签订的，根据不同情况决定全部或部分采购行为违法，责令重新开展采购活动。对此规定同样存在不同的理解，一种意见认为确定全部采购行为违法责令重新开展采购活动等同于废标；另一种意见认为责令重新开展采购活动与废标，虽然多数情况下效果相同，但权利依据不同。财政部《政府采购评审专家管理办法》规定：评审专家未按评审标准进行评审，处以警告、罚款，评审意见无效。对评审意见无效后如何处理，并无规定。

上述法律、法规、规章对财政部门的监督管理职权规定并不完善、明确，导致争议较大。经查询政府采购网，国家财政部直接处理的投诉案件中，有直接认定投标人资格不符合规定、直接认定投标人不属于实质响应等，并据此认定实质响应不足三家，依据《政府采购法》第三十六条第一款第(一）项予以废标或责令采购人废标；有认定投诉人投诉无据，驳回投诉，同时在调查中发现评委未按招标文件进行评标，依据财政部18号令决定中标无效，责令重新招标等。由此可见，财政部在处理投诉过程中，直接否定投标人资格、直接认定投标人不属于实质响应、直接宣布废标、责令招标人废标、超越投诉人的投诉事项直接进行监督处理等均存在。因此，对财政部门在处理投诉过程中的行政职权，应参照财政部对投诉处理的职权，认定财政部门在处理投诉过程中有直接否定投标人资格、直接认定投标人不属于实质响应、直接宣布废标、责令招标人废标、超越投诉事项直接进行监督处理等行政职权。

据此，原告主张财政局不具有作出废标处理决定的职权，其作出案涉废标处理决定，属于超越职权的意见，该院不予采纳。

二、关于事实依据

财政局认定“本项目对招标文件作实质响应的供应商不足三家”是其依据自行调取的证据直接认定五家投标人均不符合《招标文件》或法律规定的投标人资格。而否定其中四家投标人资格的直接证据是在最高人民法院网站查询四家投标人均有成员为人民法院被执行人。对属于人民法院被执行人的成员是否符合投标人资格，当事人存在争议，主要是对《招标文件》第3.7.3项的理解不同。“投标人不是无力清偿债务者，没有处于受司法机关的审查、调查或者监管状态，没有破产、停业整顿或清算，其资产、业务没有处于被法院查封、冻结或采取其他强制措施的状态，其经营活动没有被中止，并且没有因上述事件而成为被任何第三方申请执行司法强制措施的对象。”该条文虽然存在表述不明确之处，但人民法院执行案件的被执行人必然是未按法律文书规定的期限自动履行债务的当事人，认定为无力清偿债务者并无不当。财政局依据其在最高人民法院网站的查询结果认定相关当事人存在被执行案件，取证方式适当。虽然最高人民法院网站说明中有仅供参考的字样，但作为行政机关确信最高人民法院的信息并无不妥，因此无需再行向相对人核实。依据上述理由，原告提供的证据36－44［即曦然公司联合体成员湖南省工业设备安装有限公司所涉（2015）芦法执字第786号案《执行案件结案通知书》、所涉（2015）芦法执字第284号案《执行案件结案通知书》和所涉（2013）吴江执字第0351号案两份《执行结案通知书》及《情况说明》，泰达公司联合体成员中国能源建设集团东北电力第一工程有限公司所涉（2016）辽1224执1239号案《执行凭证》，重庆三峰环境产业集团有限公司联合体成员重庆钢铁集团建设工程有限公司所涉（2015）渝五中法民执字第623号案件结案通知书，中国环境保护集团有限公司联合体成员山西省工业设备安装有限公司所涉（2015）海执字第2608号《执行裁定书》、所涉（2015）府执字第00149－1号《执行裁定书》、所涉（2011）小民执字第01073号执行情况说明和所涉（2015）府执字第00150－1号《执行裁定书》］，属于与案件无关的证据，故不作为定案依据。

基于上述评述，财政局依据其在最高人民法院网“全国法院被执行人信息查询平台”板块的查询结果，确定案涉项目招投标期间，原告联合体、泰达公司联合体、重庆三峰环境产业集团有限公司联合体、中国环境保护集团有限公司联合体均存在人民法院执行案件，据此认定四家联合体均不符合招标文件规定的“合格投标人”条件。该认定证据充分，并无不当。

另外，财政局认定协鑫智慧能源（苏州）有限公司联合体成员在参加案涉项目采购活动前三年存在重大违法记录，故不符合法定供应商资格要求，符合《政府采购法》第二十二条第一款第（五）项、《政府采购法实施条例》第十九条第一款及《辽宁省行政处罚听证程序暂行规定》第三条的规定，该认定证据充分。

财政局依据其调查的相关证据直接否定五家投标人的投标资格后，认定政府采购项目对招标文件作实质响应的供应商不足三家，根据《政府采购法》第三十六条第一款第（一）项规定，作出项目废标的决定。该行政行为证据充分，程序合法，适用法律法规正确。

被告市政府受理原告的复议申请后，依法履行了听证程序，并在法定六十日内作出行政复议决定，程序合法，适用法律正确。

原告关于只有列入失信被执行人名单才可能影响作为政府采购供应商的资格，存在被执行案件并不影响投标人的政府采购供应商资格的意见，因存在被执行案件影响投标人的资格属于本次招标文件的内容，该意见该院不予采纳。原告关于根据财政部125号文的规定，在采购文件未对信用信息查询渠道作出规定的情况下，案涉项目仅能通过“信用中国”“中国政府采购网”渠道查询相关主体信用记录。财政局依据“全国法院被执行人信息查询平台”所查询的被执行人信息情况作出案涉废标处理决定，系属于适用法律错误。因财政部125号文规定，财政部门、采购人等应当通过“信用中国”“中国政府采购网”等渠道查询相关主体信用记录，并未限定只能通过上述两个网站查询，因此该意见该院亦不予采纳。

综上，经该院审判委员会讨论决定，原告的诉讼请求该院不予支持，依照《中华人民共和国行政诉讼法》第六十九条之规定，判决：驳回原告曦然公司的诉讼请求。案件受理费50元，由原告曦然公司承担。

上诉人曦然公司上诉称，请求撤销原审判决，改判撤销被上诉人财政局作出的大财采诉（2016）10号《政府采购投诉处理决定书》中有关该项目废标的行政处理决定和被上诉人市政府作出的大政行复字（2017）5号《行政复议决定书》。主要理由是：一、政府采购活动的废标权依法应由招标采购单位行使，财政部门作为政府采购活动的监管部门仅有监督权，并没有直接作出废标处理决定的行政职权。故被上诉人财政局作出案涉废标处理决定，显属超越职权。1.《政府采购法》第三十六条仅规定了应予废标的情形，未规定废标权的行使主体。结合该规定和《政府采购货物和服务招标投标管理办法》第四十四条、第五十七条第一款的规定，如果招标采购活动中出现应予废标的情形，依法应由招标采购单位废标。2. 根据《政府采购法》第十三条、《政府采购供应商投诉处理办法》第十七条至第十九条的规定，虽然财政部门具有确定采购行为违法、责令重新开展采购活动等行政职权，但是未明确授予财政部门废标权。3.《大连市人民政府办公厅关于大连市财政局主要职责、内设机构和人员编制规定的通知》以及大连市人民政府网站上公布的大连市财政局“权责清单”仅规定被上诉人财政局具有监督管理权，既未规定其有权实质审查供应商的资格是否属于实质性响应，也未规定其有权直接废标。4.《政府采购法》第七十一条、第七十二条以及《政府采购法实施条例》第七十一条第一款规定的是采购人、采购代理机构有违法情形时，财政部门可以采取的措施。本案不存在上述情形，且上述规定均没有明确财政部门有权在政府采购活动中行使废标权。5.《政府采购货物和服务招标投标管理办法》第四十三条、第五十七条第一款的规定没有赋予财政部门在案涉情况下作出废标处理决定的行政职权。(1) 本案不存在“招标文件存在不合理条款、招标公告时间及程序不符合规定”的情形，且财政部门也没有法律依据审核投标人的资格或者投标是否属于实质性响应。(2) 该办法第五十七条第一款明确规定享有废标权的主体是招标采购单位。6. 根据《行政诉讼法》第三十四条、第六十三条第一款的规定和《国务院关于印发全面推进依法行政实施纲要的通知》，行政机关作出行政行为应当具有明确的法律、法规或者规章依据。故财政部处理投诉案件的实践做法不能作为被上诉人财政局有权作出案涉废标处理决定的职权依据。二、被上诉人财政局作出案涉废标处理决定，程序严重违法。1. 被上诉人财政局在处理原审第三人泰达公司的投诉时，应针对其投诉事项作出相应处理，不应超出投诉事项在同一程序中作出案涉废标处理决定。2. 被上诉人财政局未听取招标采购单位和投标人等相关主体的意见，未保障其知情权、参与权和救济权，直接作出案涉废标处理决定，违反正当程序原则。三、被上诉人财政局依据《招标文件》的约定认定上诉人等四家联合体不符合投标人资格并作出案涉废标处理决定，没有法律依据。1. 案涉《招标文件》不属于法律、法规或者规章，被上诉人财政局作出案涉废标处理决定，没有法律依据。2.《招标文件》没有规定投标人的资格有“不得有被执行案件”的限制。即便投标人存在未了结的被执行案件，也不影响其投标人资格。(1)《招标文件》对投标人资格主要有《招标公告》第五条和《招标文件》第一部分前附表第 13 项两项要求，其中未规定投标人不得存在被执行案件。(2) 根据《财政部关于在政府采购活动中查询及使用信用记录有关问题的通知》[财库 (2016) 125 号] 的规定，招标采购单位应当通过“信用中国”网站、“中国政府采购网”及采购文件规定的其他查询渠道进行信用查询。案涉《招标公告》第五条规定的查询渠道为失信被执行人名单、重大税收违法案件当事人名单、政府采购严重违法失信行为记录名单及检察机关行贿犯罪记录，并没有规定“全国法院被执行人信息查询平台”。故被上诉人财政局无权根据从该平台查询的信息主张投标人不符合投标资格。(3)《招标文件》第 3.7.3 项规定没有直接规定“被执行人”

不具有投标资格。且该条款属于投标人“声明与保证”条款，若违反该条款，守约方可以要求违约方承担相应的合同违约责任，而非由违约方直接承担被废标的行政责任。四、被上诉人财政局仅依据明确提示“信息仅供参考”的“全国法院被执行人信息查询平台”的内容，未履行审慎审查职责，就认定上诉人等四家联合体存在被执行案件、不符合投标人资格，证据严重不足。1. 被上诉人财政局提交的证据无形成时间证明，不能证明其在作出废标处理决定时即掌握相关证据。2. “全国法院被执行人信息查询平台”明确申明“信息仅供参考”，且上诉人在一审提交的证据也充分证明查询平台的信息不准确，被上诉人财政局所主张的相关主体存在的被执行案件多数已在开标前执行完毕。五、从全国各地及大连市的政府采购实践情况来看，政府采购项目的投标人往往都存在着被执行案件的情形，且也存在作出与本案“声明与保证”类似承诺的情形，但这依法并不影响投标人参与政府采购的资格。被上诉人财政局作出案涉废标处理决定没有法律和事实依据，不仅严重损害上诉人的合法权益，更严重损害了大连市公平、公正的招商环境。

被上诉人财政局辩称，一、对政府采购活动实施监督管理是财政部门法定职责的重要内容。财政部门享有法定的废标权，招标采购单位仅在特定情形下享有废标权。1. 根据《政府采购法》第三十六条第一款第（二）项的规定可知，若在招标采购中出现采购人作出影响采购公正的违法、违规行为时，只能由财政部门决定废标。2. 《政府采购法》第七十一条、第七十二条均规定了在采购人及代理机构有违法行为时，监管部门应向其追究的法律责任。结合《政府采购法》第三十六条第一款，可以明确财政部门依法具有决定废标并作出其他行政处理的行政职权。3. 《政府采购法实施条例》第七十一条第一款第（一）项规定的“终止政府采购活动”与《政府采购法》第三十六条规定的“废标”定义相同。财政部门的法定废标权是清晰明确的。4. 《政府采购货物和服务招标投标管理办法》第四十三条第一款明确赋予监管部门废标权。该办法第五十七条虽赋予采购人特定情形下的废标权，但未排除监管部门的废标权。5. 《政府采购货物和服务招标投标管理办法》第四十三条赋予监管部门的废标权源于《政府采购法》第三十六条和第七十一条的规定，是上位法的细化和延伸。6. 财政部在履行政府采购监管职责过程中决定项目废标的案例比比皆是，其案例对地方财政部门具有行政指导力。二、被上诉人财政局在处理原审第三人泰达公司投诉的同时，将案涉项目废标，符合《政府采购供应商投诉处理办法》的规定，不存在程序违法情形。1. 根据《政府采购供应商投诉处理办法》第十九条之规定，财政部门在处理投诉过程中，若发现采购文件或者采购过程影响或者可能影响中标、成交结果的，或者中标、成交结果的产生过程存在违法行为的，有权作出相应处理。结合《政府采购供应商投诉处理办法》第十七条的规定，可以看出被上诉人财政局同时处理投诉请求和决定废标，符合法律规定。2. 被上诉人财政局废标针对的是整个招标活动，而非对某一投标人的投标作无效标处理，该行为没有行政相对人，相关法律、法规或者规章没有要求财政部门在决定废标前需征求采购当事人的意见。上诉人主张的正当程序原则不适用于废标。3. 财政部在受理投诉后，超越投诉事项就其他监管事宜一并作出行政处理决定的案例比比皆是，对地方财政部门具有指导力。财政部从无在决定作出前通知相关当事人或者征求其意见，提供陈述、申辩机会的先例。三、上诉人关于案涉废标处理决定没有法律依据的主张不能成立。1. 案涉废标处理决定的事实依据是各联合体投标人不符合《招标文件》设定的资格要求和法定供应商资格要求，其投标文件无效，导致对招标文件作实质响应的供应商不足三家。在政府采购活动中，招标文件的地位堪比宪法，政府采购活动法律关系的主体的所有行为均应以招标文件为基准。从《政府采购货物和服务招标投标管理办法》第五十六条第（三）、（四）项的规定，均可以看出招标文件的法律地位。此外，《政府采购法》第三十六条第一款第（一）项规定明确指出，若对招标文件作实质响应的供应商不足三家就应当废标。2. 根据《招标文件》第一部分“投标人须知及前附表”“第一章总则”“3. 合格的投标人”中第3.7.3项的规定，禁止有被执行案件的供应商参加案涉项目采购。上诉人关于《招标文件》未规定投标人资格“不得有被执行案件”，即便投标人存在未了结的被执行案件，也不影响其投标人资格的主张，不能成立。3. 供应商的无瑕疵信用记录只是政府采购活动对供应商的前提要求，信用清白与满足投标人资格是两个概念。根据《政府采购法》第二十二条第二款的规定，案涉项目采购人有权根据项目情况设置法定资格条件以外的资格要求。本案中，供应商需满足《招标文件》特别设置的资格要求。最高人民法院的全国法院被执行人信息查询平台是被执行人信息查询的官方渠道。被上诉人财政局通过该渠道查询相关信息，并无不当。4.《招标文件》第一部分“投标人须知及前附表”“第一章总则”“3. 合格的投标人”中第3.7.3项的规定系所有联合体投标人必须满足的要件。即使在第3.7项开端标有“投标人必须声明并保证”字样，也不意味着其仅是投标人的单项承诺。在政府采购项目中，供应商违反声明并保证条款，即违背了《政府采购法》第三条规定的诚实信用原则，其结果是投标文件无效，而非普通的违约损害赔偿。案涉第3.7.3项的规定是国内PPP项目招标文件常用条款，旨在确认供应商敬畏法律、尊重法律，依法履行生效法律文书。故有不积极履行生效法律文书前科的供应商不应被列入政府的合作对象范围。四、上诉人关于被上诉人财政局未履行审慎审查职责，认定上诉人等四家联合体存在被执行案件、不符合投标人资格，证据严重不足的主张不能成立。1. 被上诉人财政局提交的《各联合体成员被法院强制执行情况汇总表》和《协鑫智慧的联合体成员被行政处罚情况汇总表》并非证据，仅是附件。最高人民法院的全国法院被执行人信息查询平台页面并无时间显示，且从截图所载信息内容来看，相关被执行信息均发生在案涉废标处理决定作出前。被上诉人财政局已经妥善履行举证义务。2. 全国法院被执行人信息查询平台所发布的信息具有公示力和公信力。其页面所载免责类声明，与上诉人提及的“信用中国”网站和“全国法院失信被执行人查询平台”的免责声明是一致的，经其查询所得信息可以作为有效证据使用。3. 案涉第3.7.3项规定明确禁止有被执行案件的供应商参加案涉项目采购，故包括上诉人在内的各投标人应当在投标前履行自查自证义务，主动查询自己是否存在被执行信息，在发现有不利记录时应及时要求执行法院予以更正或者在投标文件中一并提交法院的执结文书。在未履行前述义务的情况下，上诉人无权在投标后以法院网站信息滞后为由提出抗辩。上诉人提交的关于苏州市吴江区人民法院（2013）吴江执字第0351号案件和太原市小店区人民法院（2011）小民执字第01073号案件已经执结的证据均形成于案涉废标处理决定作出之后，被上诉人财政局在作出案涉废标处理决定时无法发现这两项事实，其不能作为否定被诉行政行为合法性的证据。此外，上诉人提交的关于其他联合体成员被执行案件执结的证据，因与上诉人或其联合体成员无关，故其合法性存疑，且其中部分证据可以反向证明中国环境保护集团有限公司联合体成员山西省工业设备安装有限公司不符合法定供应商资格要求。五、案涉第3.7.3项规定系本案项目采购人根据项目情况特别设置的资格条件。上诉人提及的大连市的其他政府采购活动因招标文件对投标人的要求不同，故不具有可比性。至于各地政府的其他政府采购活动，因上诉人未提交相应的招标文件，故也无法证明上诉人关于投标人有被执行案件，不影响其参与政府采购的主张。综上，案涉废标处理决定认定事实清楚，证据充分，适用法律正确，处理程序合法。请求驳回上诉，维持原审判决。

被上诉人市政府辩称，一、被上诉人市政府履行了受理、送达、听证等程序，并在法定期限内作出被诉复议决定，程序合法。二、同意被上诉人财政局的答辩意见。1. 根据《政府采购法》第十三条第一款、第三十六条、第五十九条和《政府采购货物和服务招标投标管理办法》第四十三条第一款、第五十七条第一款的规定，被上诉人财政局具有在处理投诉过程中的废标权。2. 案涉项目各联合体成员不符合《招标文件》设定的投标人资格要求及法定供应商资格要求，导致对招标文件作实质响应的供应商不足三家。废标处理决定事实依据充分。3. 被上诉人财政局在处理投诉过程中发现违法行为，同时决定废标，符合《政府采购供应商投诉处理办法》第十九条、第二十五条的规定。其根据《政府采购供应商投诉处理办法》第二十一条、第二十三条的规定作出案涉废标处理决定，送达并发布公告，行政程序合法。请求驳回上诉，维持原审判决。

原审第三人城建局述称，作为政府采购人，其在政府采购活动中依据相关法律规定予以采购。案涉政府采购过程是在监管部门的严格监督下实施的，适用法律正确，程序合法，其处理质疑过程也是按照法律规定进行的。请求二审法院依法作出裁判。

原审第三人泰达公司述称，不同意上诉人的上诉请求及理由。无论二被上诉人作出被诉行政行为是否合法合规，上诉人提出的事实和法律依据均不充分。请求二审法院依法作出裁判。

本院经审查认为，上诉人曦然公司在本案一审审理期间提交的并经原审法院质证的证据16、25－27，36－44均与案涉争议相关，应予认定。

根据上述证据和原审法院认定的其他证据，以及二审的相关陈述，本院经审理查明：案涉《招标公告》第五条规定，“投标人资格条件：满足资格预审文件要求并通过资格预审的投标人。注：1. 依据财政部2016年8月1日印发的《财政部关于在政府采购活动中查询及使用信用记录有关问题的通知》财库［2016］125号规定，对列入失信被执行人、重大税收违法案件当事人名单、政府采购严重违法失信行为记录名单及其他不符合《政府采购法》第二十二条规定条件的供应商，应当拒绝其参与政府采购活动。本项目投标人（或联合体各方）开标当日存在上述问题的，不得参与本项目投标；2. 经检察机关查询投标人（或联合体成员）三年内有行贿犯罪记录的不得参与本项目投标”。第八条规定，案涉政府采购项目的开标时间为北京时间 2016 年 9 月 22 日 9：30：00。

案涉《招标文件》第一部分投标人须知及前附表第一章总则 3. 合格的投标人第 3.1.1 项规定，投标人应具有前附表第 13 项所要求的内容。案涉《招标文件》第一部分投标人须知及前附表的前附表第 13 项投标人资格要求（五）申请人（联合体各方）的资信要求规定，“过去五年内（2011—2015 年），未发生严重违约事项、财务状况良好、未发生任何不诚信的行为”。案涉项目《招标文件》的第一部分投标人须知及前附表第一章总则 3. 合格的投标人第 3.3.5 项规定，“除另有规定或说明，本招标文件中‘投标人’一词亦指联合体各方”。3.7 法律要求，投标人必须声明并保证第 3.7.2 项规定，“在过去五（5）年内，投标人没有任何直接由于过失或疏忽而在任何合同中严重违约，被逐出现场或被解除协议的情况”。

在本案一审审理期间，上诉人曦然公司提交了上诉人联合体成员湖南省工业设备安装有限公司所涉（2015）芦法执字第 786 号案《执行案件结案通知书》、所涉（2015）芦法执字第 284 号案《执行案件结案通知书》和所涉（2013）吴江执字第 0351 号案两份《执行结案通知书》及《情况说明》，原审第三人泰达公司联合体成员中国能源建设集团东北电力第一工程有限公司所涉（2016）辽 1224 执 1239 号案《执行凭证》，案外人重庆三峰环境产业集团有限公司联合体成员重庆钢铁集团建设工程有限公司所涉（2015）渝五中法民执字第 623 号案件结案通知书，案外人中国环境保护集团有限公司联合体成员山西省工业安装有限公司所涉（2015）海执字第 2608 号《执行裁定书》、所涉（2015）府执字第 00149 - 1 号《执行裁定书》、所涉（2011）小民执字第 01073 号执行情况说明和所涉（2015）府执字第 00150 - 1 号《执行裁定书》等证据，旨在证明被上诉人财政局所主张的四家联合体成员存在的执行案件在案涉项目资格预审前或者开标前已经结案。

在本案二审审理期间，就案涉《招标文件》规定的合格投标人应如何理解和界定的问题，本院于 2018 年 2 月 6 日、2 月 26 日依法询问作为政府采购人的原审第三人城建局的意见。该局称，政府采购代理机构依法通过“信用中国”网站、“中国政府采购网”和“全国法院失信被执行人查询平台”对案涉五家联合体投标人进行了信用查询，未发现其存在失信记录，并自认案涉《招标文件》第一部分投标人须知及前附表第一章总则3. 合格的投标人第3.7.3项的规定系对合格投标人的资格要求，但对该项规定应如何理解拒绝发表意见。2018年3月9日，就案涉《招标文件》规定的合格投标人应如何理解和界定的问题，本院依职权对政府采购代理机构大连理工招标代理有限公司进行询问。该公司称其与原审第三人城建局的意见是一致的。

另查明，经被上诉人财政局提交的来源于最高人民法院网“全国法院被执行人信息查询平台”的信息显示，上诉人曦然公司联合体成员湖南省工业设备安装有限公司立案时间为2013年1月至2015年12月的执行案件有3件；泰达公司联合体成员中国能源建设集团东北电力第一工程有限公司立案时间为2016年4月至2016年8月的执行案件有3件；重庆三峰环境产业集团有限公司联合体成员重庆钢铁集团建设工程有限公司立案时间为2013年4月至2016年8月的执行案件有5件；中国环境保护集团有限公司联合体成员山西省工业设备安装有限公司立案时间为2011年7月至2016年8月的执行案件亦有多件。而根据大连市环境保护局于2014年5月8日作出的《大连市环境保护局行政处罚决定书》[大环罚决字（2014）060032号]显示，被责令改正违法行为及罚款5万元的对象是中建三局建设工程股份有限公司，而非中建三局集团有限公司。原审判决对上述事实认定有误，本院予以纠正。

原审法院查明的其他案件事实，本院予以确认。

本院认为，根据《政府采购法》第三十六条第一款第（一）项之规定，在招标采购活动中，出现符合专业条件的供应商或者对招标文件作实质响应的供应商不足三家的，应予废标。据此，本案争议的焦点为：一、若案涉政府采购项目存在对招标文件作实质响应的供应商不足三家的法定废标情形，被上诉人财政局是否具有在评标结束后直接作出废标处理决定的行政职权；二、案涉废标处理决定认定事实是否清楚，证据是否充分；三、案涉废标处理决定作出的程序是否合法。

一、关于废标职权问题

《政府采购法》第二条第二款规定：“本法所称政府采购，是指各级国家机关、事业单位和团体组织，使用财政性资金采购依法制定的集中采购目录以内的或者采购限额标准以上的货物、工程和服务的行为。”第十三条第一款规定：“各级人民政府财政部门是负责政府采购监督管理的部门，依法履行对政府采购活动的监督管理职责。”第五十九条规定:“政府采购监督管理部门应当加强对政府采购活动及集中采购机构的监督检查。监督检查的主要内容是:(一)有关政府采购的法律、行政法规和规章的执行情况;(二)采购范围、采购方式和采购程序的执行情况;(三)政府采购人员的职业素质和专业技能。”《政府采购法实施条例》第六十三条规定:“各级人民政府财政部门和其他有关部门应当加强对参加政府采购活动的供应商、采购代理机构、评审专家的监督管理,对其不良行为予以记录,并纳入统一的信用信息平台。”根据前述规定,财政部门作为政府采购的监督管理部门,依法具有对参加政府采购活动的采购人、采购代理机构和供应商进行监督管理的职责,并有权依照相关法律规定纠正其所发现的违法行为,其监督管理的对象主要是使用财政性资金进行采购的政府采购人。在招标采购单位应予废标而未废标的情况下,作为监督招标采购单位的有权机关,财政部门直接作出废标处理决定,属于其对政府采购活动履行监督管理职责的必要内容。若按照上诉人曦然公司的观点,财政部门在评标结束后无权针对法定废标情形直接废标,则会出现应予废标而未废标的情形,这显然违背《政府采购法》第一条规定的“规范政府采购行为”“维护国家利益和社会公共利益”的立法宗旨,也不符合《政府采购法》第三条规定的公正原则。据此,上诉人曦然公司主张被上诉人财政局作出案涉废标处理决定,属于超越职权的主张,本院不予支持。

二、关于事实依据问题

《政府采购法》第二十二条规定:“供应商参加政府采购活动应当具备下列条件:(一)具有独立承担民事责任的能力;(二)具有良好的商业信誉和健全的财务会计制度;(三)具有履行合同所必需的设备和专业技术能力;(四)有依法缴纳税收和社会保障资金的良好记录;(五)参加政府采购活动前三年内,在经营活动中没有重大违法记录;(六)法律、行政法规规定的其他条件。采购人可以根据采购项目的特殊要求,规定供应商的特定条件,但不得以不合理的条件对供应商实行差别待遇或者歧视待遇。”《政府采购货物和服务招标投标管理办法》第三十四条第二款规定:“以联合体形式参加投标的,联合体各方均应当符合政府采购法第二十二条第一款规定的条件。采购人根据采购项目的特殊要求规定投标人特定条件的,联合体各方中至少应当有一方符合采购人规定的特定条件。”第五十六条规定:“投标文件属下列情况之一的，应当在资格性、符合性检查时按照无效投标处理……(三) 不具备招标文件中规定资格要求的；(四) 不符合法律、法规和招标文件中规定的其他实质性要求的。”根据上述规定，若投标人存在不符合法定或者招标文件规定的资格要求的，则其投标文件属于未对招标文件作实质响应。

(一) 关于对协鑫智慧能源（苏州）有限公司联合体成员不符合政府采购法规定的供应商条件的事实认定

根据《政府采购法》第二十二条第一款第（五）项之规定，供应商参加政府采购活动前三年内，在经营活动中不得有重大违法记录。《政府采购法实施条例》第十九条第一款规定：“政府采购法第二十二条第一款第五项所称重大违法记录，是指供应商因违法经营受到刑事处罚或者责令停产停业、吊销许可证或者执照、较大数额罚款等行政处罚。”《中华人民共和国行政处罚法》第四十二条规定：“行政机关作出责令停产停业、吊销许可证或者执照、较大数额罚款等行政处罚决定之前，应当告知当事人有要求举行听证的权利；当事人要求听证的，行政机关应当组织听证……”《辽宁省行政处罚听证程序规定》第三条第一款规定：“行政机关或组织作出责令停产停业、吊销许可证或者执照，对公民罚款1000元以上、对个体经营业者罚款2000元以上、对法人和其他组织罚款10000元以上的行政处罚决定前，被处罚当事人要求听证的，作出行政处罚的机关或组织应当组织听证。”据此可知，在辽宁省，法人被处以1万元以上的罚款，属于《政府采购法》第二十二条第一款第(五) 项规定的重大违法记录。本案中，协鑫智慧能源（苏州）有限公司联合体成员中建三局集团有限公司在2015年及2016年分别受到两起各罚款1万元的行政处罚。被上诉人财政局据此认定协鑫智慧能源（苏州）有限公司联合体不符合法定的政府采购供应商条件，事实清楚，证据充分。

(二) 关于除协鑫智慧能源（苏州）有限公司外的其他四家联合体投标人有不符合招标文件规定的供应商条件的事实认定

被上诉人财政局认定除协鑫智慧能源（苏州）有限公司外的其他四家联合体投标人不符合招标文件规定的供应商条件的理由是，其认为上述四家联合体投标人有成员是人民法院司法执行案件的被执行人。这涉及对案涉招标文件规定的供应商条件，特别是案涉《招标文件》第3.7.3项规定的理解问题。根据案涉《招标文件》第一部分投标人须知及前附表第一章总则3. 合格的投标人第3.1.1项以及前附表第13项投标人资格要求（五）申请人（联合体各方）的资信要求的规定，各联合体自2011年至2015年五年间不得有任何不诚信的行为。案涉《招标文件》第一部分投标人须知及前附表第一章总则3. 合格的投标人3.7法律要求，投标人必须声明并保证第3.7.3项规定，“投标人不是无力清偿债务者，没有处于受司法机关的审查、调查或者监管状态，没有破产、停业整顿或清算，其资产、业务没有处于被法院查封、冻结或采取其他强制措施的状态，其经营活动没有被中止，并且没有因上述事件而成为被任何第三方申请执行司法强制措施的对象”。上述条款是案涉《招标文件》对其《招标公告》第五条强调的《政府采购法》第二十二条关于“具有良好的商业信誉”规定的细化内容，是参与投标的各联合体成员单位均必须遵守的资格要求。上诉人曦然公司关于案涉第3.7.3项规定属于投标人“声明与保证”条款，若违反该条款，违约方仅承担相应的合同违约责任的主张，不能成立。从上述规定的内容来看，投标人不得处于受司法机关的审查、调查或者监管状态，并成为被任何第三方申请执行司法强制措施的对象。即投标人不得有被申请人民法院强制执行的案件。否则，即构成不合格的投标人。此外，尊重司法权威，按照生效的司法裁判文书自动履行义务，是诚信守法之人的应有态度。有被申请人民法院强制执行的案件，意味着不按照生效的司法裁判文书自动履行义务，属于典型的不诚信、不守法行为，不符合案涉《招标文件》关于“2011年至2015年不得有任何不诚信的行为”的要求。据此，在有证据证明自2011年至2016年9月22日开标当日，上述四家联合体成员有被申请人民法院强制执行案件的情况下，被上诉人财政局认定上述四家联合体投标人不符合招标文件规定的供应商条件，并无不妥。

对于案涉联合体投标人是否符合招标文件规定的供应商资格要求的查询渠道，案涉《招标公告》和案涉《招标文件》并未作出明确限制。《财政部关于在政府采购活动中查询及使用信用记录有关问题的通知》［财库（2016）125号］规定：“各级财政部门、采购人、采购代理机构应当通过‘信用中国’网站、中国政府采购网等渠道查询相关主体信用记录……”该条款仅列举了相关渠道，亦未作出限定。“全国法院被执行人信息查询平台”作为全国性的官方权威网站，可以客观反映公民、法人或者其他组织被申请人民法院强制执行案件的情况，被上诉人财政局通过其查询相关信息，符合依职权查明投标供应商商业信誉的管理目的，并无不当。上诉人曦然公司关于仅能通过“信用中国”网站、“中国政府采购网”及采购文件规定的其他查询渠道进行查询的主张，缺乏事实依据，本院不予支持。

综上，被上诉人财政局认定案涉五家联合体投标人不符合法定或者案涉《招标文件》规定的投标人的资格要求，并据此认为，在案涉政府采购项目中，对招标文件作实质响应的供应商不足三家，事实清楚，证据充分，并无不妥。

三、关于程序问题

《政府采购供应商投诉处理办法》第十四条规定："财政部门处理投诉事项原则上采取书面审查的办法。财政部门认为有必要时，可以进行调查取证，也可以组织投诉人和被投诉人当面进行质证。"第二十五条规定："财政部门在处理投诉过程中，发现被投诉人及其工作人员、评标委员会成员、供应商有违法行为，本机关有权处理、处罚的，应当依法予以处理、处罚；本机关无权处理的，应当转送有权处理的机关依法处理。"据此，被上诉人财政局有权在处理原审第三人泰达公司的投诉事项时，一并调查处理其所发现的案涉政府采购活动存在的违法问题。上诉人曦然公司关于被上诉人财政局不应超出投诉事项在同一程序中作出案涉废标处理决定的主张，缺乏法律依据，本院不予支持。由于相关法律、法规或者规章对评标结束后，财政部门在投诉程序中应履行何种程序才可以作出废标处理决定，没有明确、具体的规定，故被上诉人财政局作出案涉废标处理决定不存在违反法定程序的问题。此外，由于按照案涉《招标文件》的规定，只要有证据证明在特定期间内有被申请人民法院强制执行的案件，案涉联合体投标人即构成不合格投标人。是否给予相关当事人以陈述、申辩的权利，不影响被上诉人财政局对本案相关事实的认定。

综上，被上诉人财政局作出案涉废标处理决定职权依据充分，事实清楚，适用法律正确，程序合法，并无不当。被上诉人市政府受理上诉人曦然公司的复议申请后，履行了通知、听证等程序，并在法定的六十日审查期限内作出行政复议决定，符合相关法律规定，程序合法，亦无不妥。上诉人曦然公司的上诉请求及理由，缺乏事实和法律依据，本院不予支持。经本院审判委员会讨论决定，原审判决驳回上诉人曦然公司的诉讼请求正确，本院予以维持。依照《中华人民共和国行政诉讼法》第八十九条第一款第（一）项之规定，判决如下：

驳回上诉，维持原判决。

二审案件受理费人民币50元，由上诉人大连曦然实业发展有限公司负担（已交纳）。

本判决为终审判决。

审 判 长 苍　琦
审 判 员 李　健
审 判 员 胡 俊 杰
二〇一八年六月二十二日
书 记 员 刘 婉 余

【评析】

根据《政府采购法》第二十六条之规定，招标采购是我国政府采购的主要方式。我国政府招标采购制度确立的时间较晚，20世纪90年代开始，逐步健全和完善了市场经济体系，使政府采购活动更加规范化和法制化。由于政府采购涉及利益巨大，为了保证政府采购公平竞争、诚信公正，国家财政性资金得以合理利用，财政部门对政府采购活动全过程进行行政监管尤为重要。近年来，随着我国依法治国基本方略的全面实施，社会权利意识的不断提高，行政诉讼成为当事人救济自身权利的重要途径，不断增加的因财政监管政府采购活动所引发的行政争议逐渐进入人民法院行政诉讼程序。政府采购活动专业性强，关联权益巨大，涉及法律法规纷繁复杂，人民法院如何审理此类案件已成为亟待解决和必须面对的现实问题。此外，政府采购监管制度也在不断完善过程中，政府采购的各相关方面均需适应新的制度设计和现行制度不断改进的现状，财政部门也需在不断变革中保障监管制度能够有效实施。

职权法定是人民法院对行政行为合法性审查的重要内容。《政府采购法》第三十六条规定："在招标采购中，出现下列情形之一的，应予废标：（一）符合专业条件的供应商或者对招标文件作实质响应的供应商不足三家的；（二）出现影响采购公正的违法、违规行为的；（三）投标人的报价均超过了采购预算，采购人不能支付的；（四）因重大变故，采购任务取消的。废标后，采购人应当将废标理由通知所有投标人。"该规定并未明确财政部门系废标权的行使主体。此外，无论是本案审理时适用的是《政府采购货物和服务招标投标管理办法》（财政部令第 18 号）和《政府采购供应商投诉处理办法》（财政部令第 20 号），还是现行有效的《政府采购货物和服务招标投标管理办法》（财政部令第 87 号）和《政府采购质疑和投诉办法》（财政部令第 94 号），抑或《政府采购法实施条例》，均未明确规定财政部门可以直接废标。于是，有观点认为，根据“法无明文规定不可为”的“职权法定”原则，基于法律用语周延性考虑，财政部门对于应予废标的情形，只能通过前述法律规定所赋予的取消采购任务、同意采取竞争性谈判、询价或者单一来源方式采购，终止并重新开展政府采购活动，确认中标或者成交结果无效并重新开展政府采购活动，确定采购活动违法并责令重新开展采购活动等方式行使监管权力，而不能直接予以废标。而在此类政府采购活动中，如果按照该观点那样机械地理解“职权法定”原则，势必会造成《政府采购法》规定的“废标”权力流于字面、无法实施，对违法行为束手无策，合法利益无法得到有效保护。《政府采购法》第十三条第一款规定：“各级人民政府财政部门是负责政府采购监督管理的部门，依法履行对政府采购活动的监督管理职责。”财政部门的监管应为对政府采购活动全过程的监管，针对法定的废标情形直接废标应当是其履行监管职责的形式之一。只有如此理解，才符合《政府采购法》第一条规定的“规范政府采购行为，提高政府采购资金的使用效益，维护国家利益和社会公共利益”的立法宗旨以及第三条规定的“公正”原则，才契合财政部门的行政执法现状。本案基于对《政府采购法》立法精神和原则的理解，肯定了财政部门在政府采购评标结束后直接废标的行政职权。

（作者单位：辽宁省大连市中级人民法院）

行政管理安全与经济发展效率的价值排序

谭星光

【案例索引】

浙江省宁波市中级人民法院（2017）浙02行终135号。

原审原告宁波亿泰控股集团股份有限公司诉原审被告宁波市国家税务局第三稽查局、宁波市国家税务局税务行政处理及行政复议一案，由浙江省宁波市中级人民法院进行了二审。

【裁判要旨】

行政管理与经济发展之间存在某种程度的脱节，发展效率和行政监督管理安全秩序之间出现某种矛盾，此时司法审查行政行为合法性，应综合各方因素全面判断，在效率与安全之间合理选择价值排序，并保持应有的审慎和谦抑性。

【裁判文书】

浙江省宁波市中级人民法院

行政判决书

（2018）浙02行终135号

上诉人（原审被告）宁波市国家税务局第三稽查局，住所地宁波市北仑区新碶明州路170号。

法定代表人邬志明，局长。

出庭应诉负责人张斌，副局长。

委托代理人钱黎明（特别授权代理），浙江和义观达律师事务所律师。

委托代理人王颖（特别授权代理），宁波市国家税务局第三稽查局工作人员。

上诉人（原审被告）宁波市国家税务局，住所地宁波市鄞州区江东南路1号。

法定代表人梅昌新，局长。

委托代理人李民（特别授权代理），北京大成（宁波）律师事务所律师。

委托代理人毛杰（特别授权代理），宁波市国家税务局工作人员。

被上诉人（原审原告）宁波亿泰控股集团股份有限公司，住所地宁波开发区联合区域伦敦楼。

法定代表人陈伟明，总经理。

委托代理人郑如飞（特别授权代理），浙江迪盛律师事务所律师。

原审原告宁波亿泰控股集团股份有限公司（以下简称亿泰公司）诉原审被告宁波市国家税务局第三稽查局（以下简称稽查三局）、宁波市国家税务局（以下简称宁波国税局）税务行政处理及行政复议一案，宁波市江北区人民法院于2018年3月8日作出（2017）浙0205行初85号行政判决，稽查三局、宁波国税局均不服该判决上诉到本院，本院于2018年4月23日立案后，依法组成合议庭，于2018年5月23日公开开庭审理了本案，上诉人宁波国税局委托代理人李民和毛杰、上诉人稽查三局的出庭应诉负责人张斌以及委托代理人钱黎明和王颖，被上诉人亿泰公司的委托代理人郑如飞到庭参加诉讼。本案现已审理终结。

原审法院经审理查明，2010年9月23日，原告亿泰公司与香港嘉诚公司签署合同编号为JCETDZ2010－11号《售货合约》1份，约定香港嘉诚公司以跨年度订单方式向原告购买高保真音响连接线约41万米。2011年12月9日，原告亿泰公司与香港嘉诚公司续签合同编号为JETCDZ2012《售货合约》1份，香港嘉诚公司再次以年度订单方式向原告进口音响连接线35万米。2011年4月5日，原告亿泰公司与香港蓝士顿公司签署合同编号为LSD－C11－YC的《售货合约》1份，香港蓝士顿公司以下达八个月订单方式向原告购买音响连接线24万米。2012年1月6日，香港蓝士顿公司与原告续签合同编号为LSD－C12－YC的《售货合约》1份，再次以年度订单的方式向原告进口音响连接线28万米。此外，2010年10月22日、2011年10月22日，原告亿泰公司先后与黄鑫公司签订2份《委托代理出口协议》，就委托代理出口货物有关事宜作出约定。2010 年 10 月至 2012 年 4 月，原告亿泰公司又与黄鑫公司签订 119 份《工矿产品购销合同》，其中 9 份在结算方式及期限中载明“出货收汇后，凭增值税发票结算”，在其他约定事项中载明“仅供商检”。其余 110 份合同在结算方式及期限中载明“预付 10%货款，剩余货款在出货 30 日后凭增值税发票结算”。上述《工矿产品购销合同》项下货物出口后，原告亿泰公司通过出口退税申报，陆续获得出口退税款 25615391.31 元。2014 年 2 月 21 日，被告第三稽查局作出甬国税稽三处〔2014〕5 号《税务处理决定书》，认定原告亿泰公司构成外贸出口“真代理、假进销”的违规操作，依据《关于进一步规范外贸出口经营秩序切实加强出口货物退（免）税管理的通知》（国税发〔2006〕24 号）（以下简称《通知》）第二条、《关于出口货物劳务增值税和消费税政策的通知》第七条的规定，对原告亿泰公司已获得的出口退税款 25615391.31 元予以追缴。后因原告未在规定期限内将税款缴纳入库，被告第三稽查局于 2015 年 9 月 6 日向原告送达甬国税稽三处〔2014〕01 号《宁波市国家税务局第三稽查局催告执行通知书》，要求原告在收到通知书 10 日内缴税。原告仍未按要求缴纳税款。被告第三稽查局遂于 2015 年 9 月 24 日从原告银行账户中强制扣缴人民币 25615391.31 元执行入库。原告不服上述甬国税稽三处〔2014〕5 号《税务处理决定书》，于 2015 年 11 月 10 日向宁波国税局申请行政复议。被告宁波国税局于 2017 年 6 月 30 日作出甬国税复决字〔2017〕1 号《税务行政复议决定书》，对原行政行为予以维持。

原审法院认为，《中华人民共和国税收征收管理法》第五条规定，国务院税务主管部门主管全国税收征收管理工作。各地国家税务局和地方税务局应当按照国务院规定的税收征收管理范围分别进行征收管理。第十四条规定，本法所称税务机关是指各级税务局、税务分局、税务所和按照国务院规定设立并向社会公告的税务机构。被告第三稽查局作为国家税务机关的直属机构，具有作出被诉税务处理决定的行政主体资格。被告宁波国税局作为被告第三稽查局直属上级机关，具有就被诉税务处理决定进行行政复议审查并作出行政复议决定的行政职责。

正当程序原则既是行政法的基本原则，也是行政机关实施行政行为的基本要求。根据正当程序原则，行政机关在作出影响相对人权益的行政决定时，应当履行事前告知义务、充分保障相对人陈述、申辩的权利。本案中，被告第三稽查局作出的被诉税务处理决定对原告亿泰公司已申报并实际取得的

25615391.31元出口退税款予以追缴，对原告亿泰公司的权益产生重大影响。被告稽查三局在作出该处理决定前，未因影响重大利益举行听证，未充分保障原告亿泰公司陈述、申辩的权利，违背了正当程序原则，程序违法，应予撤销。被告宁波国税局所作行政复议决定认定被告第三稽查局作出甬国税稽三处〔2014〕5号《税务处理决定书》程序合法，该事实认定错误，同样应予撤销。据此，依照《中华人民共和国行政诉讼法》第七十条第（三）项、第七十九条之规定，判决撤销被告宁波市国家税务局第三稽查局2014年2月21日作出的甬国税稽三处〔2014〕5号《行政处理决定书》；撤销被告宁波市国家税务局2017年6月30日作出甬国税复决字〔2017〕1号《税务行政复议决定书》。

稽查三局上诉称，一、涉案税务处理决定的程序合法，原审判决认定"程序违法"的结论错误：其一，法律法规和规章均没有设定听证为纳税争议行政处理过程中的必经程序，依法行政、税收法定原则是税务机关严格执行的基本原则，税务处理属于纳税争议行为，不属于法定的听证范围，亿泰公司不享有听证权；其二，该局在退税追缴税务处理中已充分保障了亿泰公司的陈述申辩权。包括事前告知权利，收取亿泰公司的陈述申辩材料并认真分析讨论，直至到国家税务总局书面请示等；其三，原审判决混淆了税务行政处理和行政处罚两种不同行政行为；其四，税务处理听证，将冲击税收征管秩序，影响税务执法工作。二、原审判决适用法律明显错误，未根据《中华人民共和国行政诉讼法》第七十七条第（三）项的规定在判决书中载明履行听证义务法定程序系具体哪一法律条款的规定。三、亿泰公司获取出口退税的行为不符合国家的相关规定。因出口退税属于行政补助行为，行政机关有权设定肯定性或否定性条款，本案中亿泰公司违反了国家税务总局在国税发〔2006〕24号文件中出口企业签订"双合同"的否定性条款约定，不应获取退税。综上，甬国税稽三处〔2014〕5号税务处理决定合法有效，请求撤销一审判决，维持行政复议决定和税务处理决定的效力。

宁波国税局上诉称，一、一审判决以上诉人稽查三局违反正当程序原则撤销《行政复议决定书》事实认定不清，适用法律错误。法律未规定税务处理之前必须听证，稽查三局作出的《税务处理决定书》法律适用并无不当。二、税务处理决定指向的"出口退税款"并非亿泰公司的实质财产权利，故相关处理并未损害其实质权益。稽查三局认定事实清楚、证据确凿，适用法律依据正确，所作处理并无不当，亿泰公司明显违法，损害国家利益。三、上诉人复议程序合法，也保障了亿泰公司陈述、申辩、听证的权利，符合正当程序原则要求。综上，请求撤销原判，维护行政复议决定和税务处理决定的效力。

被上诉人亿泰公司答辩认为，一、两上诉人认定亿泰公司119单出口贸易均为双合同贸易，属于事实认定错误。2011年10月22日，亿泰公司与黄鑫公司签订了《委托代理出口协议》，就委托代理出口货物有关事宜作出约定，但未明确出口货物的具体数量、规格和范围等内容，需要另外签订配套辅助合同予以补充，故仅为框架性协议。2010年10月至2012年4月，双方签订了119份《工矿产品购销合同》，其中9份合同在结算方式和期限中载明："出货收汇后，凭增值税发票结算"，在其他约定事项载明："仅供商检"；其余110份合同在结算方式及期限中载明："预付10%货款，剩余货款在出货30天内凭增值税发票结算"，在其他约定事项中空白。因为收汇风险是出口贸易的最大风险，收汇后凭发票支付货款，风险由供货方承担，供货方和出口方之间是代理出口关系；交货后收汇前凭发票支付货款，风险由出口方承担，供货方和出口方的关系是购销合同关系。本案中9份购销合同与《委托代理出口协议》的约定一致，其余110份不一致，故为新的合同，该110单出口贸易不属于既签订购货合同、又签订代理出口合同的双合同贸易。对税务退税追缴争议，事实认定的证明标准应采用排除合理怀疑标准，本案在未查清事实的情况下任意追缴退税破坏了出口退税管理秩序。二、不能仅凭既签订有《委托代理出口协议》，又签订有《购销合同》的表现形式，直接认定真代理、假经销。119份合同均是按照购销合同的性质履行的。而按代理合同关系和代理出口的行业惯例，亿泰公司无须履行本案中实际承受的承担出口收汇不到和质量存在瑕疵的索赔风险。无须尽到实际参与案涉业务洽谈、生产安排、质量检验及报关、制作单证、订舱、出运和收汇全过程的监督义务，无须提供周转资金，并承担报送费、运输费、银行费用等，而供货方黄鑫公司也无须开具增值税发票、只需让亿泰公司到国税部门开立"代理出口货物证明"，在货物出口、外汇到账后办理出口退税手续，并承担出口企业的代理费用。行政执法、复议和司法机关应当按实际发生的法律关系确定民事法律关系。三、两上诉人错误适用国税发〔2006〕24号《通知》，违反了该通知精神，该通知第一条规定，其规范出口退税的精神是，出口企业要实质参与出口交易活动，确保出口业务的真实性。即出口企业申请出口退税需要满足两个条件：一是有真实的出口业务发生，二是属于出口企业的自营业务。亿泰公司符合这种规定，通知第二条第（三）项规定，“出口企业以自营名义出口，其出口的同一批货物既签订购货合同，又签订代理出口合同（或协议）的”用意十分明确，是指名为自营，实为他营，而不是指表现形式符合文字表述。故对有证据证明属于自营，而非他营的，即使形式符合通知第二项（三）的规定，也不能适用该规定处理。最高院（2013）民提字第73号民事判决中国家税务局给北京高院的回函中对国税发〔2006〕24号《通知》所规定的情形应按实际法律关系确定进行了肯定。故不能仅凭表现形式直接认定真代理、假经销。本案中国家税务总局货物和劳务司就涉案退税事项对商务部财务司作出的复函，性质上是常理解释，不具有法律效力，且违反通知精神，不应采用。本案中签订合同不规范，如果有法律规定可以依法处罚，但不能追缴退税。四、被诉税务处理程序违法，包括其一，未对黄鑫公司进行调查，取证程序违法；其二，未履行听证程序，违反正当程序原则，《重大税务案件审理办法》第十四条第二款规定“当事人要求听证的，由稽查局组织听证”，本案应根据该规定的精神听证，且听证程序不同于一般听取意见程序，应由专门主持人而非调查处理工作人员取代组织实施，本案的一般听取意见不能取代听证；其三，未按《重大税务案件审理办法（试行）》规定，由审理委员会进行审理，程序违法。五、被诉税务复议决定在作出过程中，存在取证不全、未按照《重大税务案件审理办法》的规定审理涉案税务争议等违法情形，未履行复议监督职责，应予以撤销。

综上，亿泰公司认为一审判决认定事实清楚，适用法律正确，程序合法。两上诉人着眼于自身局部利益，强调撤销涉案行政行为及复议决定会影响税务工作的主张，不符合依法行政的基本要求，请求驳回两上诉人的上诉，维持原判。

二审期间，上诉人稽查三局提供了：1. 宁波市国家税务局第三稽查局税务稽查工作底稿（二）违法事实记录，拟证明2014年1月7日已告知亿泰公司追缴退税、该公司签章知情的事实；2. 2014年1月8日、4月2日、11月26日亿泰公司关于出口高保真音响连接线的情况说明、补充情况说明，拟证明已经听取亿泰公司陈述申辩保障其相关权利。亿泰公司认为，该几份证据，在复议以及一审法院的审理过程当中未作为证据提交过，根据行政诉讼法以及司法解释的相关规定不得作为二审法院认定原具体行政行为合法的依据。本院认可亿泰公司的质证意见，上述证据依法不能作为证明原行政行为合法的证据，至于稽查三局是否保障亿泰公司的正当程序权利，将在以下另行论述。被上诉人亿泰公司向本院补充提供一份《重大税务案件审理办法（试行)》，拟证明稽查三局处理程序违法，上诉人稽查三局提供甬国税发〔2004〕71号《宁波市国家税务局关于印发重大税务案件审理办法的通知》，以证明本案不属于重大税务案件，经质证本院认为，本案不适用重大税务案件的审理办法规定。

本院根据查明的事实，对本案各争议焦点问题分析认定如下：

一、稽查三局作出甬国税稽三处〔2014〕5号《税务处理决定书》是否需要进行听证，有无保障亿泰公司的程序权利

根据《中华人民共和国税收征收管理法》第三条、《中华人民共和国税务征收管理法实施细则》第一百条等法律的规定，追回退税是税务行政处理行为。就直接规定而言，自2015年2月1日起实施的《重大税务案件审理办法》第十四条第二款规定“当事人要求听证的，由稽查局组织听证”，该规定因涉案事实发生在2015年2月1日之前而不能直接适用于本案，故本案无直接法律规定应适用听证程序。但鉴于涉案追缴退税数额达两千多万元，数额巨大，依行政执法的正当程序原则，应保障亿泰公司在决定作出过程中的程序参与、陈述申辩的权利。

上诉人稽查三局提供的税务稽查工作底稿等证据，源自行政处理的案卷中，是稽查三局在追缴退税处理与相对人亿泰公司互动过程中形成的。因稽查三局未在一审时作为证据提供、根据证据规则不能直接认定该证据。但本案在处理过程中，“亿泰股份自2014年3月起，多次通过宁波市商务委员会、宁波经济技术开发区管委会等与宁波国税局及稽查三局协调、沟通”，具体包括：“2014年5月22日，原宁波市对外贸易合作局向商务部递交《关于要求协调解决宁波亿泰控股集团股份有限公司出口退税问题的请示》（甬外经贸财〔2014〕45号)。2014年6月3日，商务部财务司向国家税务总局货物和劳务税司发出《关于商请解决宁波亿泰控股集团股份有限公司出口退税有关问题的函》。2014年7月30日、9月22日，原宁波市对外贸易合作局和宁波经济技术开发区管委会共同向宁波市人民政府报送《关于要求协调宁波亿泰控股集团股份有限公司出口退税有关问题的请示》（宁开政〔2014〕9号)。”

本院（2017）行再1号判决书对此过程予以了确认。对照亿泰公司一审时提供的甬外经贸财〔2014〕45号、宁开政〔2014〕9号两份文件和该公司给稽查三局提供的陈述申辩情况说明，其内容基本一致，可知亿泰公司的意见已经通过上述行政机关进行了转达。而稽查三局于2014年2月21日作出的处理决定，时隔9个月后才于2014年11月28日留置送达该税务处理决定书，也给了亿泰公司足够的时间表达意见。该税务处理决定也是在国家税务总局货物和劳务税司给商务部财务司作出了税总货便函〔2014〕152号答复之后送达的，即稽查三局系认真听取和研究各方意见后才正式发送处理决定的。综上，应认定本案虽未组织正式听证，但亿泰公司相关实质性陈述、申辩权利应认为已经得到保障。

亿泰公司强调稽查三局未对黄鑫公司进行调查而程序违法，稽查三局认为，一方面本案源自海关查处黄鑫公司出口骗税案，因黄鑫公司的法定代表人外逃，最终海关未认定刑事犯罪，后案件移交给国税部门，其间宁波海关在查处过程中已进行了调查取证，向国税部门移交了100多份合同，即本案已由海关进行了调查；另一方面国税部门调查时，该公司已经人去楼空，故无法再对黄鑫公司再另行核实，即认为该局系调查未果。本院对此予以认可。

亿泰公司又认为本案存在两份税务行政处理决定，稽查三局认为，首先，在处理过程中确实曾经作出过两份处理决定，第一份决定引用了国税发〔2012〕39号文件，但报市局审查的时候未获通过，故重新起草第二份决定；其次，实际最后送达的是未引用39号文件的这份决定书，对此亿泰公司代理人已于一审时当庭自认；最后，送达文书以后，亿泰公司代理人曾经到该局查阅案卷，在还没有最后装订的档案袋里找到这份未送达生效的决定书并复印走。故一审认定相关事实错误。本院认为，亿泰公司一审作为证据提供了两份甬国税稽三处〔2014〕5号税务行政处理决定书，第一份（第2卷第4－5页）上面有稽查三局局长签名且引用了国税发〔2012〕39号文件，第二份（第4卷第3－4页）上无稽查三局局长签名，亦未引用国税发〔2012〕39号文件，因亿泰公司不能提供第一份处理决定盖红章的原件，鉴于其承认到稽查三局查阅并复印案卷的事实、且正常对外送达法律文书不可能在盖章之外另由法定代表人签名，故该份处理决定不能视为正式送达的法律文书。本案应认定亿泰公司举证的第二份未引用国税发〔2012〕39号文件的税务处理决定书才应是稽查三局留置送达的生效法律文书。

亿泰公司另主张本案稽查三局违反《重大税务案件审理办法（试行）》的规定而构成程序违法，本院经审查认为，甬国税发〔2004〕71号《宁波市国家税务局关于印发重大税务案件审理办法的通知》系宁波国家局根据《重大税务案件审理办法（试行）》的规定制定的有效规范性文件，该通知第三条明确规定稽查局查处的重大税务案件限于以下三种情形：偷税、逃避追缴欠税，骗取出口退税额在50万元以上；罚款数额50万元以上的；没收违法所得在10万元以上的。本案系亿泰公司违规出口获取退税而予以追回，不属于上述任一情形，故本案难以认定为前述试行办法规定意义上的重大税务案件，对亿泰公司相关程序违法的主张本院不予支持。

综上，稽查三局作出被诉行政处理，其程序应认定合法，一审判决相关认定错误。

二、本案适用国税发〔2006〕24号文件双合同不能退税的规则是否正确

本案中，亿泰公司和黄鑫公司先后签订了2份《委托代理出口协议》和119份《工矿产品购销合同》，除9份购销合同外，110份购销合同中双方约定预付款10%、其余在出货后30天后凭增值税发票结算，这种结算方式更接近于购销合同的结算方式，但因之前的委托代理协议中有着由亿泰公司与外商签订出口合同、负责办理出口报关、收汇及亿泰公司不承担货物质量和知识产权等纠纷及收汇风险的约定。故上述预付款及（未明确是否收汇即）定期付款也应视为不影响委托代理出口关系的成立。两公司之间的真实关系应该认定为委托代理出口合同关系，即便在履行过程中有变更合同的意思，也因没有明确的书面合同终止原委托代理协议内容而不应认定。亿泰公司关于其与黄鑫公司之间只有一个实质的购销合同而不存在双合同的主张，本院不予采信，鉴于亿泰公司与黄鑫公司之间存在代理与购销双合同，故稽查三局适用双合同规则追回退税的处理决定，事实认定清楚。

被上诉人亿泰公司主张其有真实货物出口亦不存在骗取出口退税，故双合同不能退税的规则在本案中不应适用。对此两上诉人认为，出口有自营和委托代理两种出口模式，根据相关规定，只有自营商（包括自主出口的生产厂商或者出口贸易商在购买商品后以自己名义出口）才能够退税；如果是代理模式，不能由代理人即外贸公司以自己的名义申请退税，而应该由其委托方（无出口资质的生产厂商）取得委托出口货物证明后在所在地办理退税。目前一些未取得出口资质的生产企业，委托异地大的出口平台公司出口货物，

不是按规定拿到委托出口货物证明后在企业本地自行申请退税，而是通过签订双合同的方式，由外贸出口公司以自营出口的名义在外贸公司所在地申请退税。这种操作模式有别于传统的两种出口模式，虽有一定的便捷优势，但也给出口管理增加了风险——因目前出口及退税主要是单证管理，存在不法企业或个人通过伪造单证出口限制出口货物或单纯制造出口假象以骗取退税等现象，相关案件即便事后查出往往也难以追回损失；而严格自营出口及委托代理出口，因为生产环节即由税务部门介入监管，出问题的可能性会因此降低。故出于整体监管秩序的需要，在没有发展出新的有效监管方式之前，禁止双合同出口是合理、相对有效和必要的，本院对此予以认可。国税发〔2006〕24号文件虽然是规范性文件，但有着合法的法律授权，各方对此均无异议。且截至目前，该规则仍然普遍适用，故稽查三局适用双合同不能退税规则对亿泰公司进行处理并无不当。

另，《国家税务总局、商务部关于切实加强出口货物退（免）税管理的通知》（国税发〔2006〕24号）第二条第（三）项规定，出口企业以自营名义出口，其出口的同一批货物既签订购货合同，又签订代理出口合同（或协议）的出口企业不得将该业务向税务机关申报办理出口货物退（免）税。第三条规定，出口企业凡从事本通知第二条所述业务之一并申报退（免）税的，一经发现，该业务已退（免）税款予以追回，未退（免）税款不再办理。根据本案查明的事实，亿泰公司所获取的退税因违反了双合同禁止退税规则而应由稽查三局依法予以追回，国税稽三处〔2014〕5号税务行政处理决定书认定了亿泰公司违反了国税发〔2006〕24号文件第二条的规定，也明确了其违法获取的出口退税应予追回，但该处理决定没有明确适用国税发〔2006〕24号文件第三条，“其违法获得的出口退税应予驳回，应追缴已退税款25615391.31元”也应按上述文件的规定规范表述为“其违法获得的出口退税税款25615391.31元应予追回”，本院对以上问题均予以指正。

上诉人宁波国税局依法受理亿泰公司的行政复议申请后，依申请人的申请，于2017年6月16日组织进行了听证，保障了亿泰公司的陈述、申辩权利，于2017年6月30日作出甬国税复决字（2017）1号《税务行政复议决定书》，相关程序合法，认定事实清楚、适用法律基本正确，应予以维持。

综上，甬国税稽三处〔2014〕5号《行政处理决定书》和甬国税复决字〔2017〕1号《税务行政复议决定书》认定事实清楚，适用法律基本正确，程序合法，均应维持其法律效力。一审原告诉请撤销该2具体行政行为的诉讼请求，无事实和法律依据，依法应予以驳回。一审判决以违反正当程序理由撤销2具体行政行为，事实认定和法律适用错误，本院依法予以纠正，依照《中华人民共和国行政诉讼法》第六十九条、第八十九条第（二）项的规定，判决如下：

一、撤销宁波市江北区人民法院于2018年3月8日作出（2017）浙0205行初85号行政判决；

二、驳回原审原告宁波亿泰控股集团股份有限公司要求撤销甬国税稽三处〔2014〕5号《行政处理决定书》和甬国税复决字〔2017〕1号《税务行政复议决定书》的诉讼请求。

三、一、二审案件受理费各50元，由宁波亿泰控股集团股份有限公司负担。

本判决为终审判决。

审　判　长　谭星光
审　判　员　贾红霞
审　判　员　秦　峰
二〇一八年七月二十日
书　记　员　何锦霞

【评析】

行政执法过程中，常因仅有规章作为执法依据，导致整个行政行为的合法性审查转化为相关规章合法性审查的问题。《行政诉讼法》第六十三条第三款规定，人民法院审理行政案件，参照规章。原因在于不同于法律、法规，规章是法律和法规，甚至是国务院决定和命令的产物。只有合法的规章才具有法律效力，不合法的规章不具有法律效力。对于行政规章，人民法院必须对其合法性和有效性进行法律判断，只有合法有效的规章，才可在裁判文书中予以引用。对于规章合法有效性的判断，一般应从以下几个方面进行审查：（1）行政机关制定的规章是否超出权限范围；（2）行政规章是否与所依据的法律和行政法规和决定命令相抵触或者不一致；（3）规章是否违背了制定规章的基本原则与精神。（4）规章是否遵循了规章制定程序条例的规定；

（5）规章是否生效或者已经失效[1]。实践中，如何判断规章是否符合法律法规和法律法规的原则和精神？对于有着合法授权、制定程序完备、且未失效的规章而言，因为上位法具体规则的阙如而仅是授权性规则，规章的效力的审查事实上就变成了对法律法规原则和精神的考量，到了这一层面，价值判断及价值排序，就变得非常有必要。

（1）从实定法的角度，涉案规章是否与依据的法律和行政法规的原则及精神相抵触？《税收征收管理法》第一条规定："为了加强税收征收管理，规范税收征收和缴纳行为，保障国家税收收入，保护纳税人的合法权益，促进经济和社会发展，制定本法。"《税务稽查工作规程》第二条第一款规定："税务稽查的基本任务，是依法查处税收违法行为，保障税收收入，维护税收秩序，促进依法纳税。"从税务法律的基本价值排序来看，加强税收征收管理、规范税收征收和缴纳行为是排在前面的，可以理解为税收管理秩序安全，而促进经济发展则排在其后，可以理解为经济发展中的经济方式（包括经济自由）并不是税收征收管理的首要考量目标。因此，旨在打击伪造单证出口限制出口货物或单纯制造出口假象以骗取退税，维护出口税收秩序安全是税收法律的优先价值，本案规章规定的双合同不得退税规则，符合上述法律法规的精神。

（2）判断规章是否符合法律法规的原则和精神，还在于判断规章设置的目的上。《规章制定程序条例》第五条规定，制定规章，应当切实保障公民、法人和其他组织的权益，在规定其应当履行的义务的同时，应当规定其相应的权利和保障权利实现的途径。制定规章，应当体现行政机关的职权和责任相统一的原则，在赋予行政机关必要职权的同时，应当规定其行使职权的条件、程序和应承担的责任。如果制定规章的目的不在于规范相应的管理事项，而主要在为相应的行政机关创设行政处罚权、保护部门利益等即可判断为违背了制定规章的基本原则和精神[2]。本案规章为维护正常出口和退税秩序，保障经济发展，故不存在主要是维护部门利益扩张处罚权等禁止情形。

（3）从应然性的角度判断，本案的安全价值也应重于效率追求。对于行政管理而言，效率和安全是矛盾统一的，公共管理的安全是经济、社会各项活动开展的前提和基础，但对安全的过度强调，却往往导致僵化和低效率。

---

① 江必新、梁凤云：《行政诉讼法理论和实务》，法律出版社 2016 年版，第 1505—1508 页。

② 江必新、梁凤云：《行政诉讼法理论和实务》，法律出版社 2016 年版，第 1507 页。

尤其是在经济生活中，民间自发探索形成的经营方式和业态常常野蛮生长，看似无序，但却有着充足的活力，"一刀切"式的规范和管理，很可能导致相关业态的停滞和萎缩。行政管理服务于经济社会发展，不应单纯着眼于本身的权威和部门管理的便捷、简单和质效比，而给社会经济生活套上囚笼。但也不能无视社会经济生活中出现的诸如偷税漏税、造假伪劣、走私等违法违规现象的发生与蔓延。如何保持应有的平衡，并随时调整，是行政执法管理艺术的体现，如对于共享单车等的发展，我们看到了管理和执法者的包容与审慎。而司法亦应与之亦步亦趋。当然，如果行政执法出现偏差，司法也应及时干预。在这个过程中，司法的作用应该是发现行政管理的应有尺度，确立行政执法的价值坐标。

就本案所涉经济生活来说，宁波地区因宁波港的存在，外贸发达，政府也打造了完善的出口退税体系，周边地区的货物出口常借助于宁波公司代理进行，以提高效率。实践中，随着对经济效率的极致追求，出现了外地生产商和宁波代理商签订两份合同实际代理，但形式上由宁波代理商以自营名义到宁波退税的操作，即代理外贸出口企业以自营名义出口，其出口的同一批货物既签订购货合同，又签订代理出口合同或协议。对此，要不要进行干预与规制？我们认为，在当前条件下，新的经济模式对效率的提升有限，对鼓励和放纵违法犯罪的风险过大。就效率而言，生产商在其本地申报出口，纵使当地退税处理相对宁波有所迟缓，但在依法行政的大背景下均会在法定期限内完成，因此，并不至于无法接受。就风险而言，规范的退税是自营退税，自营商向当地税务机关申报退税，而退税的前提是事前申报登记，税务机关可对出口货物进行监管，由此确保实质的出口及相应退税，而如果允许双合同异地退税，则会因为在当前出口及退税主要基于单证管理模式下，增加不法企业或个人通过伪造单证出口限制出口货物或单纯制造出口假象以骗取退税的可能性，相关案件即便事后查出往往也难以追回损失，当然，随着监管技术的进步，如货物数据的实时纳入互联网系统等，上述相对简单的监管手段也可能被取代，但在这之前却是有其存在的必要性的。退税是国家奖励可附条件，对于亿泰公司而言，即便有着真实的货物出口，也因未按规范操作失去申请退税资格。

（作者单位：浙江省宁波市中级人民法院）

征稿启事

《行政执法与行政审判》是最高人民法院针对行政审判工作出版发行的唯一的综合指导性图书。丛书自出版以来，深受全国各地法院行政审判法官、行政执法人员和专家学者的普遍欢迎和好评。对各级法院行政审判工作具有权威的指导作用，对各级各部门行政机关依法行政和行政法、行政管理专业的专家学者具有较强的参考作用。

本丛书及时刊登行政法的最新司法解释、司法文件、司法政策及解读，具有典型和指导意义的审判案例及分析，行政执法和行政审判的调研信息及成果等内容，设有“大法官论坛”“理论探索”“案例分析”“实务争鸣”“调查研究”“司法文件”等栏目。现编委会竭诚向全国的行政执法和行政审判理论和实务工作者征稿。来稿要求：

一、稿件应属未公开发表的作品。请勿一稿两投。

二、优先发表在本书所涉领域有创见的、高水平的文章，来稿采用与否以理论和实务价值为标准。

三、稿件引文应当注明出处，注释体例参见本书“写作体例说明”。

四、稿件最好为附打印稿的 word 文件电子版。

五、稿件一经发表，文责自负，但编者保留对来稿进行技术性加工处理的权利。文章一经采用，由本编辑部统一付给稿酬。

六、来稿请按以下联系方式寄送：

地址：北京市东城区东交民巷 27 号

最高人民法院行政审判庭　梁凤云

邮编：100745

请在信封正面注明“《行政执法与行政审判》来稿”字样。

E－mail：zgfyxzt@ sohu. com

《行政执法与行政审判》编委会

写作体例说明

一、交付稿件要求

（一）总体要求

齐（不缺页、不缺件）、清（稿面清楚）、定（已定稿的稿件）。提供稿件电子版，并附打印清样，出版社视清样为最终定稿。

（二）具体要求

纸样用 A4 纸，单面打印。

电子版内容一定要与提供的清样内容相同。

二、编辑体例

正文编码顺序按：一、（一）1.（1）① 第一，其一，等来编排。

三、技术规范

数字用法：

统计数字、时间、物理量等均用阿拉伯数字（如：100kg　45.8 万元　11 个月　4.9 万册　12.4 亿人）；法条号尊重原文，即原文是汉字的用汉字，原文是阿拉伯数字的用阿拉伯数字。

注释方法：

1. 一般原则

（1）注释采取页下注，注释号每页重新起算；

（2）引注作品的，注释应完整；

（3）作者为三人或三人以上的，首次引用时应显示全部作者，重复出现时可在第一作者之后加“等”字样。

2. 著作引文注释范例

一般格式：作者/书名/出版社/出版年代/页码

如：×××/×××编著/×××主编：《×××》，××出版社××年版，第××页。

3. 文章引文注释范例

一般格式：作者/文章题目/引自何种出版物/出版时间/页码

（1）著作中文章

××：《文章名》，见：××主编：《书名》，××出版社××年版，第××页。

（2）期刊中的文章

××：《文章名》，载《期刊名》××年第×期。

（3）报纸上的文章

××：《文章名》，载《报纸名》××年××月××日，第×版。